史无前例的大战争

战国纷争和秦的统一

赤军·著

青年国史读本·大中国五千年 ②

山西出版传媒集团
山西人民出版社

青年国史读本·大中国五千年

总　序

"段子时代"的"历史营养午餐"

　　管仲曾经说过"仓廪实而知礼节"，经过几十年的经济发展、社会演进，如今中国人的物质生活水平已有了很大的改善，至少挨饿受冻的人，已经比历史上那些困难年月少了不知凡几，一度顾不上的精神生活、文化修养，也开始更多被千百万个中国家庭谈论、重视，曾长期被束之高阁、锁进冷清学术殿堂的历史知识，也骤然变成了文化市场和教育领域的热门。

　　这对于历史题材作品的作者、读者而言，可谓既万幸又不幸。

　　万幸的是，作者终于不再担心冷对枯灯，耗费精力、时间写出的东西没人出、没人读，今天的中国，恍惚间进入了又一个无人不多少知道点历史名人轶事的时代，读者也不至于要么无书可读，要么只能对着既难以索解又篇帙浩繁的史籍，或寥若晨星且文字老旧、不可避免带有特定时代烙印的几套普及型读物发呆，实体书、电子书中的历史普及读物多如过江之鲫且不去说，随手点开网络，也能看到许多相关的"段子"。

　　不幸的是，信息时代恰如一柄让人爱恨交织的双刃剑，一方面提供了海量的资讯，和众多的选择余地，另一方面却也泥沙俱下，让人无所适从，难以取舍。充斥在各种现代化信息平台上的"历史段子"更是真假难辨，让许多人陷入一种"不看后悔，看了信了更后悔"的迷惘之中。

　　"以史为鉴，可知兴替；以人为鉴，可察得失"，这两句流传一千多年的唐太宗名言，至今仍具有充分的现实意义，熟知历史，可以帮助人们明是非，辨善恶，从前人经验中获得领悟，从前人教训中知所趋避，不再重复先辈们的遗憾和错误，由此可见，今天的人们、尤其正处于最佳学习周

史无前例的大战争
—— 战国纷争和秦的统一

期的青少年，是需要合适、足够历史读物的。

然而今天的社会已是高度现代化的社会，节奏快、学科门类繁多，专业分工明确，中国传统的"经史子集"四科已不足以覆盖"学问"二字，像古代学子那样"两耳不闻窗外事，一心只读圣贤书"，把毕生精力之泰半用于钻研文史是不现实的，这只能让此人变成隔绝于时代、世务的社会弃儿，且即便如此，也远难以穷尽远超过古代无数倍的知识量。成年人受工作、家务牵累，固是如此，处于学龄的青少年背负沉重课业负担，就更是如此。

对于他们而言，传统文言史传固然好，却着实不便阅读，即便勉强生吞活剥，因体例、语言和典故等问题，也很难实现快速阅读、轻松汲取知识，甚至可能令一些青少年产生畏难、厌恶情绪，从此对历史敬而远之；"段子时代"的各种"历史段子"，包括"戏说"、"穿越"，以及似是而非的"伪历史"读来固是轻松愉快，却仿佛"历史快餐"、"历史烤串"，当做生活、学习的点缀是不错的，然而缺乏提高历史素养所必须的多种营养元素，当作"历史主食"吃得多了、久了，恐怕是要"历史贫血"的。

青少年的学习阶段，"营养午餐"备受重视，它既方便快捷，又营养均衡，足以让孩子们吃饱吃好，健康成长，即便从事脑力、体力工作的成年人，"营养午餐"对于他们的生活、身体，也都是至关重要的。"段子时代"的历史知识普及，同样需要这种"历史营养午餐"：和严谨却生涩的"历史大餐"——史籍相比，它更像"家常菜"，大众口味，随到随吃；和鱼龙混杂、良莠不齐的"历史快餐"相比，它又有讲究精致的选材，独具匠心的"烹饪"，和均衡搭配的营养，让读者们不至于塞了一肚子"零食"却营养不良，更不至于一不小心，咽下些"地沟油"、"毒奶粉"，而令身心受损。

这套崭新的历史丛书，就力图做成这样一份"历史营养午餐"：对于青少年而言，它既可以作为历史启蒙读物，为更专业化的兴趣研究作一块合格的铺路石，也可作为历史普及读本，让他们较轻松愉快地汲取更多严

总　序

谨、准确的历史信息，为其日后的学习、就业和人生之路，提供更多的助益、镜鉴和思路；对于成年读者而言，它也可以是一套"文不甚深、语不甚俗"，比专业资料通俗、比"历史快餐"靠谱和有营养的，案头、车上、枕边，甚至厕上的"保留读本"。

这套丛书是由多名相互熟悉、又独立写作的作者合作完成，他们共同的特点，是既有相对扎实的"正史"功底，又曾长期从事历史通俗读物的写作，对于烹制这桌"历史营养午餐"而言，他们应是较合适的"厨师"。

当然，"众口难调"，这道"历史营养午餐"究竟口味如何，能否为读者挑剔的肠胃所接受，还须让市场来作答。

陶短房

壬辰二月十一日 北美素里市

目 录
Contents

第一章　战国时代·魏文侯的霸业 / 1

　　战国的开端 / 1
　　赵氏孤儿 / 4
　　三家分晋 / 8
　　乐羊伐中山 / 10
　　超越田穰苴的名将 / 13
　　吴起之死 / 17

第二章　战国时代·百家争鸣 / 21

　　模拟攻城战 / 21
　　豫让和聂政 / 24
　　不知鱼乐和白马非马 / 28
　　庞涓死于此树下 / 31

第三章　战国时代·西秦的崛起 / 38

　　三见秦孝公 / 38
　　南门外的木柱 / 41
　　商鞅之死 / 45
　　合纵与连横 / 49
　　大骗子张仪 / 52

第四章　战国时代·秦并巴蜀 / 58

　　子规啼血 / 58
　　廪君的传说 / 61
　　西门豹和李冰 / 64
　　屈原投江 / 68

第五章　战国时代·大变革和大转折 / 72

　　存燕和定秦 / 72
　　胡服骑射 / 75
　　史无前例的大战争 / 78
　　饿死沙丘 / 83

第六章　战国时代·东帝的幻梦 / 88

　　千金买马骨 / 88
　　苏秦论称帝 / 91
　　乐毅伐齐 / 95
　　锯车轴的田单 / 98
　　火牛计 / 102

第七章　战国时代·血沃长平 / 107

　　屠夫登场 / 107
　　完璧归赵 / 111
　　将相和 / 115
　　冯亭的嫁祸之计 / 118
　　纸上谈兵的赵括 / 122
　　白起之死 / 126

第八章　战国时代·四公子轶闻 / 132

　　鸡鸣狗盗 / 132
　　给您买了义回来 / 135
　　毛遂自荐 / 139
　　鲁仲连义不帝秦 / 142
　　窃符救赵 / 145
　　李园的阴谋 / 150

第九章　战国时代·奇货可居 / 154

　　远交近攻之策 / 154
　　须贾赠袍 / 157
　　大商人吕不韦 / 160
　　从异人到子楚 / 163
　　赵姬的私情 / 166
　　嫪毐谋叛 / 169

第十章　战国时代·大一统的序曲 / 174

　　谏逐客书 / 174

　　厕所老鼠和官仓老鼠 / 177
　　韩非入秦 / 181
　　廉颇老矣 / 184
　　李牧和匈奴 / 187

第十一章　战国时代·秦王扫六合 / 191

　　少年英才 / 191
　　太子丹的计划 / 194
　　风萧萧，易水寒 / 198
　　图穷匕见 / 201
　　说六十万就是六十万 / 204
　　耕、战中的秦人 / 209

第十二章　秦朝·暴君天下 / 214

　　皇帝的诞生 / 214
　　大统一 / 217
　　焚书坑儒 / 221
　　孟姜女哭长城 / 224
　　黄石公和太公兵法 / 227
　　赵高的阴谋 / 230

第十三章　秦朝·二世而亡 / 235

　　揭竿而起 / 235
　　牵着黄狗去猎兔子 / 238
　　指鹿为马 / 242
　　子婴的幻梦 / 245

第一章　战国时代·魏文侯的霸业

战国的开端

春秋以后是战国。

春秋、战国之间，并没有明确的分界线。咱们知道，春秋时代开始于公元前770年，也就是周平王迁都洛邑、东周开始的同一年。整个春秋时代，按朝代来分，仍然属于周朝，而在战国前期，周朝也同样苟延残喘着，并没有灭亡。

既然都属于东周，那为什么前一段叫春秋，后一段叫战国呢？

春秋时代，礼崩乐坏，周天子逐渐丧失权柄，诸侯们成天打仗，争霸不休。然而在这一时期，执掌各诸侯国权柄的，基本上还是原本的公室或世袭贵族，除了东南地区吴、越等少数蛮夷外，绝大多数执政者仍然摆脱不了旧习惯、老脑筋，对于周朝所规定的等级秩序仍然保持着一定程度的尊重，甚至是仰慕。春秋时代的争霸战，大多数仍然打着尊王的旗号，表面的温柔还没有彻底撕碎，习惯于灭人国而不绝人祀，也就是说，虽然灭掉了你的国家，但不灭掉你的家族，仍然给你一小片土地，让你可以修盖宗庙，继续祭祀祖先。

到了战国时代，局面彻底改观了，各诸侯国内部都经过了长时间的

史无前例的大战争
—— 战国纷争和秦的统一

洗牌，原本的世袭贵族日益没落，大群新贵登上历史舞台，他们的脑筋已经彻底被长期的争霸战争所洗涤，不愿意再理会周天子和周礼了。战国时代的战争是赤裸裸的兼并战争，名义上的霸权并不重要，大家看重的是实际利益，包括土地、人口和财富。这时候的灭国，才是真正意义上的绝灭——杀光公族，堕毁宗庙，迁走百姓。

原本那些夹在大国间朝秦暮楚的宋、鲁、卫等小国，在这种新环境下再也没有苟延残喘的希望了，逐一被灭，最终只剩下了七个超级大国（俗称战国七雄），那就是——秦、楚、燕、赵、韩、魏、齐。

这种历史变化趋势，是逐渐产生的，当然和简单的改朝换代不同，很难划一条明确的分界线。那么，春秋时代，究竟是哪一年结束的，战国时代，又是哪一年开始的呢？

一般认为，春秋时代终结于公元前476年，第二年，也就是公元前475年，战国时代开始，这种划分法来源于《史记》。司马迁做过两篇年表：一是《十二诸侯年表》，所记载的诸侯包括鲁、齐、晋、秦、楚、宋、卫、陈、蔡、曹、郑、燕和吴（实际上是十三家）；二是《六国表》，包括除秦国外的另六个超级大国。很明显，第一篇年表基本是说春秋时代，第二篇是说战国时代。

所以后人就以《史记》中这两篇年表为依据，划定了春秋、战国的分界线。

然而这样划分，存在一个严重的问题。咱们知道，所谓"春秋五霸"，不同史料中有不同的说法，实际上包括了齐桓公、晋文公、宋襄公、楚庄王、吴王阖闾、吴王夫差和越王勾践七个人选。而勾践灭掉吴国，北上与齐平公、晋定公会盟，被周天子正式封为霸主，是在公元前473年，也就是说按照《史记》的划分法，是在战国时代开始以后的第三年。

春秋霸主跑到战国去了，多奇怪！

所以还有另外一种划分法，把战国时代的开端延后整整七十二年，直到公元前403年，因为这一年发生了一件破天荒的大事，周天子竟然又新封诸侯了。

周朝分封诸侯，从周武王开始，数量最多是在周公辅政和周成王时代，此后陆陆续续又分封了很多家，但自从迁都洛邑，天子失去权柄以后，就再没有搞过。为什么呢？周天子已经没有多少直辖领地了，还怎么可能新封诸侯？

可是几百年后，周天子竟然又开始分封诸侯了，并且一封就是三个。更诡异的是，这新封的诸侯既非周朝王室子弟，也不是功臣显贵，却是诸侯国里的三家大夫。

咱们知道，春秋末期，在很多诸侯国中，公室的力量日益衰微，世卿大夫们却抖了起来，篡夺实权。没错，周天子这回分封的，就是这样三家大夫，一是韩，二是赵，三是魏。

很明显，这种分封并非周天子本人的意愿，他也是被逼无奈……

韩、赵、魏原本都是晋国的世卿大夫。咱们先说魏氏，据说始祖乃是周文王的儿子毕公高，所以一开始以毕为氏。后来毕国灭亡了，公族星散，其中有一个叫毕万的跑来晋国，侍奉晋献公。

公元前661年，晋献公亲率大军，以赵夙为驭手，毕万做车右，攻打并且灭掉了霍、耿、魏三国，然后就把魏地封给了毕万——毕万的子孙，此后就以魏为氏了。

毕万的继承人，有一个大家或许还有印象，那就是武艺高强的魏犨。魏犨曾经不满晋文公优待曹国大夫釐负羁，亲自跑去攻打釐家，结果身负重伤，他在晋文公派来的使者面前大做了一通蹲起、跳跃，表示自己还能上阵，还能派上用场，这才勉强逃过了责罚。

魏犨的孙子魏绛也是一员名将。公元前570年，晋悼公盟会诸侯的时候，他的弟弟杨干在军营中跑车，冲乱了阵列，遭到魏绛阻止，魏绛说："按照军法，营中乱跑必须斩首，但您是国君的弟弟，我不能对您不敬。"就把为杨干驾车的佣人给砍了。

晋悼公听说了这件事，一开始很愤怒："什么东西，竟敢羞辱寡人之弟！必须严惩！"大臣们都劝："魏绛不畏权贵，执法严格，这是国家之福呀，怎么能惩罚他呢？"

大家可能会撇嘴：你要真不畏权贵，一板一眼按军法办事，就该宰了杨干呀，干嘛拿人家佣人出气？但要知道，当时的法度都是为平民百姓和下级贵族制定的，中上级贵族得靠周礼来约束，所以叫"刑不上士大夫"，魏绛这么做，不是惹不起杨干，正是符合当时的社会习惯和规范。

所以晋悼公听了大臣们的劝，转怒为喜，不但不惩罚魏绛，反而加以重用。后来晋悼公自己也说："寡人自从重用了魏绛，八年之中，九次盟会诸侯，跟北狄、西戎各部族也都和睦融洽，没有闹过啥矛盾，这都是魏绛的功劳呀。"

魏氏就这么着逐渐壮大起来，甚至最终得以迫使周天子封他家为诸侯。

赵氏孤儿

说完了魏氏，咱们再来说说赵氏。据说赵氏的祖先与秦人同源，在周幽王时代离开周天子，前往侍奉晋国国君，到了晋献公时代，灭亡耿国，就把赵氏的赵夙封在耿地。

赵夙的孙子，就是曾经跟随晋文公流浪各国的大贤臣赵衰；赵衰的儿子，就是曾经被扣上"弑君"帽子的权臣赵盾；赵盾的儿子名叫赵朔，邲之战的时候，担任下军帅。

《史记》中记载了一则逸闻，说晋景公顾虑赵氏权柄太盛，威胁到自己的统治，就跟奸臣屠岸贾商量，想要杀光赵氏满门。大夫韩厥听到风声，跑去警告赵朔，赵朔回答说："根据卜算，赵氏确实是要遭逢大难，但我的儿子仍然可以继承家业，不致于灭亡。"坚决不肯逃走。

赵朔真的有儿子吗？可能有，因为他娶了晋成公的姐姐为妻，史称庄姬，这时候已经怀有身孕了。赵朔希望庄姬能够生下一个儿子，那么赵氏不会灭绝,哪怕自己被奸臣所害,也没啥遗憾了。可惜他还没能盼到儿子出生,屠岸贾就抢先下手,杀光了赵氏满门——包括赵朔,以及他的叔父赵同、赵括、赵婴等人。

赵朔有两个门客——就是养在贵族家里吃闲饭,得着机会再加以提拔、推荐,或者运用的人——一个叫公孙杵臼,一个叫程婴。当时公孙杵臼对程婴说:"赵大人待我们不薄,如今赵氏满门被诛,我们应当自杀,跟从他于地下。"程婴摇摇头:"且慢。夫人身怀有孕,躲在宫中,逃过了大难,不如等她生产以后再说。倘若她生了个男孩,咱们就奉其为主,复兴赵氏,倘若生的是个女儿,咱再自杀殉主不迟。"

过了不久,到了庄姬分娩之期,天遂人愿,果然产下一个男孩。屠岸贾听闻此事,领兵前往宫中搜查,想要找出这个男婴来一刀两段——留下这么个孩子,将来长大了肯定会找我报仇呀,斩草不除根,必定是后患!

庄姬急中生智,赶紧把婴儿藏在自己裙子里,然后向上天祈祷说:"倘若命中注定赵氏要灭亡,儿啊,你就啼哭吧。倘若赵氏还有复兴的一天,你可千万别哭别叫,别让坏人给捉了去。"说也奇怪,这婴儿真的不哭不叫,勉强躲过了屠岸贾的搜查,随即就被悄悄送出宫外,交给了公孙杵臼和程婴。

两个人商量着:"屠岸贾不会善罢甘休,赵氏孤儿躲得了初一,躲不了十五,该怎么办才好?"公孙杵臼突然把脸一沉,问程婴说:"保护孤儿和去死,哪件事比较难办?"程婴回答道:"死再简单不过了,要保护孤儿,教导他长大,那才难呐。"公孙杵臼点点头:"我来做这容易的吧,辛苦你了,去做那件难事。"

两人商量定了,公孙杵臼就另外找了个婴儿,穿上好衣服,抱着躲入深山。等他一走,程婴登上朝堂,对大臣们说:"谁能赏我千金,我就告诉他赵氏孤儿藏匿的所在。"屠岸贾及其党羽非常高兴,就许下千金重赏,派兵跟着程婴去搜孤。

程婴把士兵带入山中,找到了公孙杵臼,公孙杵臼装模作样地大骂道:"程婴,你这小人!当初赵大人遇害,你不但不肯殉死,反而装模作样跟我商量着要救助孤儿,如今却出尔反尔,出卖我等!"抱着假装赵氏遗孤的婴儿放声大哭:"孤儿何罪?你们杀了我,放过这孩子吧!"

屠岸贾的党羽当然不会心软放过婴儿,当场就把婴儿和公孙杵臼都给杀了。这么一来,屠岸贾的心也踏实了,也不再到处搜捕赵氏孤儿了——已经杀掉了呀,还搜什么?程婴趁机抱着真的赵氏遗孤躲入深山,一藏就是十五年。

十五年以后,某次晋景公得了重病,找人占卜吉凶,得到的结果是:"大业的后人作祟。"于是他找来大夫韩厥询问,韩厥回答说:"大业是嬴姓的祖先,嬴姓后人在晋国的,就只有赵氏了。赵氏从文公开始,世代于晋有大功,您不但不加奖赏,反而杀害其满门,老百姓都为赵氏喊冤——所以您才会得病吧。"

晋景公点一点头:"当初都是屠岸贾进的谗言,谋害了赵氏,寡人后来想想,也觉得很后悔。不知道赵氏还有没有后人,好让寡人更改过错。"韩厥一向同情赵氏,也知道赵氏孤儿的下落,趁着这个机会,就把前后因果向晋景公和盘托出。

于是晋景公把程婴和已经十五岁的赵氏孤儿秘密接入宫中,然后在大臣们一起进宫探问病情的时候,叫韩厥指挥士兵,保护着赵氏孤儿与大臣们相见。大臣们被大群士兵包围着,脸全吓青了,都为自己开脱:"杀害赵氏满门,乃是屠岸贾所为,我们可都是同情赵氏的呀。"

晋景公冷笑道:"既然大家都是一条心,那就恢复赵氏的地位,诛杀奸贼屠岸贾吧。"于是把一支部队交给程婴和赵氏孤儿,即刻攻打屠岸贾,灭了屠岸氏满门。

几年以后,赵氏孤儿长大成人,行了冠礼,起大名为赵武。程婴终于放下了肩上的重担,他对赵武说:"当年赵氏蒙难,我不是不愿意殉死,而是要保护您,使得赵氏复兴。如今心愿达成,怎能不就此到地下去陪伴老朋友公孙杵臼呢?"赵武闻言大惊,反复劝说,程婴却不改初衷,终于自杀成仁了。

赵氏孤儿的故事，曲折离奇，感人至深，公孙杵臼和程婴这一对好朋友，一个为救孤而殉难，一个为救孤隐忍十五年，终于使得主家大仇得报，赵氏复兴，这份忠义之心，实堪流芳百世。这个故事后来被改编成多种戏剧，成为中国悲剧史上的一朵奇葩。

> 晋悼公，公元前573年至前558年在位，可以说是晋国最后一位杰出的君主，晋国霸业的复兴者。也正是在他的手下，赵武成为赵氏宗主、一代权臣。

不仅如此，法国文豪伏尔泰还在1754年前后改编这出戏，更名《中国孤儿》，在巴黎各家剧院上演，盛况空前；后来英国剧作家默非再次改编，在伦敦演出，也引起了很大的轰动。要说中国古代戏剧，哪一出在世界上影响最大，恐怕就得算是这部《赵氏孤儿》了吧。

只可惜，虽然司马迁言之凿凿地把此事记录在案，但这个赵氏孤儿的故事却很可能并不存在。按照《史记》的记载，赵武复仇是在公元前583年，往前推十五年，也就是赵朔、赵同、赵括、赵婴等人被杀，是在公元前597年，但根据其他史料所载，赵括在公元前588年仍然在世，并且担任晋国卿士——难道是死人复活了吗？

比《史记》年代较早的《左传》中，也提到了这一场赵氏的劫难，但时间比较靠后，内容也大相径庭。根据《左传》记载，赵朔的叔父赵婴与赵朔之妻庄姬私通，此事败露后，遭到其兄（同样是赵朔的叔父）赵同和赵括的放逐。庄姬因此痛恨赵同、赵括，诬告两人谋反，因为赵氏权势太盛，遭到其他重臣的妒忌，所以栾书等人帮忙庄姬，做了伪证。于是晋景公杀掉赵同、赵括，一度灭亡赵氏，多亏韩厥的劝说，才最终放过了赵武，并且把赵氏的土地赐还给他。

基本上，这场几乎灭族的大祸，是由赵氏内部斗争所引发的。

三家分晋

魏氏和赵氏的来源都交待过了,最后一个韩氏,据说祖先与周天子同姓,后来侍奉晋国国君,被封在韩原,所以以韩为氏。帮忙赵氏复兴的那个韩厥,就是韩氏名臣。

晋文公曾经编定了上、中、下三军,三军各有帅(主将)和佐(副将),一共六名,世代主持晋国朝政,称为"六卿"。先后担任过六卿的除了韩、赵、魏三家外,还有狐氏(比如狐偃、贾季)、荀氏(比如荀林父、智罃)、士氏(比如士会)、栾氏(比如栾书)、先氏(比如先轸、先且居)、郤氏(比如郤缺)等家族。

到了春秋末期,某些家族衰弱,某些家族崛起,晋国国政被韩、赵、魏、智、中行(这两家都出于荀氏)、范(出于士氏)六大家族把持。公元前489年,赵氏的赵鞅攻灭了中行氏和范氏,三十年后,韩、赵、魏、智四家干脆把中行氏和范氏的领地都给瓜分了。

这时候的晋国公室,已经衰弱得不成话,直辖领地小得可怜,晋国的土地、人民,大都归了上述四家。其中势力最大的家族是智氏,智氏的大家长智瑶(荀瑶)担任正卿,专权擅断,谁都拿他没辙。

公元前455年,贪婪的智瑶向韩、赵、魏三家要求割地进贡,韩、魏两家没有办法,只好各拿出一座人口上万的大城献给智氏,只有赵氏的大家长赵毋恤坚决不肯低头。

赵毋恤和智瑶早就结了仇了。想当年赵毋恤的父亲赵鞅还在,并且担任正卿的时代,曾经派兵进攻郑国,因为赵鞅正在患病,就没有亲自领兵,而把兵权交给了智瑶,派儿子赵毋恤辅佐。战胜之后,诸将宴饮,智瑶喝多了,一言不和,端起酒壶来砸伤了赵毋恤。事后赵毋恤倒没怎么记恨,智瑶却扒拉起了小算盘:"啊呀,一时不慎,得罪人了,将来赵毋恤继承了赵氏的产业，肯定跟我不对付呀。"于是向赵鞅进谗言，要他废掉赵毋恤的继承人地位。

赵鞅倒是并没有因为智瑶的话就废掉赵毋恤，赵毋恤可越想越生气，从此和智瑶誓不两立。这回他接到智氏前来索取土地的使者，当真是气不打一处来，怒目圆睁地就把人给赶走了。

使者回来禀报赵氏的态度，智瑶把脸一沉："果然赵毋恤还记恨着我呐，这家伙可不能留！"于是联络了韩、魏两家，一起发兵进攻赵氏。赵毋恤独力难抗三家联军，被迫龟缩回本城晋阳，深沟高垒，严防死守。

公元前455年，智瑶、韩虎、魏驹三名晋卿，率领大军团团围住了赵氏的本城晋阳，这一围就是一年多，直到公元前453年开春，都没能攻下来——晋阳城池坚固，实在是太难打了。

不过智瑶最终还是想出了一条妙计，他派兵掘开附近的汾水，引水灌城，把整个晋阳城全都泡在洪水里。这么一来，晋阳与外界的联系彻底断绝，城里很快就断了粮，眼看着挨不了多久了。

赵毋恤这个愁呀，就和部下商量，其中有一人足智多谋，名叫张孟谈，主动请令说："只要三家联合在一起，咱们就没有解围的希望。但据我所知，韩、魏两家都并非真心帮助智氏，憎恨我赵氏，只是被智瑶的淫威吓倒了而已。我愿意出城去游说两家倒戈，共伐智氏。"

于是张孟谈就趁着半夜悄悄缒出城外，去劝说韩、魏两家。正好这天的白天，智瑶带着韩虎、魏驹去巡视阵地，得意洋洋地吹嘘说："看吧，赵毋恤这小子仗着晋阳城防坚固，竟敢违抗我，我略施小计，就要他死无葬身之地。"面对着晋阳城下的滔滔洪水，他又说："原本以为河流可以做城池的屏障，想不到只要运用得当，河流也可以灭亡一个国家呐！"

言者无心，听者有意，韩虎和魏驹听到智瑶这一番话，心里都不禁咯噔一下。为什么呢？原来晋阳城外有汾水，可以引水灌城，韩氏的本城平阳可也临着汾水呐，魏氏的本城安邑虽然距离汾水有一段距离，城外也有河道——你今天可以掘开汾水，淹没晋阳，改天照猫画虎，会不会也把我们的平阳和安邑全给淹了？

以智瑶的智力和野心来说，那确实是很有可能的。

正好这天晚上张孟谈悄悄来到，对韩虎和魏驹说："智瑶的野心太大了，今天不放过赵氏，明天也不会放过韩氏和魏氏。赵氏在，韩、魏两家也能保全，赵氏一灭，就没人拦得住智瑶了呀！"于是韩虎和魏驹就答应临阵倒戈，与赵氏夹攻智氏。

他们商量定了，志得意满的智瑶可还蒙在鼓里呐。结果第二天一清早，赵氏打开晋阳城门，挥军杀出，做决死的冲锋，智瑶才刚派兵抵御，突然韩、魏两家兵马从左右攻来，一下子就把智氏的军队给打散了，智瑶也死在了乱军之中。

> 在韩、赵、魏三国被周天子册封之后，晋国其实仍旧存在，要到公元前349年，赵肃侯最终杀掉晋国末君，晋国才算真正灭亡。

隔了几年，韩、赵、魏三家彻底灭亡智氏，把智氏的土地也给分了。到最终，堂堂的中原霸主晋国，只剩下绛和曲沃两座城池，其余领地全落到了三家世卿手中。

公元前403年，周威烈王被迫承认韩虔、赵籍和魏斯三人为诸侯——晋国够强大的，即便一分为三，这三家新诸侯仍然个顶个的都是中原强国。

韩虎，史称韩康子——子是对贵族的敬称——但他的孙子韩虔当了诸侯，就被叫成韩景侯了。同理，赵毋恤是赵襄子，他的侄玄孙赵籍就是赵烈侯；魏驹是魏桓子，他的孙子魏斯就是魏文侯。

战国时代，首先称霸一方，诸侯皆惧的，就是这个魏文侯。

乐羊伐中山

韩、赵、魏三家分晋，韩在晋南，缺乏发展空间，赵在晋北，必须顽强不懈地抵御北狄部族的侵扰，只有魏占中腹，土地最富庶，人口最繁盛，周边环境也较好，在魏文侯魏斯的统治下，很快就强大起来，称霸诸侯。

魏文侯是一个很有政治头脑，也很能识人用人的君主，可以说，魏国在战国七雄中首先强盛，是因为他最先扭转了春秋时代混乱的政治局面，开创出一条全新的发展道路。

什么道路呢？周朝重礼而轻法，结果礼制一崩溃，诸侯纷争，下层百姓也纷纷闹腾起来，难以维持国家的统治。魏文侯在上用儒家理论替代古旧的周礼，重建道德，约束士大夫；在下则制定严格的法纪，以统治庶民百姓。曾经有一段时间，学术研究上称中国数千年的思想史是"儒法斗争"，但事实上儒、法来源相同、目标相同，相辅相成，是不可偏废的。

魏文侯拜孔丘的弟子卜商（子夏）和再传弟子田子方、段干木为师，宣扬仁爱和忠君，进行思想控制，同时重用法家代表人物李悝，制定《法经》六篇，改革政治，从行政制度上开创了一条新路。儒和法是一体两面，一则重道德建设，一则重法律法规，其目的都是为了维护金字塔一般的等级制度和封建秩序。

在重建道德、新建法律、恢复秩序，充实国库之外，魏文侯还很注重强兵。他创建了"武卒"制度，从各阶层中挑选孔武有力的人，这些人必须完成一定的要求才能成为武卒。什么要求呢？一、要能穿上三层铠甲，手持十二石（重量单位，引申为拉开弓弩所必须具备的力量单位）的强弩，背着五十支箭，戴头盔、佩长剑，揣着三天的干粮，仍然能够奔跑如飞，白天能走一百里路；二、擅长格斗；三、到达战场后不必休整，立刻就能列队作战。

国家给予武卒很高的物质待遇，并且免除其家庭所有的徭役和田地税、户口税，武卒建立军功以后，还可以比旁人更快地得到晋升。

魏武卒的选拔和设立，使得魏国的军事力量很快就凌驾于诸侯之上，魏文侯东灭中山、攻齐，西侵秦，南压楚，同时威吓韩、赵两国，魏都安邑很快就成为了中原地区的中心。

史无前例的大战争
—— 战国纷争和秦的统一

从魏武卒制度，咱们还能发现一个军事方面的重要问题，是什么呢？请注意，春秋时代的军队主力是由世袭贵族，也就是传统所谓的"士"所组成的，士必须熟习六艺，也就是礼、乐、射、御、书、数，其中射就是射箭，御就是驾车，可见主力兵种是由士所组成的兵车部队。

但是魏武卒要求带弩、佩剑，不要求学习和精通御（也就是驾车技术），可见兵车已经逐渐退出了战场，步兵集群战开始登上历史舞台。这是因为：首先，兵车太受地形所限，不是大平原根本跑不起来；其次，训练一乘兵车，以及车上三名士，实在太过费钱费力费时间了，当人口越来越繁盛，士兵数量越来越多以后，兵车的数量却很难再大幅度提升，在军队中数量比重的下降，也使得兵车逐渐丧失了用武之地；再次，原本军中最重要的兵器除了弓弩外，就是长戈、长矛、长戟，而随着冶金技术的提高，原本只能用来防身的青铜剑越造越锋利、坚韧，并且越造越长，甚至出现了比青铜剑更坚固也更长的铁剑，剑这种武器在肉搏战中的作用日渐重要——站在兵车上，只能使用双手持用的长兵器，单手挥剑根本砍不到敌人，这也使得兵车的作用大为降低。

战国时代的战争与春秋时代大为不同，大规模步兵集群战逐渐替代了小规模兵车战，战争规模更大，出兵数量更多，对地形的限制更少，运用却更巧妙。相应地，各种阴谋诡计也层出不穷。

而魏文侯之所以能够称霸诸侯，既因为他创建了武卒制度，因应技术发展和时代变迁大规模使用步兵，还因为他重用了两员名将——乐羊和吴起。

首先说乐羊，他本是魏相翟璜的门客。大约在公元前408年，在今天河北西部平山、灵寿一带的中山国，突然发兵侵扰魏境，于是翟璜就推荐乐羊为将，讨伐中山。

中山是个很奇怪的国家，在春秋时代从来也没有见到过他的踪影。有人说，中山是由原本北狄部族的一支鲜虞所建立的；也有人说，那是战国时代才新封的周天子同姓国。但不管怎么说，中山都不算强国、大国，竟然敢对魏国下手，实在是太不明智了。

听翟璜推荐乐羊，魏文侯有点不放心："寡人听说乐羊之子乐舒在中山为将，派父亲去打儿子，这仗能打好吗？"翟璜摇摇头："请您相信乐羊，他在我门下多年，我深知他的为人，忠诚不二，绝不会因为私情而耽误公事的。"

于是魏文侯就派乐羊领兵攻打中山国，乐羊一路势如破竹，直取中山国的国都，但因为城池坚固、防守严密，难以强攻，他就改强攻之策为长期围困。消息传来，很多人都在魏文侯面前进谗言，说："乐羊一定是顾虑父子之情，所以才迟迟不肯发起总攻的，您应当立刻替换他。"

从来临阵换将，取败之道，魏文侯没那么傻，他把所有说乐羊的坏话全都当耳旁风。

乐羊包围中山国都一年多，中山国君实在熬不下去了，一怒之下，就把乐羊的儿子乐舒给宰了，煮成肉羹送给乐羊。没想到乐羊端起肉羹来一饮而尽，竟然面不改色。他的这种行为和所表现出的决心，使中山人吓破了胆，士气低落，乐羊趁机进兵，灭掉了中山国。

班师回朝后，魏文侯大喜，重赏了乐羊，把他分封在灵寿。他对大臣睹师赞说："乐羊真是太忠心啦，为了忠于寡人，连自己儿子的肉都肯吃呢。"但是睹师赞却撇撇嘴："他连儿子的肉都舍得吃，还有谁他不敢下嘴的？"魏文侯听了这话，悚然一惊，满身的冷汗，从此再也不敢派乐羊去带兵打仗了。

超越田穰苴的名将

中国古代论起军事家，总是孙、吴并称，"孙"就是辅佐吴王阖闾打败楚国的孙武，而"吴"则是协助魏文侯完成霸业的大将吴起。

吴起是卫国人，年轻时代跑到鲁国，拜在孔丘弟子曾参的门下。正赶

史无前例的大战争
—— 战国纷争和秦的统一

上齐国攻鲁，鲁君听说吴起精通兵法，就想拜他为将，抵御齐军。可是有个问题，吴起的妻子是齐国人，因为这一层关系，他真能一心一意地与齐军交战，打败妻子的父母之邦吗？

> 《司马法》是我国古代重要兵书之一，大约成书于战国初期。此兵书历来为人所重视，宋神宗元丰年间，将《司马法》列为《武经七书》之一，颁行武学，定为将校必读之书。

鲁国朝野上下种种怀疑之声落到了吴起耳中，为了能够成为将领、率军打仗，建功立业，吴起把心一横，竟然杀掉了自己的妻子。障碍既然消除，鲁君也就放心把军队交给了他，吴起不负所托，果然打了一个大胜仗。

可是仗虽然打赢了，朝野间的议论却更加不堪——谁又会喜欢一个为了自己的事业，连老婆都不要了的家伙呢？

大家都说："吴起这人心太狠了，当年离开卫国的时候，他就对自己母亲说：'我要是不能出人头地，就再不回家。'头也不回地离开，连母亲去世都不肯回去看看。因为此事，曾参非常鄙视他，把他赶出师门。如今他连自己老婆都杀了，这种人真能托付重任吗？"

鲁君听了这些话，对吴起是越来越不放心，终于找个机会免除了他的职务。

吴起在鲁国呆不下去了，就跑到魏国去投靠魏文侯。魏文侯问大夫李克："这人怎么样，能用不能用？"李克回答说："此人贪婪而好色，名声很臭，但若说起用兵打仗来，连司马穰苴都未必能比得上他。"

所谓"司马穰苴"，是指春秋末期的齐国名将田穰苴，侍奉齐景公，担任过齐国的大司马（类似于国防部长），所以叫司马穰苴。据说某次晋、燕两国夹攻齐国，齐军节节败退，晏婴就向齐景公推荐了田穰苴。齐景公想拜田穰苴为将，田穰苴说："小人地位卑下（他是大夫田氏的庶子），难以服众，希望您能派位宠臣来担任监军，给我撑撑腰。"齐景公点头称是，就派最宠信的大夫庄贾去当监军。

轮到大军要开拔了，田穰苴嘱咐庄贾："明天中午誓师出征，您可千万别迟到。"庄贾答应得好好的，可是到了第二天，田穰苴一切准备停当，却左等他也不来，右等他也不到。直到傍晚时分，庄贾才姗姗来迟，还毫不在意地解释说："听说要上战场，亲戚朋友们都来送行，所以晚了点儿，您多包涵。"

田穰苴把脸一板："将领从接受命令之时起，就应当公而忘私。如今敌军逼近，国君睡不好，吃不香，百姓的性命也都掌握在您的手中，怎敢用亲戚相送来搪塞，故意迟到？！"叫来军法官问："按照军法，迟到的人该如何处置？"军法官回答说："当斩！"

庄贾吓坏了，赶紧叫手下人去通知齐景公，可是手下人还没赶回来，田穰苴就执行军法，把他给宰了。这边庄贾人头才落地，齐景公派来要田穰苴手下留情的使者就到了，乘坐着马车直冲中军大帐。田穰苴喝问军法官："没有军令，就在军中跑车，应当如何处罚？"军法官回答说："当斩！"田穰苴摇摇头："国君的使者，是不能轻易斩杀的。"于是杀掉了驾车人和拉车四马中的两匹。

田穰苴如此法纪严明，连国君的宠臣都敢杀，连国君的使者都不留脸面，士卒无不畏服。他领着这么一支纪律严明的军队出去，很快就连打几个大胜仗，赶跑晋、燕之军，使齐国免除了一场危机。班师回朝以后，齐景公就任命他为大司马——从此司马穰苴之名，响彻天下。

李克对魏文侯说，论起行军打仗来，吴起的才能恐怕还在司马穰苴之上，魏文侯闻言大喜，也不去管吴起的个人品德是否有缺陷了，立刻拜他为将，让他领兵去攻打秦国。

黄河自西向东注入太平洋，但黄河并非始终是东西向的。咱们知道，黄河在甘肃境内折而向北，经过宁夏和内蒙古，再折而向南，把中原北部纵切一刀，分割为东西两个部分（也就是今天的陕西省和山西省），到晋、陕、豫三省的交界处再基本恢复东西流向。

黄河下游，在历史上经过多次改道，有时候从山东入海，有时候偏到南面，夺取淮河河道入海，有时候偏到北面，夺取海河河道入海。但黄河中游大拐弯部分，几千年来基本没怎么改变。春秋战国时代，习惯称呼黄河在今天内蒙古境内西北—东南走向的一段为"北河"，在今天陕西、山西交界线上南北流向的一段为"西河"。

西河曾经是秦、晋两国的天然分界线，三家分晋以后，又分隔了秦、魏两国。当时魏国的疆域非常广大，东接齐，南临楚，而在西方，最强大的敌人就是秦国。所以，魏文侯派遣吴起领兵西征，去夺取秦国的土地。

公元前407年前后，吴起五战五胜，夺取了西河更往西的大片土地——也就是把魏国西部边境一直延伸到今天陕西省境内。魏文侯把新夺取的领土定名为西河郡，派吴起担任守将。

公元前396年，雄材大略的魏文侯去世了，他的儿子魏击继位，就是魏武侯。据说魏武侯曾经乘船在西河上巡视，吴起闻讯登船去拜见。魏武侯笑着对吴起说："你看，多么漂亮，多么壮观！我魏国有这滔滔黄河、巍巍太行作为屏障，可保基业永固！"

吴起严肃地提醒魏武侯："国家能否富强，能否长治久安，能否不被灭亡，靠的是道德，而非天险。"历数当年夏桀、商纣的疆域如何广大，境内天险如何众多，却因为骄奢淫逸而最终遭到灭亡，末了还说："倘若国君您不修德的话，我恐怕今日船中之人，总有一天，都会变成敌国的俘虏。"

魏武侯听了吴起的话，连连点头："说得好，说得很有道理呀。"

由此可见，吴起并不仅仅是一名军事家，他在政治方面也很有才能，很有头脑，所以魏文侯才会放心大胆地把西河郡交给他，不仅仅让他负责边境防卫，也让他统筹民事。在吴起镇守西河的十数年中，秦人始终无隙可乘，几乎不再对魏国构成威胁。

但是咱们前面说过，吴起此人贪婪好色，品德不高，虽然他并不因此而荒废公事，损害国家利益，但难免会招来各方面的鄙视甚至是仇视。从来苍蝇不叮无缝的蛋，吴起却绝非一个好蛋，能让讨厌他的人抓不到把柄。

更因为吴起的功劳实在太大，以他的能力和功绩来说，完全可以担任魏相，这就引起了其余觊觎这一高位之人的敌视。魏文侯已经去世了，魏武侯虽然也不失为一代明君，比起他老爹来终究要差上很大一截，他最终听信了谗言，迫使吴起离开魏国，流亡到楚国去了。

吴起之死

宰相制度始于战国时代，最早也顶多能推到春秋末期。在此之前，各诸侯国执掌政务的都是世卿，虽然同为君主的辅佐官，宰相和世卿却存在着本质上的区别——

世卿都是高级贵族出身，并且可以世袭。当初齐桓公曾想任命管仲为上卿（世卿的首脑），管仲虽然也是贵族出身，家世却不够煊赫，因此推辞说："国之上卿，历来都由高、国两家担任，我恐怕没有这种资格。"最终只肯接受下卿的职务。《史记》里说管仲曾为齐相，恐怕不确，虽然齐桓公对管仲言听计从，管仲实际的权力比高、国两家大家长还大，但就官职等级来说，他还并不算一人之下、万人之上。

> 楚国在战国时期依然是强国、大国，在它的周围依附着许多小国，曾国就是其中之一。曾国最为人熟知的当是曾侯乙编钟了，钟是一种打击乐器，多用于祭祀或宴饮，而出土于湖北随州擂鼓墩曾侯乙墓的曾侯乙编钟是我国迄今发现数量最多、保存最好、音律最全、气势最宏伟的一套编钟。

相对地，宰相则原则上并不要求出身高低，并且不可世袭。宰相之所以出现，就是因为君主排除大贵族和世卿的权力，提拔那些身份并不很高的中下级贵族做自己的第一助手——宰原本是指贵族的管家，相的意思是辅佐。

所以世卿是古代贵族体制的产物，而宰相的出现，则表示贵族体制已经逐渐崩溃，开始向近代官僚体制转化了。当然，宰相只是统称而已，并非具体的官名，具体官名就叫宰相的，只在辽朝出现过，别的朝代根本就找不到。而在宰相产生之初的战国时代，作为正式官名，大多叫做相、丞相，或者相国、相邦，楚国的官名则与中原各国全都大相径庭，并且沿用了传统的世卿之名，叫做令尹。

有记载说，孔丘曾经"摄"也就是暂代鲁相，但这个"相"应该是指外交行为中君主的辅佐官（夹谷之会），而不是宰相。

拉回来说魏国，魏文侯时代，担任宰相的是魏成子和翟璜，到了魏武侯时代，改任田文为相。吴起听说此事，不大乐意，就跑去对田文说："咱们比比功劳，好吗？"田文微笑点头："那就比吧。"

吴起说："统帅三军，使士卒不怕死，敌国不敢侵，咱俩谁比较强？"田文说："我不如你。"吴起又说："统率百官，安抚百姓，使家国富裕，咱俩谁比较强？"田文还是说："我不如你。"吴起三问："防守西河，使秦兵不敢来犯，韩、赵都尊敬魏国，咱俩谁比较强？"田文继续微笑："我还是不如你。"

于是吴起一梗脖子："这三点你都不如我，为什么你做魏相，我却要屈居在你之下呢？"田文笑笑说："先君过世不久，新君年纪还轻，大臣们还不能同心同德，百姓们还心怀疑虑，在这种情况下，是你做魏相合适，还是我做魏相合适？"吴起沉吟半天，终于懊恼地点一点头："还是你比较合适呀。"

这件事透露出两条重要信息：一是吴起无论在军事上还是在民政上，他的才能都是当时魏国甚至全中原最卓越的，他自己也对此深信不疑，觉得自己有当魏相的资格；二是吴起虽然功劳很大，但在魏国臣僚和百姓中威望却不够高，人脉也不够广，没法一呼百应，所以才被迫要屈居在田文之下。

大约到了公元前391年，也就是魏武侯继位的第五年，魏相田文死了，公叔痤继承其位。既然以"公叔"为氏，可见此人出身公族，但他并非魏之公族，而是韩之公族，入魏为官，还娶了魏国公主为妻。公叔痤知道自己无论才能还是威望，都比前任田文要差得远，未必能压制得了吴起，倘若吴起再来争夺相位，恐怕自己会败下阵来。于是他起了坏心眼，和门客们商量，要陷害吴起，把他赶出魏国去。

有门客出主意说："想赶走吴起，一点都不难。您首先对国君说：'吴起是贤人，各国都想延聘他，恐怕他不会长久留在魏国吧。'国君问您怎么办的时候，您就说：'试着把公主嫁给他，倘若吴起愿意留在魏国，肯定会接受，否则，就是没有留心，隐含去意……'"

公叔痤依计而行，在用嫁公主来试探吴起的主意被魏武侯采纳以后，他就把吴起接到自己府上，并且故意安排自己的妻子——同样是魏国公主——轻贱自己、怠慢自己。吴起一看，原来魏国的公主架子都这么大呀，脾气都这么臭呀，这种老婆，不要也罢，就此回绝了魏武侯嫁公主的要求。

魏武侯一看，公叔痤说得没错，吴起果然不打算长久留在我魏国，从此就对吴起冷淡起来，不再赋予重任。很快，吴起就察觉到了国君这种态度，他知道魏国已经没有自己存身之地了，主动请辞，离开魏国，跑去了楚国。

楚悼王听说吴起来投，大喜过望，亲自跑到郊外去迎接，直接就任命吴起当令尹——也就是楚国宰相。当初魏文侯重用吴起，基本上是把他当作战将来用，如今楚悼王则把整个楚国的军事和内政，全都交到了吴起手上。

吴起担任楚相整整十年，进行了一系列政治改革，打破传统的贵族体制，不拘一格重用人才，并且训练出一支精强敢战的楚军。我们知道，楚国在春秋末期遭到吴国进攻，几乎灭亡，其后虽有明君楚昭王励精图治，却也很难再恢复到楚庄王、楚共王那般极盛时代了，随着北方强权晋国的分裂，南方强权楚国也日薄西山。但经过吴起这一番改革，楚国仿佛一个重病之人突然吃到仙丹一般，不但百病全消，体力更比从前强上无数倍。

十年间，楚国国力大为增强，不但向北吞并了陈、蔡等小国，威胁三晋，向西打败秦国，还一直向南打，把疆域扩展到今天的湖南、江西南部，甚至广西、广东境内。

可惜吴起的天性颇多缺陷，他名声、人缘都很不好，加上改革措施得罪了贵族，楚悼王在公元前381年才一咽气，贵族们就立刻发动叛乱，集合私兵攻打王宫，要取吴起的性命。吴起知道自己躲不过这一劫了，于是边战边退，一直退到楚悼王的遗体旁边，随即朝遗体上一趴——你们想杀我，那就请动手吧。

贵族们乱箭齐发，当场就把吴起给射死了。

吴起不愧是伟大的军事家、政治家，临死前最后一刻，都体现出了他过人的智谋。贵族们对他恨之入骨，忙着放箭取他性命，可吴起是趴在楚悼王遗体上的，难保那些箭不会射到遗体。时隔不久，楚肃王继位，立刻逮捕作乱的贵族七十余家，全都处以极刑——按照楚国法律，伤害到国君身体的（不管是活的还是死的），一律处死，没得商量！

第二章 战国时代·百家争鸣

模拟攻城战

中国思想史上的第一个高峰,始于春秋,而大成于战国。春秋时代的思想界,咱们只介绍了一位儒家宗师孔丘,兼及道家宗师老子,而到了战国时代,则是群星璀璨,相映辉煌。

有四种思想学说,在几千年的中国历史上占据主流地位,一是儒家,也包括与儒家同源的法家;二是道家;三是东汉才传入中国的释家佛学;最后一个,则是起源于春秋、战国之交的墨家。

都说中国古代的士大夫是外儒内道,得着施展抱负的机会,就尝试用儒家理念来治理国家,得不着施展抱负的机会,就归从道家,退隐山林。而在民间,在广大中下层百姓心中,他们更乐于遵从,或者不如说会自然遵从的,却是墨家学说。

儒的意思,就是读书人、士大夫;道的意思,是指宇宙间的真理、法则;与此不同,墨并没有类似含义,只是引用了创始人墨翟的姓氏而已。

墨翟大约生于公元前490年到468年之间,公元前490年,就是楚昭王去世的前一年;公元前468年,是勾践灭吴的五年以后。关于墨翟的出身，有宋国和鲁国两种说法，但总之他不是大国的臣民，而是夹杂在大国间的小国百姓。

墨翟的政治口号是"兼爱、非攻"，也就是说人与人之间要不论贫富、贵贱，国与国之间要不论大小、强弱，都互相尊重、爱护，不能恃强凌弱，不能发动兼并战争。乍看起来，这和孔丘的口号"仁爱、忠恕"非常相似，但往深里分析却又有很大的不同。

> 墨翟和他的学生做了世界上第一个小孔成倒像的实验，并且解释了小孔成倒像的原理，指出了光的直线行进的特质，这是对光直线传播的第一次科学解释。

首先，儒家基本上还算是贵族的思想、贵族的学问，孔丘本人就不大看得起体力劳动；墨家则在理想上破除了人与人之间的身份差别——这也是时代发展所导致的，到了战国时代，固有的社会秩序已被彻底打破，很多贵族破产流亡，很多平民经商致富，谁贵谁贱，谁富谁贫，与孔丘时代已经大为不同了。

其次，儒家希望用政治说教来重建社会道德，希望用法律法规来维持秩序；墨家不大管这一套——虽然他们也会说教，也希望提升全社会的道德水准，也崇尚法制，但更加注重身体力行，注重掌握实际的科学技术来改造社会。从某种意义上来说，墨家学派里集中了中国最早的一批技术人才。

第三，对于诸侯间的战争，儒、墨两家全都痛心疾首，但该怎样解决这种问题呢？儒家主张用道德来约束贵族，使他们既爱自己的子民，也爱别国的人民，从而消除战争隐患。墨家则认为这根本行不通，恃强凌弱是人世间的常态，要想改变这一可悲现实，就得帮助弱者，抵御强者，只要弱者足够有力量，强者自然不敢欺负。

所以墨翟在世之时，经常巡游各国，听说大国想要欺负小国，就立刻带着自己的弟子门生跑去帮忙。他打败公输般、说服楚惠王之事，就是最好的例证。

楚惠王是楚昭王的儿子，在位五十七年之久，在他后面还有楚简王、楚声王，然后才是曾经拜吴起为令尹的楚悼王。就在楚惠王的晚年，大约在公元前440年前后，他打算进攻宋国，听闻此讯的墨翟就匆忙找上门去，劝说楚惠王取消命令。

楚惠王老大不情愿，但被墨翟的说教搞得头昏脑胀，最后干脆抛出秘密武器来："寡人有公输般新造的云梯，攻宋是赢定了的，怎能因为你三言两语，就放弃一场必胜的仗而不打呢？"

公输般是当时著名的工匠，也是后世传说中天才木匠"鲁班"的原型，据说他曾经用木头削成飞鸟，也不知道用了什么动力，竟然能在天上连飞三天三夜都不落地。楚惠王重金请来公输般，建造了包括云梯在内一大批新式攻城武器，所以才有恃无恐，打算对小小的宋国下手。

可是墨翟笑着对楚惠王说："世上根本没有必胜之仗，您有攻城之法，难道宋人就没有守战之策吗？请大王把公输般叫出来，让我和他研究一下技术问题。"

等公输般到来以后，墨翟就把自己的腰带解下来，在几案上摆成圆形，说："这算是宋国的城墙，你说说你将怎样进攻，我说说我会怎么防守，看看结果如何。"

于是两人就楚惠王面前，拿些小木头片装作攻城或者守城的器械，展开了激烈的模拟战。

公输般当然首先摆出自己新近改良的云梯："我所造的云梯，与宋城一般高大，下置六轮，推到城边，用辘轳绞起车上的高梯，长一丈二尺，搭上城堞，士兵们缘梯而上。请问阁下怎样防御？"

"且慢，"墨翟伸手拦住了公输般，"云梯是庞大的攻城器械，您不可能带着它长途行军，一定是拆成散件，到地方才开始组装，并且组装后推近城墙也需要一段时间，对吗？"

"正是如此。"

墨翟自信地笑了:"那我就有时间建造'行城'来抵御。行城用木材架构,高城二十尺,宽十尺,探出城墙外二十尺,上面模仿城堞建造掩体和瞭望孔。行城外包覆着竹编的'答',上涂湿泥,可以遮蔽箭矢,并防火攻。行城上的士兵,挑选力气最大的十人手持长杆抵御云梯靠近,五人手持利剑阻挡想要攀爬过来的楚兵,另有士兵持弩,听鼓声指挥,或者交错射击,或者覆盖射击。这样的防御,再加上滚木、擂石、灰瓶、沸水泼下,您的云梯攻城法还可能奏效吗?"

据说包括云梯在内,公输般一共设想了九种攻城之法,结果全都被墨翟给轻松破解了,不仅如此,墨翟还叫阵说:"我的招还没用完呢,你还有啥本事,都拿出来吧。"公输般理屈词穷,愣了好一会儿,才挤挤眼睛:"我还有最后一招,但是不能明说。"墨翟也挤挤眼睛:"我知道你留着哪一招,但我也不说。"

楚惠王彻底糊涂了:"你们在打什么哑谜?"

墨翟笑着解释:"公输般的意思,不过是想杀掉我,以为杀掉我,宋国就容易攻下了。但我在来楚国之前,已经先派了禽滑厘等三百名弟子前往宋国,协助守御,他们全都学会了我守城的本事,因此即便要了我的性命,楚军这一仗也是打不赢的。"

楚惠王这一下彻底灰心丧气,只好放弃了进攻宋国的念头。

豫让和聂政

墨翟的思想、言论,后来被他众多弟子们整理成《墨子》一书,其中部分篇章记录了相关城池守御的各种计谋和技术,在军事学方面也具备相当惊人的价值。墨翟之所以能够一辈子东奔西跑,用言论,更重要的是用计谋和技术来阻止战争,正如他自己所说,并非个人的功劳,而是集合了数百上千名弟子共同努力所完成的伟业。

与其他学派不同，墨家有完整的组织形式、严密的组织章程，甚至很可能是后来各种秘密结社的原型。墨家的精神领袖，同时也是组织首领，被称为"巨子"，墨翟是第一任巨子，他去世后，由其嫡传弟子禽滑厘继任，再往后有一位孟胜，曾经当过楚国贵族阳城君的家臣，阳城君因为发动叛乱，箭射吴起而被处刑，孟胜率弟子一百八十三人为他殉死。

但在墨翟去世后不久，墨家学派就无可避免地分裂了，一部分人专注于政治说教、逻辑思辨，其活动中心在齐国，称为齐墨；另一部分人专注于法规制定和技术研究，西迁入秦，称为秦墨。后来秦国在战国七雄中脱颖而出，其中不能说没有秦墨的功劳。

帮助弱者，对抗强权，墨翟的这一重要思想，虽然不大受统治阶层的欢迎——他们本就是社会生活中的强者，锄强扶弱就是对付他们——却深得中下层百姓之心。百姓们都期盼在遭难的时候，在受强者欺凌的时候，有仗义疏财的侠士前来相助。所以墨家思想对普通百姓影响很深，也直接导致了刺客、游侠之类群体的出现。

战国时代，还没有产生著名的游侠，咱们可以顺便说说刺客。春秋晚期，咱们提到过鱼腹藏剑、刺杀吴王僚的专诸，他是一个大刺客；战国初期，著名的刺客则有豫让和聂政。

豫让本是智瑶的家臣，后来智瑶被韩、赵、魏三家打败，连脑袋都被赵毋恤砍下来，把头盖骨刷上漆，做成了酒杯。豫让逃入深山，发誓说："士为知己者死，女为悦己者容，智大人待我那么好，我一定要为他报仇！"

于是他改名换姓，混入赵府，去修理厕所，暗藏匕首，想要刺杀赵毋恤。可不知道怎么一来，赵毋恤在上厕所的

> "士"原本为最下层的贵族，因古代学在官府，只有士以上的贵胄子弟才有文化知识，因此后来"士"就变成了对具备一定知识和技能之人的称呼。

史无前例的大战争
——战国纷争和秦的统一

时候突然心生警惕，叫部下把附近之人全都搜一遍身，就把豫让给逮住了。部下想要处死豫让，赵毋恤却摆摆手说："为主报仇，这是个义人，还是放了他吧。"

豫让就此逃得一命，但他已经和赵毋恤照过面了，再想报仇那是千难万难。说起来他也够不惜代价的，竟然用漆涂满全身，使得身上长疮，拔掉眉毛、胡子，使得面目难辨，又吞下热炭，把喉咙给烧坏了，连声音都跟从前大不相同。然后他探查清楚了赵毋恤的出行规律，躲在一座桥底下，打算再度行刺。

可是赵毋恤既已遭遇过一次行刺，行事更加警惕，豫让没能成功就再次被擒。赵毋恤责问他说："听说你当年是范氏、中行氏的家臣，这两家被智氏所灭，怎么不见你报仇呢？为啥要为了智氏，找我报仇？"豫让回答说："范和中行两家对待我就像对待普通人一样，所以我以普通人的态度去回报他们；智氏待我，就像对待国中罕有的人才，所以我也要用罕有的人才才能做的事情去回报他。"

赵毋恤再问："我已经放过你一次了，难道对你就没有恩情吗？你怎么不报答我呢？"豫让叹息着说："您不用再放过我，我情愿去死，但我已发誓要为智氏报仇，希望能帮忙够完成心愿。"于是赵毋恤就把自己的衣服脱下来铺在地上，算是自己的替身。豫让朝衣服连劈了三剑，然后大笑道："心愿完成，我可以到地下去见智大人了！"随即横剑自刎。

大约在豫让自杀四十年以后，齐国又出了一名大刺客，名叫聂政。

当时韩国的国君是韩哀侯，宠信相国侠累，大臣严仲子得罪了侠累，被迫流亡齐国，到处寻找能够刺杀侠累之人。探听来探听去，听说有个叫聂政的人很有本事，就准备了贵重的礼物找上门，想请聂政帮忙。

聂政知道了严仲子的来意后，一口回绝："我有老母需要奉养，不能帮你去做如此危险之事。"把所有礼物都退回去了。

隔了一段时间，聂政的母亲去世了，他就主动找到严仲子，说："我只是个小民百姓,承蒙您瞧得起,以贵族之尊前来结交,怎敢不思回报呢?只是因为老母尚在,不敢冒险,如今老母已经去世,说吧,您究竟想要我杀谁?"

严仲子把跟侠累结仇之事一说,表示愿意招募大群武士,跟着聂政到韩国去刺杀他。聂政摇摇头:"人多了没用,反而容易泄密,到时候报仇不成,整个韩国都要与您为敌。还是我一个人前往吧。"

于是他孤身一人,前往韩国,找准一个机会,突然直冲入侠累府中,一剑将其刺死。卫兵们蜂拥而上,聂政大呼酣战,连杀数十人,终究双拳难敌四手,身负重伤,于是他挥剑划烂自己的面皮,挖出眼睛,剖开肚子,干脆自杀了。

聂政之所以这么干,是想让别人都认不出自己来,以免连累亲戚朋友。可是聂政有个姐姐听说此事,立刻意识到那是自己弟弟,竟然千里迢迢跑来韩国认尸。韩国人都难以理解:"你不怕受连累吗?怎么敢来认呢?"

聂政的姐姐说:"弟弟是怕连累我,所以才自毁容貌,我又怎能因为怕受连累,就让他的贤名从此湮灭,无人所知呢?!"

讲义气,轻生命,不问善恶好坏,只想着"士为知己者死",这种行为,今天已经不足取了,但在当时的社会环境下,还是很受推崇和赞扬的。所以豫让、聂政等人的事迹也就流传下来,数千年来一直受到中国人,尤其是底层民众的仰慕和追悼。

因为不管怎么说,刺客们所杀的都是有权有势的人,而非无辜的草民百姓呀。

墨家的所作所为,其实与刺客们的行为具有相当多的共同点,其后出现的游侠们,也都秉持了同样的理念。什么理念呢?那就是有恩要报恩,有仇要报仇,社会有不平,就以一人之力将其铲除,即便因此丧失了性命,也毫无怨悔。虽然他们的行为不值得提倡,但这种为了理念而不惜牺牲的精神,即便到了今天,也还是有一定教育意义的。

不知鱼乐和白马非马

战国初期最受推崇的思潮来源于墨翟和杨朱,相比起来,后来大放光彩的儒家、法家,则没多少人信。

杨朱是早期道家的代表人物。道家作为一门哲学和社会学的派别,而非后来以道为名的宗教,也分很多支派,其中最著名的就是老子和庄周。老子作《道德经》,探索宇宙间的奥妙、事物间的关联,充满了朴素的辩证法思想;庄周则作《南华经》(本名《庄子》)更注重养生,注重个人的修养。庄周生活在战国中后期,他的思想很多都来源于战国前期的杨朱。

杨朱非常讨厌墨家,墨家也讨厌他,因为两派人的学说完全顶牛,根本说不到一块去。传说墨翟的弟子禽滑厘曾经问杨朱:"你总说自己的性命和身体最重要,那么我问你,倘若拔你一根毛,就能够使整个天下得利,你干不干?"

杨朱笑着回答说:"我又不是神仙,怎能拔一根毛就使天下得利呢?这根本是无意义的问题。"

禽滑厘不肯罢休,还要追问:"假如,我是说假如,假如真的可以,你究竟拔不拔?"杨朱把脑袋一扭,再也懒得搭理对方了。

所以后人都说杨朱"拔一毛而利天下,不为也",说他是个极端的利己主义者,但其实这种认识根本是冤枉了杨朱。杨朱真正的观点是"重生",既重视自己的的生命,也重视别人的生命,他既不会损害自己来有利于他人,同时也不会损害他人来有利于自己。所以他对那些为了虚幻的理想,动不动就抛弃自己的生命的人(主要就是墨家门徒),是彻底地看不惯。

杨朱的观点,集中体现了遭受长期战乱之苦的中下层民众的想法,他们根本没有本事去损害他人,他们只希望能够苟全性命,不受到他人的损害,只想保护自己和自己的家人。他们没有什么可望而不可及的宏大理想,不愿意被各种理念牵着鼻子走,去牺牲自己的利益甚至是生命。

　　杨朱的思想后来深刻影响了庄周,不过《庄子》一书的大部分篇章,却很可能是他弟子们所写,甚至是后人伪造的,并非真正出于庄周之笔。这本书中编造了很多神话、寓言,充满了丰富的想象力和感人的浪漫主义文学色彩。

　　庄周不满于现实,他说"窃钩者诛,窃国者诸侯",也就是说小偷小摸会被处刑,那些窃国大盗反而锦衣玉食,这是根本违背天理的。延续杨朱的理论,他举例说:"山上有棵大树,长得非常难看,到处都是疙瘩,根本不是好材料,可正因为不是好材料,所以伐木工不会来砍,反倒得以保全性命。"认为对于他人无用,对于自己反倒是大用,因为不会被悲惨地卷入争端中去呀。

　　儒家学派在战国时代的代表人物,则要首推鲁人孟轲和赵人荀况。荀况反对天命、鬼神那一套,注重人事,并且认为"人性本恶",要靠道德修养和法律约束来消除与生俱来的好逸恶劳、贪生怕死等坏品性。所以荀况的思想在儒家中是个异类,相对偏向于法家,他的很多弟子后来都成为法家的重要人物。孟轲活跃的时代在荀况之前,说法却完全不同,他认为人性本善,坏人之所以成为坏人,是后天社会影响和污染的结果,道德并非约束,而是要引导人们始终保持自己的良好天性。

　　比起孔丘来,孟轲的思想更贴近现实——否则根本没人愿意听那些大道理——他知道周礼已经无从恢复了,应当在旧有的周礼基础上,创建新的道德和社会体系,也就是儒家自己的一整套理论。他多次拜见各国君主,请他们遵循"仁"和"义"来行事——想打仗?也可以,只要是义战就行。

　　有一个故事,是说孟轲去求见齐宣王,问他:"我听说您曾经见到有人牵牛从堂下走过,听到那头牛哀伤地鸣叫,就问牵牛干嘛去呀,牵牛人回答说是去衅钟(把血洒在钟上的一种祭祀活动),您就说:'我不忍心呀,换头羊吧。'有这事儿吗?"

齐宣王回答说："有这事儿。寡人是真的听到那头牛叫得很哀伤，浑身还在哆嗦，实在可怜，这才于心不忍。外面却都说寡人太小器，所以用羊来替代牛，真正太岂有此理了！"

孟轲笑着说："您觉得牛可怜，难道羊就不可怜吗？只是您见到了牛，没有见到羊，所以引不起对羊的同情而已。所以说，君子对于禽兽，看到活的，就受不了死的，听到它悲鸣，就不忍心吃他的肉，为此要尽量远离厨房。对人也是同样的道理，您能可怜一头牛，难道就不可能可怜可怜齐国的老百姓吗？"

就靠着这样生动有趣的讲解，孟轲巧妙地把自己的理念灌输给那些不识民间疾苦的君主们。当然，理论说得再天花乱坠，那些君主也不会真的改变自己的行为，真正为老百姓考虑的。对于他们来说，百姓只是达成霸业的工具而已，孟轲始终只是个理论家，而无法真正靠自己的力量来改变社会。

战国时代，除了墨、道、儒、法之外，还有阴阳家（研究事物的发展和变化）、农家（主张人人都应当去种地）、纵横家（研究外交策略）等很多门派，史称"诸子百家"——当然，并没有一百家那么多。

各门各派的代表人物都大收门徒，到处宣扬本派学说，同时反对甚至是诋毁别派学说，这就被称为"百家争鸣"——不光"鸣"而已，他们还要"争"，看谁的学说才真正对国家、人民和社会有用。当然，思想理论光靠论争，终究是争不出个结果来的。

其中最有趣的一个学派是名家，名家研究的是事物之"名"，也就是概念的问题。名家最著名的人物有邓析、惠施、公孙龙等人。

据说惠施和庄周是好朋友，经常在一起辩论。某次两人经过桥上，看到桥下水中有鱼在游，庄周就不禁感叹道："这些鱼多么快乐呀。"他是感叹人生在世，诸多纷争和牵绊，反而不像动物那样贴近自然，无忧无虑。可是惠施和他辩论惯了，偏要抬杠，问："你又不是鱼，你怎么知道鱼快乐？"

庄周笑着反驳说："你又不是我，怎么知道我不知道鱼快乐？"惠施继续抬杠："我不是你，所以不知道你的想法；你不是鱼，当然也不知道鱼的想法。"

另一位名家的代表人物公孙龙，他的名言则是"白马非马"。他分析说："如果说白马是马，那么黑马也是马，白马和黑马都是马，两者难道因此而等同吗？那是不对的，所以白马非马。"

表面上看起来，这是在诡辩，事实上这是非常严谨的逻辑分析，对于个体和群体，对于相似但并不相同的概念，必须严格加以区分。马是一个总的概念，白马只是其中一部分的概念，这两个概念大小不同，当然不能完全划等号。名家的主要研究方向，就是这种"名"（概念）和"实"（实际）的逻辑关系。

> "离坚白"是公孙龙另一个重要辩题：一块白色坚硬的石头，人用手能感觉到"坚"而非"白"，用眼能感觉到"白"而非"坚"，因此石中的"坚"、"白"二特性不能同时存在。这一论题具体分析了各种感官对于事物的感受方式的特殊性，认为人们感觉所接触到的事物的各个属性，都只能是绝对分离的独立体。

庞涓死于此树下

诸子百家中，当然也包括了"兵家"，也就是军事家。春秋时代最著名的军事家是孙武，战国时代首推吴起，此外，还有一位据说是孙武后人的孙膑。

其实孙膑并非这个人的本名，"膑"的意思是一种挖掉膝盖骨，使双腿残疾的刑罚，此人因为受过这种酷刑，是个残废，所以才被如此称呼。

孙膑的师父，大家都说名叫鬼谷子——这是个传说中的人物，据说他天文地理，无所不知，医卜星象，无所不晓，可能属于"杂家"（同时钻研多派学说的人物），一辈子没有当过官，却教了很多徒弟。战国时代找不到师承门派的很多名人，传说中都被归在鬼谷子门下，除孙膑外，还有著名的"纵横家"张仪和苏秦，等等。

史无前例的大战争
—— 战国纷争和秦的统一

孙膑有个一起学习兵法的同学，名叫庞涓，后来投奔魏国，被魏武侯之子魏惠王拜为大将。孙膑前去投靠庞涓，但庞涓却担心这位老同学会抢走自己的饭碗，设计诬告孙膑，致使他受到了残酷的膑刑。

不幸中的万幸，孙膑并没有在魏国遭太长时间的难，正赶上一位齐国的使者来到魏都大梁（原在安邑，魏惠王时代迁都大梁），孙膑暗中求见，央求齐使带自己回去——孙膑既然是孙武的后裔，当然也是齐国人了。

此时的齐国，国君是齐威王，本名田因齐。

奇怪了，齐国国君不是太公望的子孙后代吗？称姓是姜，称氏只能是齐，为什么会出来一个田某某呢？

姜姓齐国的权柄，在春秋后期逐渐落到了权臣田氏手中，田氏本出陈国的公族，后来流亡到齐国，逐步扩展势力。公元前387年，田氏大家长田和与魏武侯在浊泽会面，请求魏武侯帮忙向周天子美言，也封自己当诸侯，魏武侯一口答应下来。

到了第二年，也就是公元前386年，周天子终于颁发了诏书，承认田氏为诸侯，国号仍然叫齐。姜姓齐国就此转变成妫姓齐国，因其旧氏，也可以称为田齐。田和，就被后世尊称为齐太公。

齐太公去世后，其子田剡继位，公元前374年，田剡的兄弟田午弑君篡位，史称齐桓公——当然，他和春秋时代称霸诸侯的那个齐桓公只是国号、谥号相同罢了，连丁点儿血缘关系都没有。

> 齐国历史上有两个齐桓公：一个是春秋五霸之一、姜氏齐国的小白；一个是田氏齐国的齐桓公田午。这第二个齐桓公也是寓言中扁鹊见了就跑的那位蔡桓公，因为他曾经迁都上蔡，因此又被称为蔡桓公。

公元前344年，魏国君主放弃诸侯的名号，自称为王，并且召集秦、韩、宋、卫、鲁等十一国会盟，率领诸侯们前往洛邑朝见周天子——虽然自称为王，仍然尊奉周天子为中原地区名义上的共主。这位魏国国君，名叫魏䓨，史称魏惠王——他老爹魏击是魏武侯,还称侯呢,儿子就已经是王了。

齐国是诸侯中第二个称王的,那就是齐桓公田午的儿子田因齐,史称齐威王。齐威王是位贤明的君主,用邹忌为相、田忌为将,采纳忠言,刷新政治,齐国因此逐渐强盛起来。他还在都城临淄城门外的稷下设置讲堂,召集各门各派的学者——包括儒家、道家,也包括齐墨——来讲学,形成了相当繁荣的文化和学术气氛。

孙膑就是在齐威王时代逃到齐国去的,拜投在大将田忌门下。田忌也是田氏子弟,经常和同族的兄弟们赛车赌博。孙膑注意到田忌用来驾车的每匹马资质、速度都比别人差那么一点儿,所以总是输,他跑去对田忌说:"你给自己下重注,我能让你赢。"

田忌将信将疑,勉强下了注,到比赛的日子就问孙膑:"马力不济,怎可能赢呢?你有什么妙招?"孙膑笑着说:"不是分上、中、下三等马车,比赛三场吗?很简单,您的三等马车虽然都比别人差那么一点,但可以用下等马车和别人上等马车比,就输那么一场,然后用上等马车和别人中等马车比,中等马车和别人下等马车比,却能够连赢两场。三局两胜,您下的注肯定能够翻倍赢回来。"

田忌闻言大喜,依计而行,果然赢了一大笔钱,于是他就把此事告诉齐威王,向齐威王推荐孙膑。齐威王召来孙膑一谈,也非常欣赏他的才能,立刻拜他为师,委以重任。

公元前353年,魏惠王派兵进攻赵国,攻破了赵都邯郸。赵国向齐国求救,齐威王打算任命孙膑为将,率军救赵,但是孙膑推辞说:"我是个残废,恐怕士兵不服,不可为将。"让田忌当了主帅,他乘着马车当参谋。

田忌打算直奔赵国,孙膑却提出反对意见,说:"要解开纠缠在一起的线团,不能用蛮力,要制止别人械斗,不能空着手去抓他们的武器。只有瞅准敌人必救之处,用力打去,才能成功。"于是率领齐军直取魏都大梁。魏惠王闻报大惊,急忙把攻赵的军队调回来解围,这么一来,赵国自然就保全下来了。

史无前例的大战争
—— 战国纷争和秦的统一

不仅如此，孙膑还指挥军队在魏军回国的必经之路上设下埋伏，大破魏军，据说还逮住了老仇人庞涓——是为桂陵之战。

不过，孙膑并没有取庞涓的性命，把他又给放回去了。到了公元前341年，魏惠王又派太子魏申和庞涓一起去进攻韩国，韩国向齐国求救，田忌、孙膑再次出动，这回不是围魏救赵了，而是围魏救韩。庞涓闻讯，匆匆忙忙往回赶，于是孙膑对田忌说："三晋的兵马非常精锐敢战，从来都轻视齐人，说齐人怯懦，咱们不如利用他们这种心理，设下个迷魂阵。"

在孙膑的安排下，一路减灶——才进入魏国境内的第一天，休息做饭的时候支起了十万灶，第二天改为五万，第三天改为三万。庞涓追赶过来，看到这种情况，不禁仰天大笑："齐军果然怯懦，才入我国三天，士兵已经逃跑一多半了。"于是撇开大军，亲率数千精兵急追猛赶。

当日晚间，庞涓来到一个名叫马陵的地方，在派士卒探查敌军去向的时候，得到禀报，说附近一棵大树被剥了皮，似乎写上了几个字。庞涓举着火把亲自来看，只见树上的字是："庞涓死于此树下。"

庞涓大吃一惊，急忙后退，可是已经来不及了。早就埋伏好的齐军一见到火把亮起，立刻万箭齐发，当场就把庞涓射成了刺猬。田忌乘胜追击，大破魏军主力，还俘虏了魏太子申。

和老祖宗孙武留下了《孙子兵法》一样，孙膑也把自己的军事思想记录下来，写成一本《孙膑兵法》，也叫《齐孙子兵法》。这部兵书很早就失传了，所以相当长时间内，大家都认为只是个传说而已，甚至还怀疑孙膑此人是否真的存在。直到1972年，在临沂银雀山汉墓出土了一批残损的竹简，经过整理辨认，证明确实是《孙膑兵法》，内容不仅仅包括军事理论，还保留着相当多的历史记载，包括桂陵之战擒庞涓、马陵之战杀庞涓，全都是真事儿！

第二章 战国时代·百家争鸣

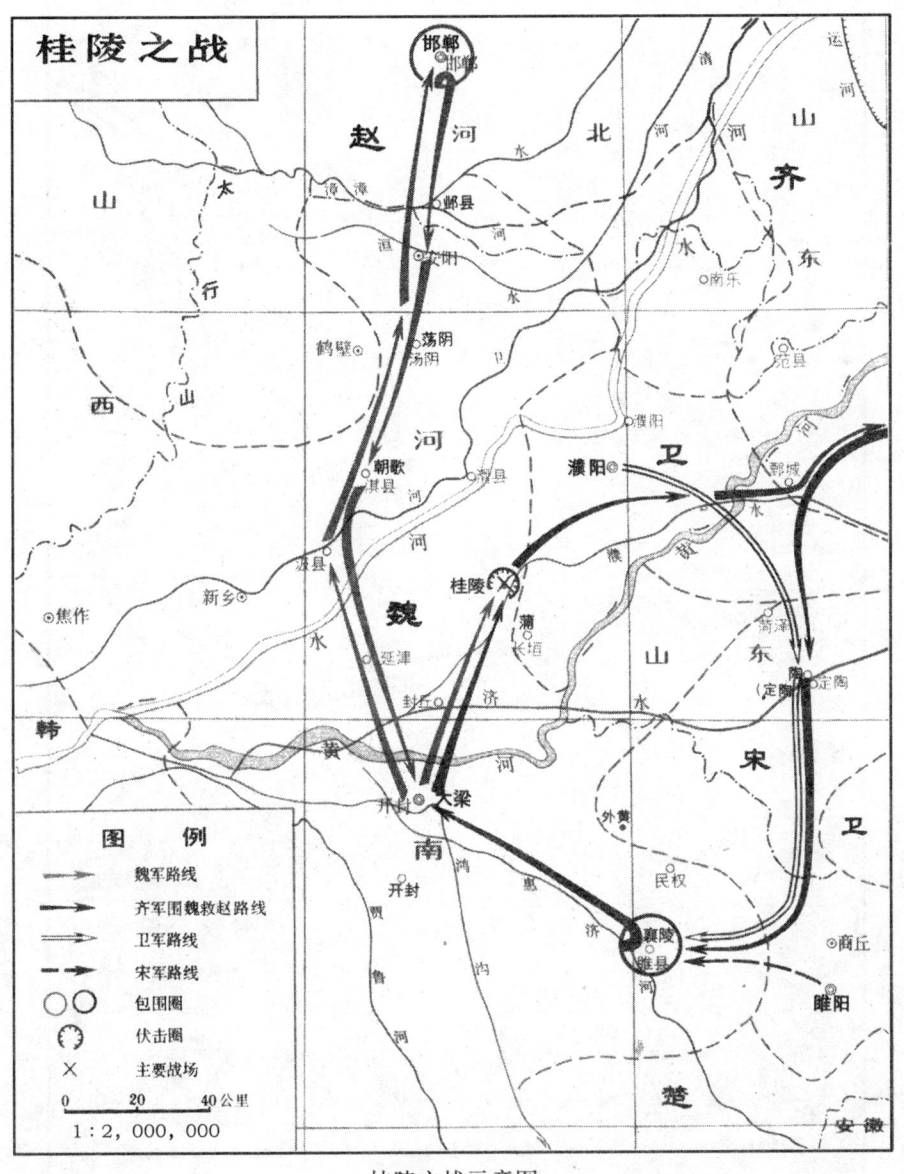

桂陵之战示意图

史无前例的大战争
—— 战国纷争和秦的统一

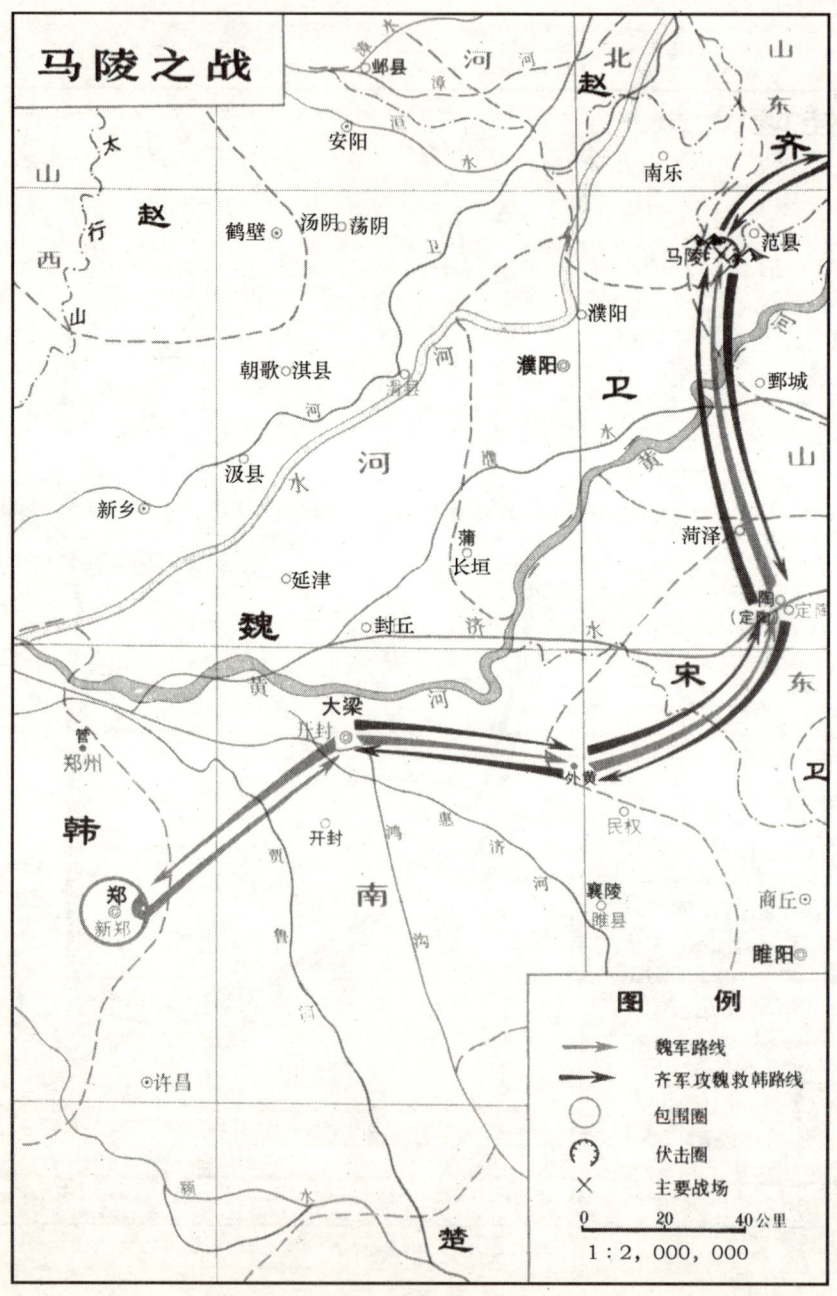

马陵之战示意图

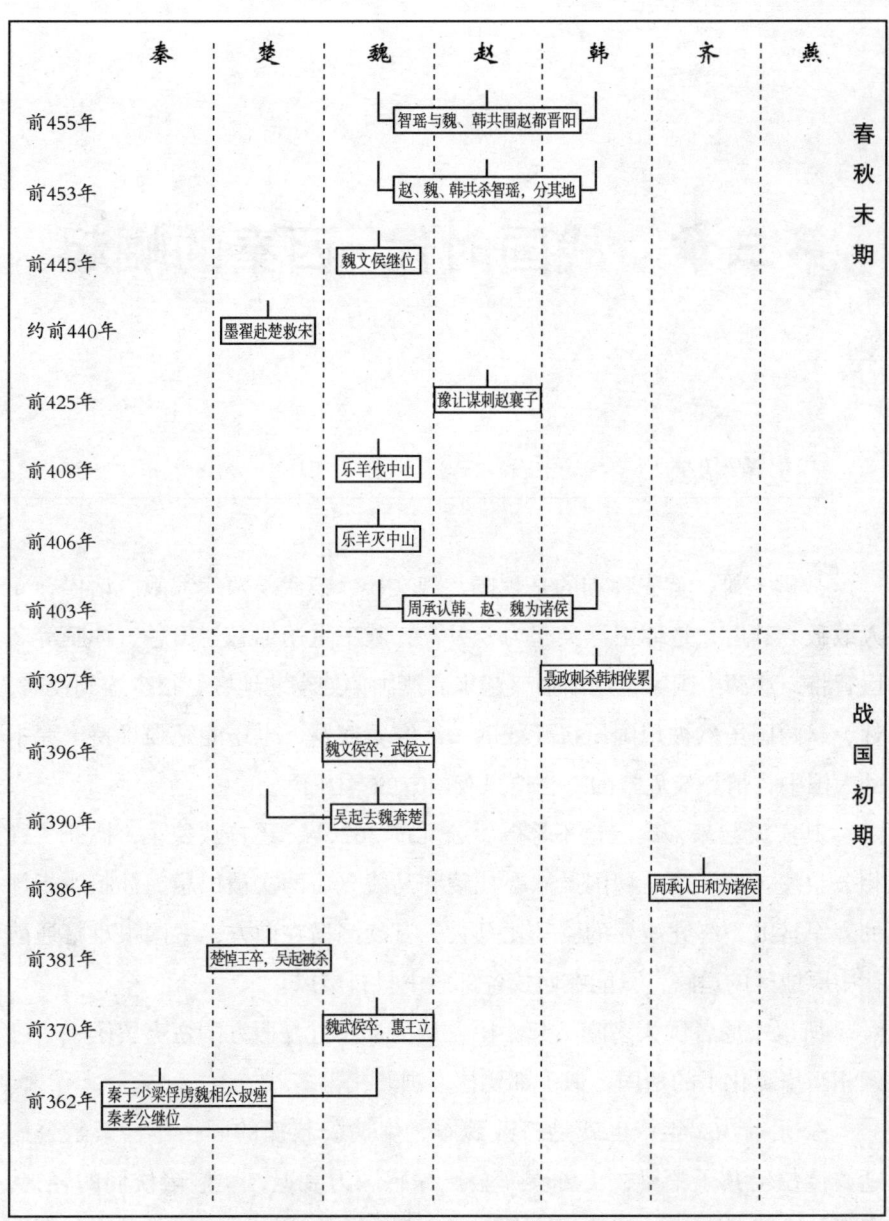

春秋末期与战国初期（秦孝公继位前）大事年表

第三章　战国时代·西秦的崛起

三见秦孝公

　　战国七雄，首先称霸的是魏国，魏文侯、魏武侯两代都威震诸侯，无人敢敌。其后，楚悼王拜吴起为令尹，齐威王重用邹忌、田忌、孙膑等名臣智将，这两个国家也逐渐强盛起来。燕国偏处东北地区，很少遭到侵略，韩、赵两国虽然被魏国压得死死的，终究家底厚，也还能勉强维持。原本的大国中，情势最危险的，恐怕只有西方的秦国了。

　　其实说起来，秦国也不算弱，公元前362年，还打败魏军，擒获了魏相公叔痤。但问题是魏国虽然在桂陵和马陵先后两次被田忌、孙膑所指挥的齐军打败，终究瘦死的骆驼比马大，有魏国横在前方，秦国很难打通前往中原地区的道路，只能在西戎各部族中抖抖威风。

　　所以中原各国大多瞧不起秦国，认为那不过是西方的蛮夷罢了——已经相当华夏化了的楚国，似乎都要比秦国开化得多。

　　公元前362年，也就是打败魏军、生擒公叔痤的同一年，秦献公病逝，传位给其子渠梁，史称秦孝公。深感国力衰退，懊恼诸侯们的轻视，秦孝公也想仿效魏、楚等国搞改革，于是张榜求贤——不管哪国人，不管身份高低，只要有才能，我秦国一律重用！

第三章 战国时代·西秦的崛起

消息传到魏国，吸引了一位伟大的人才，那就是卫公子公孙鞅。

公孙鞅是小小的卫国的公族，所以也可以称他为卫鞅。卫鞅从小就喜欢"刑名之术"，也就是法律问题，所以离开祖国，跑到强大的魏国去进修——法家代表人物李悝首先在魏国变法图强，魏国的法制水平，在当时各国中算是最高的。

学有所成以后，当然就要找机会运用，于是卫鞅投靠到了魏相公叔痤的门下。公元前362年的战争，公叔痤虽然当了秦军的俘虏，但很快两国议和，他又被放了回来，重新执掌魏国大权，仍然深得魏惠王的信任。公叔痤很欣赏卫鞅的才能，答应他："找机会，我会向国君推荐你的。"

可惜公叔痤终究年纪太老，又经过被擒、被放这么一折腾，身体实在扛不住了，才回魏国不久就一病不起。魏惠王亲自前来探病，流着泪问公叔痤："老相国您可不能抛弃寡人而去呀，您要是去了，魏国可怎么办呢？"

公叔痤安慰魏惠王说："您不必担心，我手下的中庶子卫鞅虽然年轻，却有奇才，倘若您能拜他为相，委以国政的话，国势一定会更加富强的。"

中庶子不算什么高官，只是相府里的秘书而已，再加上卫鞅年纪轻，资历浅，名望低，所以魏惠王对公叔痤的推荐有点犹豫。在魏惠王想来，你说这卫鞅是个人才，要寡人重用，那没问题，可你要寡人拜他为相，多少有点过分吧，谁能心服呢？

他这一犹豫，落在公叔痤眼中，公叔痤不禁轻轻叹息，然后屏退周围侍候

> 秦国在公元前408年实行"初租禾"，就是在法律上承认土地占有者对所占土地的所有权，使大批占有私垦田地的地主和自耕农成为土地的合法主人。相比公元前594年鲁国实行相同性质的"初税亩"，已经过了将近二百年，是列国中最后实行这种地税改革的国家。

的人，低声对魏惠王说："您如果不想请卫鞅主持国政，那就杀了他，千万别让他离开魏国跑别处去！"

魏惠王点点头，但在出门以后，却叹息着对左右说："老相国病得太厉害了，都胡言乱语了。"

这边魏惠王前脚才走，公叔痤立刻把卫鞅给叫了过来，把情况一说，关照他："为了国家考虑，我建议国君杀掉你，可是左思右想，实在不忍心，你这种天下奇才要就这么死了，实在太可惜啦。你还是赶紧逃命去吧。"

卫鞅倒并不担什么心，还安慰公叔痤说："国君既然不能听您的话拜我为相，又怎会听您的话杀掉我呢？您不必担忧，安心养病就好。"

卫鞅的猜测没有错，时隔不久，公叔痤去世了，魏惠王拜了别人为相，同时也并没有加害卫鞅，仿佛把这个年轻的外国人已经彻底遗忘了似的。虽然保住了性命，但失去了最佳的推荐人公叔痤，卫鞅已经很难再在魏国出人头地了。正好这时候传来了秦孝公张榜求贤的消息，于是他赶紧整理行装，动身前往秦都雍城。

虽说张榜求贤，不论籍贯、出身，有本事的都肯重用，但卫鞅也不可能直接撞上门去求见秦孝公——要人人都这么干的话，秦孝公根本接见不过来。他总得找个推荐人，帮忙引见，于是经过慎重的考虑后，找到了景监。

景监是秦孝公的宠臣，但出身不高，名望很低——咱们说过，这类人的升职，被称为"倖进"，倖进之徒都会被世袭贵族们所瞧不起。大概在去年秦魏两国议和的时候，卫鞅作为公叔痤的秘书和景监打过交道，有过一面之缘吧，就靠着这层关系，他厚着脸皮找上门去。

景监是个很好的推荐人。一方面，他深得秦孝公的宠信，他所介绍的人才，秦孝公不可能不接见；另一方面，正因为被世袭贵族瞧不起，景监才更想靠着举荐人才来提升自己的威望。所以没几天，好消息就传下来了，秦孝公愿意接见卫鞅，跟他好好谈谈。

不过第一次见面，谈话效果却并不好，卫鞅引经据典，讲得是口沫横飞,秦孝公却听得索然无味,直打瞌睡,完了还埋怨景监:"你推荐的这家伙空口白话光说大道理,看不出有啥真才实学呀。"

景监吃了瘪,转过头就去斥责卫鞅。卫鞅笑着回答说:"我向秦君介绍圣人之道,但看起来,他的志向却并不是以德行包容天下,所以根本听不懂呢。等几天您帮忙再推荐一次吧,我一定能改变秦君对我的第一印象。"

景监没有办法,于是再作安排,让卫鞅又在秦孝公面前侃侃而谈了一番,但可惜还是说不通。回来以后,卫鞅对景监说:"我这回讲的,乃是为王之道,秦君虽然还是不感兴趣,态度却比上回好多了。我逐渐摸准了他的脉,您再帮一次忙吧。"

好人做到底,景监再次帮忙,卫鞅三见秦孝公,谈完以后,秦孝公显得满意多了,对景监说:"此人似乎确实有点学问,可以让他做官。"卫鞅也说:"这回给秦君讲的,乃是称霸之道,看他的态度,似乎可以接受这种言论。我明白他的志向了,下回见面,效果一定更好。"

终于开了个好头,当然也就会有第四次见面。这一回,卫鞅完整地阐述了称霸之道的理论以及实际施行的方法,秦孝公越听越入迷,不知不觉中一点点往前蹭,最后几乎跟卫鞅额头碰额头。会见结束后,景监问卫鞅:"你究竟讲了些什么?看国君的意思,很愿意重用你。"

卫鞅笑着说:"最初,我和秦君讲帝王之道、尧舜之德,秦君却说:'那些事情都太遥远了,要成就帝王之业也太缓慢了。贤君就必须亲身做出一番事业来,怎能先打下基础,慢慢等数十甚至上百年后,子孙们再成就大业呢?'于是我就把最便捷的强国之法告诉秦君,秦君这才欢欣鼓舞,愿意重用我。"

南门外的木柱

卫鞅乃是法家的代表人物,但他初见秦孝公,讲的却是圣人之道、为王之道，都是儒家那一套，可见儒、法本出同源，没有根本上的差别，只不过在卫鞅和秦孝公等人看来，儒术见效慢，法术见效快而已。

秦孝公最终决定重用卫鞅，进行变法改革。他把卫鞅请上朝堂，商议此事，大臣甘龙表示强烈反对，说："贤君不应当变更成法，因为官吏和百姓们都已经很习惯了，再难接受新的法令。"卫鞅反驳道："您说的不错，常人是不愿意改变法律法规的，学者是难于接受新生事物的，然而对他们只能教化和引导，并不能完全顺从。夏商周三代以礼治国，但三代的礼各有不同；春秋五霸以法定邦，但五霸的法也各有差异。可见变法并非不适当的举措。"

大臣杜挚也表示反对，说："没有百倍的利益，就不该变更法令；没有十倍的功效，就不能替换器物。只要遵循古法治国，就不会出岔子。"卫鞅反驳道："只要对国家有利，不管利大利小，都应当变法。商汤、周武王并不遵循旧法，所以能得天下；夏桀、商纣并没有改变旧法，却都灭亡了。谁说不变法就不会出岔子？"

经过这么一番辩论，秦孝公彻底下定了变法的决心，于是任命卫鞅为左庶长，让他主持变法。

当时秦国还没有设置宰相，世卿的首脑被称为大庶长，大庶长下面是右庶长、左庶长和驷车庶长，只有左庶长按规定不必要由世袭贵族担任。所以说，卫鞅在秦国当的第一个官，就是非世卿贵族的最高官——可见秦孝公对他有多么器重了。

那么，卫鞅的改革措施主要包括哪些内容呢？综合起来说不外乎四条：

一、鼓励生育。那时候地广人稀，不存在有人没地种的问题，只存在有地没人种的问题，而农业，恰是国家主要产业支柱和经济来源。所以卫鞅大力鼓励生育，并且要求百姓分家分产。他认为数世同堂的大家族容易产生惰性，惰性强则财产难以积累，财产少则很难支持多生子女，就算生下来了也养不活——卫鞅下令，百姓家中有两个成年男子而不肯分家的，要收取他们双倍的赋税。

二、发展生产，主要是农业和手工业，凡耕田、织布卓有成效的都给予奖励，甚至可以免除徭役。相反，懒惰、闲散，甚至"事末利"（也就是从事商业活动），因此导致家贫的，不客气，直接把你和你的妻儿、家人都罚没为官家的奴仆。

三、严明法令。卫鞅把老百姓每五家编为一伍，每十家编为一什，让他们互相监督，互相揭发。如果邻居犯罪而不告发的，与之同罪；如果及时告发的，则可获得奖赏，与战阵之上斩获敌人的首级同等记功。这种野蛮的"连坐法"，固然在当时对于社会稳定、惩罚犯罪产生了一定的效果，但也因此使得百姓人人自危，互窥隐私，失去了社会的和谐性。

四、奖励军功。卫鞅规定，即便你是贵族甚至是国君的亲戚，如果没有军功，就不能任用为官，获赏爵位，你可以仗着国君的宠信发家致富，但是富归富，"贵"则和你无缘了。他依照爵位等级，规定了人民在生活享受上的各种规格，爵位不高，就不能穿高级衣服、不能造大宅子、不能拥有过多数量的田产。这种非常明确的等级制度目的只有一个，想要出人头地，想要耀武扬威，想要不被别人瞧不起、不被别人嘲笑，你就上战场杀敌立功去吧，光靠着祖宗遗产或者敛财，你一辈子都不会成为人上人。

奖励军功的同时，还严禁私斗，私斗者要给予严惩。这一制度根本打破了传统的贵族社会的旧等级，构建出建立在军功基础上的新等级来。此后秦国就逐渐形成了一条不成文的法令，凡拜相者必须有军功，凡军功高者，就有资格拜相。

因为变法见效，所以卫鞅不久后就被晋升为大良造。大良造本是由贵族担任的辅佐国君的要职，自从卫鞅担任此职后，就变成了秦国真正意义上的宰相。与魏、齐等国的宰相名称相同的"相国"一职，则是在数十年后才正式设立的。

史无前例的大战争
—— 战国纷争和秦的统一

改革当然会遇到阻力，这些阻力主要来自于两个方面：一是平民百姓；二是世袭贵族。平民百姓并非不愿意变更旧法，但他们更希望生活安定，不知道新法能够持续多久，如果三天两头变更，朝令夕改，再好的法令也不会给百姓带来好处，只能使他们无所适从。

为了取得百姓的信任，卫鞅制定好了新法，在颁布执行前先搞了一个试验。他找了根三丈长的木柱子竖在国都雍城的南门，招募民众，许诺说谁能把这根木柱搬去北门，就赏赐给他"十金"。当时所谓的金，并非真正的黄金，而是指铜。铜可以用来铸钱，可以做高级器皿，更可以铸造工具和武器，在当时的价值和后世的黄金不相上下，十金就是十斤铜。

当时的城池都很小，估计从雍城南门跑到北门，也不过半顿饭的功夫，那根木柱虽然粗大，要扛着它穿过整个城池，也不是件很难办的事情。就为了这么一件小事，竟然说要赏赐十斤铜，百姓们都觉得新鲜，可是又怕上当受骗，所以大家里三层外三层地围观，却谁都不愿意贸然出头去动手。

隔了一天，卫鞅看没人肯搬木柱，就加重赏格，许诺说要赐给能搬的人"五十金"。重赏之下必有勇夫，有个大汉站出来，心说大不了上当受骗，也费不了我多少力气，于是扛起木柱就走。他把木柱搬到北门，那里真的早就有官吏等着呢，当场兑现承诺，付给了他五十金。

卫鞅之所以这样做，就是要向百姓表明，政府讲话是算数的，不会欺骗群众。既然说要变法，那就一定会变法，法令颁布后也不会轻易修改——经过了这次试验以后，卫鞅才开始正式颁布他的改革法令。

> 春秋时期的城市规模并不大，计算城墙面积的单位叫"雉"，长三丈高一丈为一雉，据说按照礼制，只有国君可居百雉之城，但到战国后期，百雉之城已经算是小城了。

商鞅之死

卫鞅在秦国变法，其中奖励军功、压抑贵族等条款触犯了世袭贵族们的利益，这些世袭贵族就想尽办法搞破坏。他们先去劝谏秦孝公，但是秦孝公极度信任卫鞅，毫不退缩；再去威胁卫鞅，卫鞅的态度只有比秦孝公更为坚决。贵族们没有办法，就开始耍阴的，他们怂恿太子秦驷故意触犯新法，想给卫鞅来个难堪。

——如果碰上国君的太子，也就是未来的国君触犯了法令，你卫鞅又该怎样处置呢？处罚太子吗？那是不可能的，秦孝公绝对不会答应；放过太子吗？那么你卫鞅的威信就会下降，你说的话再没人肯信，变法也就会不了了之了。

卫鞅知道此事后，毫不客气地禀报秦孝公："新法之所以不能广为推行，是因为在上位者不肯遵守。太子是未来的国君，不能随意处置，但可以惩罚太子身边的人，都是因为他们没有教育好太子，才会闹出事来。"于是派人逮捕了太子的师傅公子虔，狠狠打了一顿板子，又捉住另一位老师公孙贾，施以"黥刑"——也就是在脸上刺字，一辈子也抹不掉，成为永久性耻辱的标志。

隔了一段时间，大约在公元前342年前后，贼心不死的公子虔再度跳出来，违犯新法。这次卫鞅更不会轻饶他，将其处以"劓刑"，也就是割掉了他的鼻子。

经过对老百姓的说服和对贵族们的打压，新法在十年间分三个阶段顺利颁布和执行，秦国的国力开始回升，并在可预见的将来，将达到一个崭新的高度。

富国以后，必然强兵，秦国打算对外扩张，首要矛头就对准了魏国。可巧这个时候，魏惠王放松了对西线的警惕，玩了一着昏招——

公元前361年，也就是卫鞅入秦的同一年，因为秦、魏签订了和平协

史无前例的大战争
—— 战国纷争和秦的统一

议，西线暂无战事，魏惠王就放弃旧都安邑，东迁到了大梁，准备将主攻目标放在东线，攻伐齐、赵。魏国虽然疆域广大，但形状很糟糕，两头大，中间小——西部以安邑为中心，占据了今天山西、陕西、河南三省的交界处；东部以大梁为中心，占据了今天河南省东部；这两个中心之间隔了个韩国，只在北部有一条狭长的走廊相连通。魏惠王瞧不起秦国，认为齐、赵才是心腹大患，所以迁都大梁——从此魏国也被称为梁国，魏惠王也被称为梁惠王。

魏国的统治中心这么一东移，西面的防务变得相对空虚起来。公元前358年，变法还没开始，秦军就首先东进，打了一个大胜仗，然后在公元前354年，秦孝公再次发兵，夺取了西河郡的少梁城。

少梁之战的第二年，也就是公元前353年，爆发了齐魏桂陵之战，魏国这头巨大的猛兽，在东方被狠狠地啃了一口，趁着这个机会，秦军第三次东进，攻克了魏国故都安邑。

但瘦死的骆驼还是比马大，魏惠王在庞涓战败后，亲自领兵东征，在襄陵打败了齐、卫、宋三国联军，齐国被迫通过楚将景舍向魏求和。于是在公元前350年，魏惠王与齐、赵两国签订和平协议，然后转过头来猛攻秦国。秦孝公被迫跑到彤地去和魏惠王会谈，做了一定程度的让步，请求魏国退兵。

回到雍城，秦孝公是越想越来气，立刻召见卫鞅，对他说："变法速度还得加快，咱们得赶紧武装起一支无敌于天下的军队来，打败魏国，以报今日之仇！"于是卫鞅就开始了第二阶段的变法，并且说动秦孝公把国都从雍城迁移到东面的咸阳去。

迁都的目的有两个，一是摆脱旧都内那些世袭贵族的围攻，二是逼近秦魏边境，形成大举东进的态势。

公元前341年，马陵之战爆发，魏军大败，连太子申都做了齐人的俘虏。卫鞅趁机向秦孝公进言："时机到了，请立刻发兵攻魏——一定要让臣担任主将。"按照他所颁布的新法，没有军功就不能当高官，新法面前人人平等，卫鞅自己也不能例外，所以他想趁此机会挂帅出征，去打一两个大胜仗，那就没人再敢说他的闲话了。

第三章 战国时代·西秦的崛起

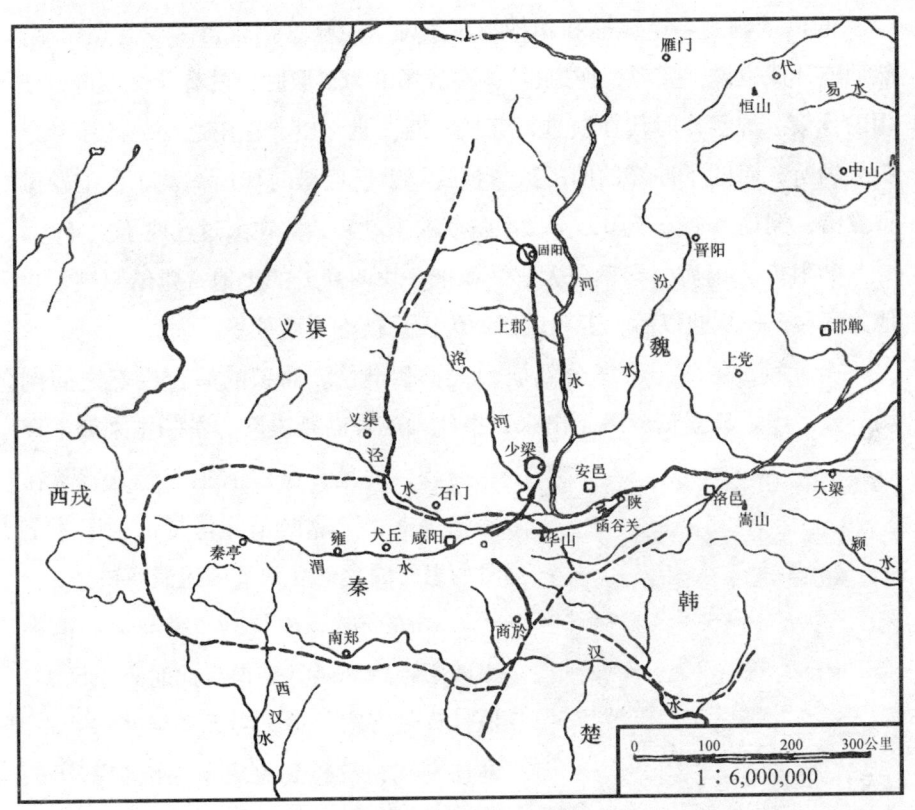

秦孝公时代扩张形势图

秦孝公欣然允诺，立刻拜将发兵。魏惠王闻报，就派大将公子卬领兵抵御。两军对圆以后，卫鞅写了一封信，派人送给公子卬，信上说："我还在魏国的时候，和您关系就很要好，如今虽然各为其主，我却不忍心与您对战。不如咱们见上一面，饮酒欢叙，顺便谈判退兵，则秦、魏两国全都安稳了，岂不是好？"

魏国刚在东方被齐军打败，公子卬也想着若能趁机罢兵，乃是上上之策，于是只带着少数随从，欣然前往会见卫鞅。没想到卫鞅早就在宴会地点埋伏下了兵马，酒过三巡，他把手一挥，秦军突然杀将出来，当场就擒住了公子卬。魏军没有主帅，乱成一团，竟被秦军彻底击溃。

史无前例的大战争
—— 战国纷争和秦的统一

假借谈判之名，逮捕和扣押敌军主帅，卫鞅这招玩得多少有点卑鄙。然而连孙武也说"兵者，诡道也"，在战场上为了取胜，没有什么不可以使用的计策。况且，时代在演进，春秋时期堂堂之旗、正正之师，两军商定决战场所，对圆了冲锋的旧的战争模式早就已经被时代所淘汰了，卫鞅做得没错，倒是那个公子印，不做准备就前来赴宴，实在太过迂腐了。

得胜归来以后，秦孝公大喜，就把一块叫商於的土地赏赐给卫鞅，封他为商君——从此以后，卫鞅就以商为氏，被称为商鞅了。

公元前338年，秦孝公驾崩，太子驷继位。商鞅的后台突然之间倒塌，公子虔之流立刻就跳了出来，指使人诬告商鞅谋反。秦驷本来就不喜欢商鞅，而且自己以前犯罪差点就落在商鞅手上，全靠两个师傅帮忙顶罪才全身而退，因此他立刻下诏逮捕商鞅。

据说商鞅预先得到了消息，匆忙逃出咸阳，跑到函谷关口。此时天色已黑，他打算先寄宿一宿，明天一早就出关去，逃往别国，没想到旅店主人因为不认识他，所以不肯收留，说："按照商君所订的法令，如果我收留了没有通行证明的客人，是要连坐被判刑的。"据说商鞅仰天长叹："呀，没有想到我所订立的秦法竟然还有如此弊端！"

> 商鞅统一了秦国的度量衡，到了秦始皇统一六国之后，将全中国的度量衡也统一起来，所使用的标准依然来源于商鞅时期，现在收藏在上海博物馆的商鞅方升，铸造于秦孝公十八年（公元前344年），底部加刻秦始皇二十六年（公元前221年）诏书，即是明证。

这则小故事记载在《史记》中，行文的笔法正说明司马迁并不喜欢商鞅，他认为商鞅天性刻薄，所以才会出台一系列严苛的新法，所以才遭人嫉恨。其实旅店主人就算认识商鞅，也未必敢于收留他，因为商鞅所订立的秦法是无私的，一切都由国法所规定，不因人的身份地位高下而有所区别。按照法律，即便商鞅没有遭到追捕，他不携带通行证明，照样哪里都不能住。而商鞅最后的慨叹，恐怕只是在哀伤自己的命运不济，认法不认人，又有啥弊端可言？

况且，商鞅虽然没有住进旅店，照样还是出了函谷关，说他没有携带通行证明，恐怕并不确切，这个故事很可能是后人编造出来的。总之，商鞅离开秦国，想要逃到魏国去，但魏人早就对他恨之入骨，坚决不肯接纳。商鞅想要通过魏国跑到别国去，魏国人认为："商君是秦国的罪犯，现在秦国正强盛，他们的罪犯经过魏国逃亡，是会触怒秦人的。"于是把商鞅又赶回了秦国。

商鞅没有办法，只好逃回自己的封地商於，召集部属，发兵去攻打郑国。至于他是想杀开一条血路，跑到别国去呢，还是想占据郑国以自立，那就没有人知道了。

没有国君的命令，擅自发兵攻打他国，这其实就是新法中所明令禁止的"私斗"。商鞅自己破坏了新法，被迫"私斗"，立刻就被旧贵族抓住了把柄，于是秦国正式发兵进攻商鞅的军队，在郑国境内的渑池交了一仗，商鞅兵败被杀。即便如此，旧贵族们还觉得不够解恨，下令把商鞅的尸体载运回来，在咸阳施以车裂之刑——也就是用几辆马车拴着商鞅的四肢，分向不同方向拉扯，把尸体扯裂。

合纵与连横

商鞅之死，是一个历史的大悲剧，他虽然有大功于秦国，却损害了旧贵族的利益，遭到反攻倒算——倘若当年真能下狠手把公子虔等守旧派一网成擒，或许不会导致这种可悲的下场吧。

不过从另一个角度去考虑问题，商鞅的新法固然有强国的一面，却也有愚民的一面，老百姓从此就被限定在"耕"、"战"这两个字上，除了种地和打仗，什么都不用想，什么都不用管，只要老老实实在新法的条条框框里生存而非生活就行了。在这种情况下，统治阶级再闹什么纷争，谁死

史无前例的大战争
—— 战国纷争和秦的统一

谁活,和老百姓全都没有关系,所以商鞅之死,秦人并不哀伤,这对于商鞅本人来说,就更增添了浓厚的悲剧色彩。

不幸中的万幸,商鞅虽死,其法不废。

从商鞅开始变法直到被杀,前后十六七年的时间,改革已经深入社会各个角落,新法已经替代旧法变成了习惯,即便秦孝公去世,新君继位,守旧派反扑,杀得了商鞅的人,却已经扭转不了历史前进的车轮了。

各诸侯国都在搞改革,李悝在魏国变法,吴起在楚国变法,还有一个法家代表人物申不害在韩国变法,但他们的变法都没有商鞅在秦国变法来得深入、来得彻底,延续性更要差上很大一截。所以西方的秦国在商鞅死后,继续稳步地扩充实力,很快就凌驾于东方各国之上。

秦太子驷继承君位后,历史上称为秦惠文王。咱们知道,首先称王的是魏惠王,公元前335年,也就是商鞅被害后的第四年,魏惠王拜名家领袖惠施为相,惠施是主张联合齐国以霸诸侯的,所以建议尊奉齐国国君为王——正是那个屡次发兵打败魏军的齐威王。然后到了公元前325年,秦惠文王称王,公元前323年,魏、韩、赵、燕、中山(已复国)五国君主又按照魏相犀首的建议,一起称王,并且互相承认,史称"五国相王"。

加上早就自称王号的楚国,战国七雄大家都自称王爵,可怜的周天子彻底被抛弃了。

秦国的富强,首功要归于一百多年间历任秦相的一群外国人,以商鞅为始,第二个是犀首,第三个是张仪——这两位都是魏国人,也都是著名"纵横家"。

纵横家这个名称的由来,是"合纵"、"连横"两策——南北为纵,东西为横,合纵就是南北方的国家联合起来,主要指魏、楚;连横是指东西方的国家联合起来,主要指魏、秦,或者魏、齐。战国七雄,说不上实力相当,也谁都吞不了谁,想要在群雄争霸间脱颖而出,就得靠外交策略,靠合纵连横,拉拢友邦,夹攻敌手。

犀首本名公孙衍,犀首是他的号,还有一种说法,是他曾经担任过的官名。虽然是魏国人，但犀首很早就出仕秦国，并且在商鞅被害后就任秦的大良造——也就是宰相。公元前330年，他率领秦军在雕阴大破魏军，擒获了魏将龙贾，魏惠王因为此战，被迫把整个西河郡全都割让给了秦国。

魏惠王是越想越来气，没想到自己同胞会帮着外国人来打自己，不行，这个犀首实在太厉害了，得把他给召回来。于是就派遣使者，带着好几车财宝去游说犀首："魏王愿意重用你，你何不归国，为自己的祖国效力呢？"

秦、魏都是大国，出仕秦国和出仕魏国，都同样能够一展抱负，但不管怎么说，魏终究是自己的父母之邦呀。犀首有点动心，但又担心秦惠文王不会放自己走，就建议说："让张仪来替换我吧，张仪入秦，我就可以去魏国了。"

魏惠王闻报大喜，立刻打发和犀首同样为纵横家的张仪到秦国去。于是公元前329年，犀首和张仪就来了个走马换将。

战国时代最著名的纵横家，首推张仪和苏秦，传说他们都是那位杂家大师、神仙一般的鬼谷子先生的弟子，与孙膑、庞涓不同，没有学兵法，学的是外交术。

出师以后，张仪就游历各国，增长见闻。据说某一年他来到了楚国，投在楚相府中当门客，恰巧楚相遗失了一块宝玉，门客都欺负新人，众口一词指责说："张仪很穷，一定是他偷的！"于是把张仪捆绑起来，拿藤条连抽数百下，逼他招供。张仪根本没偷东西，当然抵死不招，最终因为证据不足而被无罪释放了。

伤痕累累的张仪垂头丧气地回了家，妻子责备他："你要是安心种地或者做买卖，别尽想着出人头地，就不会碰上这种事了。"张仪咧开嘴，用手指着，问妻子："快看看，我舌头还在吗？"妻子笑着回答："在呀。"张仪点点头："只要舌头还在，那我总会出人头地的。"

不错，纵横家们就是靠着口舌之利游说诸侯，从而翻云覆雨地操控天下局势，从某种意义上来说，他们的舌头要比刀剑更为锋利。

《史记》中说，张仪是靠苏秦的推荐才出仕秦国的，这是司马迁算错了时间，两人并不处于同一时代，苏秦比张仪要小上好几十岁。事实上，推荐张仪入秦的，或者不如说推荐张仪做自己替身的，不是苏秦，而是犀首。

但正如魏惠王轻看了张仪的才能，放他到秦国去一样，犀首也同样看错了张仪的为人。犀首回到魏国以后，反对魏相惠施的联齐之策，主张三晋一体，南联楚国，共拒齐、秦，也就是"合纵之策"。而张仪入秦以后，却站在秦国的立场，主张"连横之策"，这一对老朋友很快就变成了老对手，就此开始了长时间的较量。

公元前322年，也就是五国相王的第二年，因为谋求联齐失败，魏惠王罢免了相国惠施。但他并没有因此把犀首提拔到宰相的高位，反而觉得前几年放跑了的那个张仪更厉害——张仪入秦后，为秦惠文王谋划，多次发兵攻魏，比当年犀首在秦国的时候，给魏国造成的压力更大——于是又派遣使者，去把张仪给请了回来，拜他为相。

张仪主张连横，要秦、魏谈和，共同攻打韩、赵等国，然而秦、魏两国间的矛盾和仇恨实在太深了，张仪努力了好几年，却收效甚微。趁着这个机会，犀首卷土重来，游说齐、楚、燕、赵、韩五国国君支持自己，终于夺得了魏相之位。张仪被迫逃回秦国去了。

于是犀首联合了除齐国外的五国兵马，推举楚怀王为"合纵长"，合攻秦国，一直打到函谷关下。函谷关乃是秦国抵御外敌的重要防线，这道防线非常牢固，联军攻了很长时间也未能拿下，只得黯然退兵。

虽然没能拿下函谷关，但这一仗也给秦国造成了相当沉重的打击，秦国西北方的西戎部族义渠也趁机反叛，发兵攻秦，搞得秦惠文王焦头烂额——这就是合纵的威力。

大骗子张仪

魏、韩、赵等关东各国（指函谷关以东的国家），都各打自己的小算盘，犀首想要整合五国之力，联兵伐秦，计划很好，但可惜赶不上变化。公元前317年，齐、魏两国首先闹起了矛盾，齐、宋联军大破魏军于观泽，秦军趁机进攻赵、韩，迫使三晋陆续签订和平协议。然后在公元前314年，燕国发生内乱，齐军大举伐燕，差一点就把燕国给灭了——齐的势力越来越强，不但对三晋、对秦国，甚至对南方霸主楚国也同样构成了巨大的威胁，就趁着这个大好时机，秦惠文王派张仪入楚，打算靠着三寸不烂之舌去搞垮齐、楚间的盟约。

当时楚国的君主乃是楚怀王，他重用屈原等贤臣，延续吴起的变法政策，国力非常强盛。听说著名纵横家张仪从秦国来到，楚怀王急忙亲自出城相迎，盛情款待。

张仪对楚怀王说："倘若大王能够听取臣的建议，回绝齐国，改与秦国结盟，则秦王答应把方圆六百里的商於之地（原本商鞅的封地）割让给楚国。从此秦、楚两国世代联姻，约为兄弟，三晋和齐国都不足惧也。"

> 《天问》是屈原的代表作之一，全文自始至终完全以问句构成，一口气对天、对地、对自然、对社会、对历史、对人生提出170多个问题，其中涉及到的很多上古传说都可以和《山海经》相对照。

楚怀王一听，这主意不错，不动刀兵，就能得六百里的土地，真是桩便宜买卖。楚国群臣也纷纷表示赞同，只有一个陈轸紧皱眉头，坚决反对。

楚怀王问陈轸是怎么想的，陈轸回答说："秦国之所以重视楚国，特意派张仪前来，要与楚国结盟，全因为齐、楚之间素有盟约。倘若放弃齐、楚盟约，楚国就孤立了，到那时候，秦人未必乐意交出商於之地。臣不信任张仪所言，大王最好先派人跟着张仪回去，拿到了商於之地，再正式与齐绝交为好。"

楚怀王根本听不进陈轸的谏言，反而摇摇头："你太多虑了，你就安心

史无前例的大战争
—— 战国纷争和秦的统一

等着看寡人拿到商於之地吧。"

于是他一方面派使者前往齐国，宣告破盟，同时派人跟张仪回去秦国。可谁想到张仪才刚归秦，就假装从车上摔下来，身负重伤，从此闭门不出——楚使根本见不到他的面，更别提交割商於之地了——陈轸的担忧竟然变成了现实。

然而昏庸的楚怀王还不醒悟，反而胡思乱想："张仪是嫌寡人与齐国断交的决心还不够大吧。"于是派了一名勇士到宋国去，站在宋、齐边境上大骂齐王，向齐国挑战。齐宣王闻报大怒，立刻派人前往秦国，与秦结盟。

齐、秦的盟约才刚订立，张仪就主动露面了。楚国使者前去索要商於之地，张仪假装大吃一惊："秦国的土地，不是我说割让就能割让的，恐怕是贵国国君听错了吧。我的本意，乃是割让自己的封地给楚国，方圆六里。"楚使这才知道上当受骗，恨恨地一甩袖子："国君派我来接收六百里土地，不是六里，只拿出六里地来，恕我难以接受！"

楚使回报楚怀王，楚怀王当即就打算发兵攻秦。陈轸再次劝谏："以楚一国之力，恐怕打不赢秦国，不如割地给秦国，与秦国联兵去打齐国吧。这样一来，咱们在西线的损失，或许还能从东线找补回来。"

楚怀王仍然不听陈轸的建议，而派大将屈匄领兵八万进攻秦国，结果遭到秦、齐两国联军的反击，一战就击溃了楚军，俘虏屈匄等楚将七十余名，反倒把原属楚国的汉中给吞并了。

韩、魏两国见此良机，也匆忙发兵来占便宜，楚国四面皆敌，没有办法，只好向秦国割地求和——这么一来，犀首的"合纵"之策就彻底崩溃了。

秦、楚和谈，秦国本就占据了巴、蜀，如今再得汉中，彻底联成一片，于是继续向南发展，向楚国要求割让黔中地（在今天贵州省境内）。黔中地实在太过广阔了，秦人也知道空口白要，楚国一定不给，就提出建议："不算割让，算交换，我用商於地交换黔中地，如何？"

楚怀王恨透了大骗子张仪，干脆提出："黔中地可以给你们，但寡人不想换商於之地，只想交换张仪！"

张仪听到这个消息，立刻请求再次到楚国去。秦惠文王心有不忍："楚王恨透你了，你这一去，肯定身首异处呀。"张仪笑着回答："用臣一人的性命，能够换来黔中地，这笔买卖做得过。况且，请大王相信臣的智慧，定能全身而退，不会死在楚国的。"

张仪在诡言欺骗楚怀王的时候，就料到了会有这么一天，早就伏下了后着。他当年出使楚国，靠着贿赂、游说，已经跟楚怀王的宠臣靳尚套上了交情，这回再到楚国去，事先跟靳尚打好招呼："您可得救我一命呀，只要如此如此，这般这般，依计而行，便可成功。"

张仪才一到楚国，立刻遭到逮捕，只等楚怀王一声令下，就要砍他的脑袋。但靳尚得了张仪的暗中嘱托，急忙跑去拜见楚怀王的夫人郑袖——以郑为氏，应该是出身郑国的女子了——恐吓说："夫人您就快要失宠啦，还不赶紧预做准备吗？"

郑袖闻言大惊，问靳尚缘由何在。靳尚回答道："秦王特别爱护张仪，一听说张仪被下了狱，就打算割让上庸六县给楚国，还挑选了美女要送到楚国来侍奉大王。这么算起来，秦女的陪嫁包括了大片土地，实在太贵重了，因此大王一定会加倍宠爱秦女的，您肯定就会失宠。您还是赶紧想办法，把张仪送回秦国去吧，那么一来，秦女就不会到楚国来了。"

郑袖吓坏了，赶紧给楚怀王吹枕边风："黔中地还没有割给秦国，您就先杀了张仪，秦王闻讯，一定会发兵来攻的，本欲与秦谈和，这么一来，反而会引发更大规模的战争。您觉得您打得赢秦军吗？还是赶紧让臣妾和臣妾为大王所生的公子躲到东方去吧，别到时候做了秦军的俘虏呀。"边说边哭，梨花带雨，看得楚怀王这叫怜惜和伤心呀。

于是，耳根子软的楚怀王竟然就放弃了报仇的打算，把张仪从牢里放出来，好吃好喝地招待着，还亲手奉上黔中地的地图，欢送他回秦国去。

可是张仪并没有立刻回秦，反而又绕了一大圈，先后游说韩、赵、

史无前例的大战争
—— 战国纷争和秦的统一

魏、燕、齐等国,说秦、楚已经谈和,你们危在累卵,不如全都派遣使者去朝见秦王,低声下气地与秦国结盟,才能保住江山社稷。时势如此,再加上张仪巧舌如簧,五国君主只好从命。

归秦以后,秦惠文王重赏了张仪,加封他为武信君。

张仪靠着三寸不烂之舌,游说列国,连哄带吓,使得东方的诸侯国纷纷西向朝秦,本事实在是太大了,功劳也太惊人了,这就引起了同僚们的妒嫉和不满。公元前311年,秦惠文王去世,其子荡继位,就是秦武王。秦武王还在当太子的时候就跟张仪不对付,他一登基,张仪被迫逃亡魏国,出任魏相,仅仅一年后就因病辞世了。

张仪离开秦国,他的"连横"之策也就此终结。但秦国靠着连横所得的利益,已经足以傲视群雄、称霸诸侯了。

中外历史大事对照表（一）

世界	中国
	约前468年，墨家创始人墨翟诞生
	前453年，智瑶被杀，韩、赵、魏三分晋公室
前449年，希波战争结束	
前431年，伯罗奔尼撒战争开始	
	前403年，周天子承认韩、赵、魏为诸侯
	前386年，周天子承认田氏为齐侯
约前364年，印度难陀王朝建立	
	前356年，商鞅开始在秦变法
	约前339年，大文学家、思想家屈原诞生
	前338年，秦孝公死，商鞅被诬谋反，被杀
前334年，马其顿国王亚历山大开始东征	
前332年，亚历山大征服埃及	
前330年，亚历山大灭亡波斯	
	前329年，犀首自秦入魏，张仪自魏入秦
约前327年，亚历山大侵入印度	
约前324年，印度孔雀王朝建立	
	前316年，秦灭巴、苴，征服蜀
	前314年，燕国大乱，齐几乎灭燕
	前313年，张仪入楚，诱骗楚怀王绝齐亲秦

第四章 战国时代·秦并巴蜀

子规啼血

公元前316年，也就是犀首联合五国兵马攻秦，一直杀到函谷关下的第三年，张仪入楚去欺骗楚怀王的三年前，秦国正南面的蜀、苴两国同时向咸阳派来了使者，请求秦国的援助。

这个时候，秦惠文王正打算去攻打韩国，夺取富庶的三川郡（在函谷关以东，洛阳西南方），于是在接待过来使以后，他立刻召宰相张仪和大将司马错来商议："苴、蜀相争，都来求寡人救援，寡人想要救苴伐蜀——可是应该先打韩呢，还是先打蜀呢？"

张仪建议首先攻打韩国，他说："魏军新败，不敢发兵救韩，臣愿意前往楚国，再说服楚王相助。那么，大王您就可以联合魏、楚两国一起伐韩，打下三川郡，直抵洛邑。周天子已经衰败无力了，只要一威吓，他定然交出九鼎，到那时候您挟天子以号令天下，就可以成就王霸之业。蜀不过是西南的蛮夷之国，即便顺利攻克，也无法增加您的威望，无法摇撼天下，何必急于攻打呢？"

司马错闻言连连摇头："张大人，您错了。我听说，想要使国家富强，就必须先扩展领地；想要使兵马强盛，就必须使百姓富裕；想要称王称霸，就必须先提升品德——三者具备，王业自然跟随而来。如今秦国还不够强大，不能去追求过于遥远的目标，而要先从简单的事情做起——什么事情简单呢？就是伐蜀。"

然后他向秦惠文王详细地分析形势："蜀是蛮夷之国，军事力量不强，秦兵往攻，就如同让豺狼追逐绵羊一般，能够很轻易地攻下。夺取蜀国的土地，可以扩展秦国疆域；夺取蜀国的财宝，可以使秦人富裕；而且攻蜀也不会遭到诸侯的猜忌和恼恨。倘若去打韩国，劫持周天子，未必得利，还可能惹上不义之名。请大王您仔细想想，韩国会向赵国求救，周天子会请齐国增援，而既然韩国守不住三川郡，就可能通过赵国把三川献给魏国，既然周天子守不住九鼎，就可能通过齐国把九鼎献给楚国，到时候周、韩、齐、赵、魏、楚联兵抵御秦兵，形势不就岌岌可危了吗？与其攻韩，还不如伐蜀呀。"

司马错一番侃侃而谈，连最擅长言辞的张仪也无法辩驳。于是秦惠文王拿定了主意，就派张仪为主将，司马错为副将，率领大军，南下伐蜀。

那么这个蜀国，还有他的仇敌苴国，究竟是怎样的国家呢？

蜀、苴都是由古羌族所建立的国家——换言之，与周人或许同源，但并非周天子所册封的诸侯。

传说古羌族有个首领名叫蚕丛，原本居住在岷江上游地区，后来带领部族沿江南下，进入了成都平原，与当地土著居民相融合，就创建了蜀国。蚕丛之后，古书上还记载着几个蜀王的名号——柏灌、鱼凫、开明，也有人说，他们分别代表的不是单个君主，而是家族名或者朝代名。

蜀国之名，最早出现在商代的甲骨文中，据说后来还协助周武王伐纣，立下过赫赫战功，所以周朝与蜀国的关系

> 成都平原又名川西平原，西北方向是龙门山，东南方向是龙泉山，两山之间的地堑平原由岷江、沱江冲积扇构成，面积约7000平方公里，这里地形倾斜，易灌易排，气候温和，土质肥沃，历来是人口稠密的重要农业区。在这里发展出古老而独特的文明并非不可能。

史无前例的大战争
―― 战国纷争和秦的统一

一直很好。

蜀国最著名的王名叫杜宇，他当政的时候，历史已经推进到春秋战国时代了。据说某一年成都平原爆发了百年难遇的大洪水，杜宇王带着百姓逃到长平山上，一筹莫展，拿不出治水的好办法来。正在着急的时候，突然发现水面上漂来了一具身穿奇装异服的尸体。

杜宇王派人把尸体捞起来，细加检视，竟然发现还有一口活气。于是又是灌热汤又是掐人中，好不容易，那人长长地吐出一口气，终于睁开了双眼。大家问他从哪里来，叫什么名字，这个人回答说："我的名字叫鳖灵，是楚国人，在楚地溺水而死，不知道怎么会漂到这里来的。"

楚地距离蜀地相当遥远，这个鳖灵不但能够逆着江水漂流过来，而且死后重生，实在是太神奇了。杜宇王认定这是上天派给他的帮手，于是就询问鳖灵："你会治水吗？"

鳖灵笑笑回答："治水就是我的本业呀。"

于是杜宇王就把治水的重任交给了鳖灵，而鳖灵也果然不负所望，率领蜀人凿通巫山，使被堵塞的江水通过巫峡顺利向东流去，平息了水患。蜀人对鳖灵是崇敬和感激得不得了，杜宇王见大势所趋，他倒也不贪恋权位，就干脆把王位让给鳖灵了。

据说这位鳖灵就是开明王朝的第一代君主。

传说杜宇王在退位以后，被百姓们尊称为望帝，他离开蜀国都城，去山上隐居，死后化为杜鹃鸟，每到春天就会不停地鸣叫，提醒农民应该去耕地播种了。所以蜀人就把杜鹃鸟叫做"杜宇"。

鳖灵治水的故事，终究不过传说而已，此外还有种种相关杜宇王的传说，比这要凄惨得多。人们按照杜鹃鸟的叫声，也称它为"子规"，这种叫声非常凄厉，再加上鸟嘴是红色的，于是就有了"子规啼血"的说法。倘若杜宇王是主动让位的，它所变成的鸟又为何要啼血呢？

有一则神话传说，说杜宇王原本是个猎人，因为打败了肆虐岷江上游的恶龙，所以才被百姓拥戴为王。恶龙的妹妹心肠很好，一直规劝哥哥不要祸害人类，反倒被恶龙囚禁起来，杜宇王在打败恶龙以后，就救出龙妹，娶其为妻。

可是杜宇王有个猎人朋友，心术很坏，他靠欺骗获得了杜宇王的信任，担任辅佐之臣，然后勾结恶龙，把杜宇王骗入深山，囚禁起来，自己霸占了王位和龙妹。杜宇王死在深山，灵魂不灭，化为杜鹃鸟，所以鸣叫声才会如此凄厉，才会"啼血"。

当然，不管哪一种传说，都说明蜀国的人民是很爱戴这位望帝杜宇王的。

蜀国以成都平原为根据地，是一个古老的王国，苴国本与蜀国同源，还有人说他本就是蜀国所册封的诸侯，位置是在蜀国的东北方，在今天四川省广元县境内。虽然同源，但蜀、苴很早就已经反目成仇了，苴国经常联合蜀国的宿敌、更东面的巴国，攻打蜀国。

蜀、苴相争，这就给了秦国以可趁之机。

廪君的传说

张仪和司马错率领秦兵，经金牛道攻入成都平原，很快就灭掉了蜀国。关于这个金牛道，也流传着一则有趣的传说故事。

秦、蜀两国距离很近，一直互通使节，友好建交，秦国强大以后，就逐渐产生了灭蜀之心。然而距离虽然近，道路却很不好走，两国间相隔着崇山峻岭，只有些羊肠小道，大军难以通过。这可该怎么办才好呢？

某一年，秦惠文王南下打猎，正好撞见了同样北上打猎的蜀王。两国国君相遇，按照礼法是要互赠礼物的，秦惠文王就准备了一盒子黄金，让部下送给蜀王。蜀人素来喜爱黄金，这份礼物很中蜀王的意，于是急忙搜罗了身边带着的很多财宝，作为还礼。

说也奇怪，蜀王的礼物送到秦营，秦惠文王打开一看，所有财宝全都变成土坷垃（方言，土块的意思）了。

史无前例的大战争
——战国纷争和秦的统一

秦惠文王大怒,当即就要发兵攻蜀。有臣子见此情景,跪下来恭贺说:"这些泥土就代表土地,说明蜀王把土地献给大王您——此乃天意,秦国一定能够灭掉蜀国的!"

秦惠文王闻言,转怒为喜,但转念再一想,却又重新皱起了眉头——蜀道实在太难走了,可该如何攻打为好呢?他与臣子们仔细商讨以后,针对蜀人喜爱黄金和迷信这两个特点,设下了一条诡计。

> 五丁开山还有一说是秦惠文王知蜀王好色,于是许嫁五位美女于蜀。蜀王遣五丁开山辟路,到梓潼地界时,见有大蛇钻入石穴,五人齐力相拔,以致山崩地裂,五丁和五位美女同时被压入山下。这也是李白《蜀道难》中"地崩山摧壮士死,然后天梯石栈相勾连"一句的来历。

秦人凿山取石,就在两国君主相遇的地方,雕刻了五头巨大的石牛,并且故意在石牛背后放上些黄金,传出谣言,说:"此乃天赐石牛,拉出的大便都能变成金子!"消息传到蜀王耳朵里,蜀王这个心痒难搔呀,急忙派使者前往秦国,向秦惠文王请求:"为了两国能够长久友好下去,能不能把这能拉金子的石牛送给我国呢?"

秦惠文王假装慷慨地一口答应,但说:"石牛太大了,不好运,寡人才不费这力气,蜀王既然想要,那就自己来搬吧。"

于是愚蠢的蜀王就派了一千名士兵,由国内最著名的五个大力士率领着来搬石牛。石牛虽大,以人的智慧,也总有办法搬动,但问题是蜀道太过狭窄了,装运石牛的车子根本就挪不了窝。

为了搬运石牛,蜀王更干脆派兵从秦、蜀边境直通都城成都,开辟了一条相对较为宽阔的大道——这就是"金牛道"的由来。公元前316年,张仪和司马错率领秦军,正是从这条金牛道攻入蜀国的。

在强大的秦兵面前,蜀军节节败退,蜀王走投无路,只好自缚请降。秦惠文王并没有立刻吞并蜀国,而是把蜀王贬为侯爵,把蜀国变成秦国的附庸，同时派一个名叫陈壮的大臣去当蜀侯的相国——也就是在蜀侯身边，安插了一个监督者。

秦国本是受苴国之请，发兵攻蜀的，但正如春秋时代晋献公向虞国借道去讨伐虢国，随即掉过头来把虞国也给吞了一样，秦兵才刚收服蜀国，就全军转向，乘胜进攻苴国，把苴国给彻底灭亡了。

灭苴之后，秦军又灭掉了蜀国的宿敌、苴国的靠山——巴国。

巴也是一个古老的国家，其统治中心在今天的重庆市附近。这个国家在甲骨文中就有记载，写作"巴方"，商军曾经屡次进攻巴方，所以当周武王灭商的时候，巴方也曾出兵相助。

传说巴人最早分为五姓（五大部族），即巴氏、樊氏、瞫氏、相氏和郑氏，散居在今天湖北省中部的武落钟离山中，其中巴氏居住的地方被称为"赤穴"，其余四氏居住的地方被称为"黑穴"——远古时代的房屋都是先挖深坑，再在坑上盖屋顶，是半地上式的，所以被叫做"穴"。

五姓相约，要推举出一位巴人的总首领来。他们首先找到一块大石头，五姓首领都各将自己的佩剑朝石头上扔，约定谁的剑能够顺利插入石中，那就是天命让他当王。结果黑穴四姓的首领都先后失败了，只有赤穴巴氏的首领务相一剑掷去，稳稳地插入石中。

既然抛剑得胜，就该由务相当巴人的王了，然而黑穴四姓全都反悔，又出主意说："咱们各自乘坐由泥土所造，上刻花纹的船下水，谁的船不沉，就推他当王，这回绝不反悔。"务相拗不过众人，只好勉强答应。

可是这回比试的结果还是务相取胜，泥船竟能稳稳地漂在水面上，其余四姓的船却全都沉了底——四姓首领，估计也翻船落水，喂了河鱼吧。大家这才没话说了，共尊务相为王，称号叫做"廪君"，也就是粮仓之王的意思。

廪君雄心勃勃，想要率领巴人离开偏狭的武落钟离山，另找一片广袤的沃土去定居。可是要到哪里去才好呢？于是他乘坐着雕刻花纹的泥船沿江而上，一路寻找。

廪君首先来到盐水边，盐水女神被他的英俊和勇武给迷住了，劝他留下来。但廪君觉得这地方并不适合一族安居，坚持要走，女神心生一计，晚上跑来和廪君同宿，想要软化他，白天则化身为飞虫，召集虫群一起在廪君头顶飞舞，使他难辨方向，难以启程。

就这么过了七天七夜，廪君一心离开，为族人寻找到合适的定居点，实在忍耐不住了。于是他将计就计，把一缕青色的丝线作为礼物送给女神，请女神把丝线系在脖子上。女神不知是计，还以为廪君将要回心转意了，喜滋滋地照办——结果第二天她再化身为飞虫的时候，廪君一眼就把她和虫群区分开来，当下瞄准青色丝线开弓射去，盐水女神应声落地，虫群就此散去，露出了明媚的蓝天。

离开盐水以后，廪君继续西行。泥船漂着漂着，来到一个地方，水流曲折，两岸密布岩石和洞穴。廪君不禁长叹一声："我刚从洞穴里出来，难道又要回归洞穴吗？"

说也奇怪，他的话音才落，两岸岩石突然崩塌，露出一条三丈宽的大道来。廪君弃舟登岸，迈上大道，远远一望——嚇，好一片广袤的沃土呀。于是他就把族人接来，在此地建立了巴国——这个地方，名叫夷城，很可能就在现在的重庆市附近。

巴、蜀之间，风俗文化非常接近，既可能来源于同一祖先，也可能是世代相邻，互相学习和融合所造成的结果。但在进入战国时代以后，巴、蜀两国连年纷争，恶战不休，这就给了秦国以可乘之机。就在公元前316年的同一年内，秦军南下，先平蜀，再灭苴，最后灭巴。

秦国的疆域，就此向南延伸了千里，扩展了将近一倍大小，国力更为强盛了。

西门豹和李冰

今天的重庆市和四川省，被称为巴蜀之地，风俗文化都和中原有很大差别，或许还存留有部分古巴国和古蜀国的遗风吧——然而古代巴国和蜀国究竟是什么样子的呢？却早就无人知晓了。

直到1929年，四川省广汉县的农民在建屋挖排水沟的时候，不期然地掘出了大量玉器，此后经过长达半个多世纪的勘探和挖掘，终于，举世瞩目的三星堆遗址展现在我们面前。

三星堆遗址，乃是古蜀国的遗迹，据专家考证其最古老的部分，年代大约在距今四千八百年前，也就是说，比传说中的夏朝还要久远。遗址中出土了大量青铜器和玉器、金器，制作精美，技术水平和工艺水平都相当之高。根据这些出土器物，我们可以知道，古代蜀人的文化（也渗入了部分古代巴人的文化）与华夏文化相距甚远，很可能是一个独立的文明中心，但同时也吸收了很多中原文化的因素，并非孤立的存在。

古蜀人很可能崇拜飞鸟、太阳——柏灌、鱼凫，就都是鸟的名字。

三星堆遗物中最引人注目，也令人百思不得其解的，是一系列大大小小的青铜面具，某些面具上还镀有黄金。这些面具都并非写实的人脸，耳朵很长，鼻高嘴阔，最奇怪的是，眼珠子如同两根圆柱似的直突出眼眶外。

按照古书的记载，古蜀国的蚕丛王"目纵"，也就是说眼珠外突——难道这就是他的外貌经过夸张演变而化成的形象吗？

秦军在打败蜀国以后，一开始并没有力量一口将其吞下——苴国和巴国则不同，直接转化为秦王的直辖领地，定名为巴郡。

春秋时代，包括周天子在内，各国君主的直辖领地其实很有限，绝大部分都分封出去，成为诸侯、世卿大夫和士的采邑。进入战国时代以后，旧日的贵族陆续被打倒（也有一部分摇身一变，上升为诸侯，比如韩、赵、魏、齐），采邑被收归国有，并且不再分封，而作为国君的直辖地。

这是中央集权的开始——这些新的直辖地，往往被分割为大小不一的部分，由国君委派非世袭的官吏临时管理，大的就叫郡，小的就叫县。战国时代的郡、县，和后世不同，并没有明确的统属关系，不是一个郡管几个县，而完全是平行的。

史无前例的大战争
——战国纷争和秦的统一

苴、巴被灭以后,秦国将其并为巴郡,对待蜀国,则允许他继续保留国家体制,只是把蜀王降格为蜀侯,算作秦国的附庸国。秦惠文王还派一个名叫陈壮的大臣去当蜀侯的相,担任监督者和国政的实际操控者。

公元前314年,也就是平蜀的两年以后,不知道蜀国内部发生了一场怎样的动乱和政变,总之最终陈壮除掉了蜀侯,于是秦惠文王就封蜀侯同族的公子通为侯,另派一名叫张若的大臣做公子通的副手。

陈壮不满大权被张若所夺,密谋反叛。公元前311年,也就是张仪第二次入楚,差点丢了脑袋的同一年,陈壮发动政变,谋害了公子通。此后不久,秦惠文王驾崩,秦武王登基,派兵入蜀镇压动乱,杀死陈壮,先后改命公子煇、公孙绾父子为侯。又过了几年,秦昭襄王干脆灭掉蜀国,改为蜀郡。按照秦制,郡的长官名叫守,蜀郡第一任守是张若,而最著名的守,则是中国古代最伟大的水利专家——李冰。

魏国也曾经出过一位著名的水利专家,名叫西门豹,生活在魏文侯当政的年代。魏文侯曾经任命他为邺城(在今天河北省邯郸市南)令,他来到邺城一看,只见河川泛滥,土地荒芜,老百姓穷得不得了。

于是召见当地的老年人,询问民情,老年人都说:"每年为了给河伯娶妻,各家各户都得出钱出粮,所以才会那么穷呀。"西门豹大感惊奇:"河伯就是黄河的水神了,水神也要娶妻吗?怎么娶法?"

原来当地的官吏和巫师们勾结起来,借口说黄河经常泛滥,是因为河伯想要娶妻,要想治理好水患,就得满足他这个要求。他们到处搜刮民脂民膏,每年能赚上数百万钱,只用二三十万钱搞河伯娶妻的迷信活动,剩余的全都自落腰包了。

到了河伯娶妻的日子,巫师找到小户人家比较漂亮的姑娘,强抢过来,梳洗以后穿上新衣服,架上豪华的床铺,推入水中——床铺不可能防水,姑娘在河面上漂上几十里地自然就沉没了。因此邺城附近家有闺女的老百姓都纷纷逃亡,没跑的每年还得遭盘剥,所以才个个穷得丁当响——那些官吏、巫师倒是都发了大财。

第四章 战国时代·秦并巴蜀

西门豹听到这些情况，内心很气愤，但表面上却不动声色，说："河伯哪天娶妻呀，我也瞧瞧去。"到了日子，他果然早早就来到了河边，等官吏、巫师簇拥着"新娘"来到，西门豹先过去查看，撇一撇嘴："这女人太丑了，河伯不会喜欢的。"要求大巫师："你先去禀报河伯一声，说等两天我亲自挑个漂亮的送给他。"

这大巫师是个老太婆，已经七十多岁了，还带着十多名年纪较轻的女徒弟。当下听了西门豹的话，大巫师吓得面如土色，正要求饶，西门豹却毫不犹豫地下令，把她直接给扔河里去了。等了好一会儿，估计大巫师已经沉了底，西门豹又说："她怎么还不回来复命？找个徒弟去催一催吧。"于是又把一名年轻巫师抛入河中。

巫师们当然不可能回来复命，于是西门豹就以此为借口，又连扔了几名官吏下河，剩下的拼命磕头求饶，从此再不敢提为河伯娶妻的事了。

用雷霆手段消除了祸害百姓的迷信活动以后，西门豹就开始着手治理水患，增高堤坝，并且开挖水渠，灌溉田地，邺城很快就繁荣起来，老百姓也都富足了。

拉回来再说秦国的李冰，他是在公元前255年前后担任蜀郡守的。应对岷江经常泛滥，成都平原经常发大水的情况，李冰亲自设计并且主持修建了伟大的都江堰水利工程。

> 李冰治理水患的时候，创用石人测量岷江水位的方法。《华阳国志·蜀志》上记载，李冰"作三石人，立三水中，与江神要（邀约）。水竭不至足，盛不没肩"。这是见于记载最早的测量水位的水则，说明李冰已经基本掌握了岷江水位涨落的大致幅度。

这个水利工程将岷江分为内外江，同时起到航运、灌溉和分洪的作用，使得枯水季不缺灌溉之水，荣水季也不会泛滥——最惊人的是，这两千多年前的水利工程，直到今天仍然能够使用，泽被了一方苍生。

据说李冰亲自带着自己的儿子们与百姓一起劳作，为了都江堰水利工程的顺利完工，连日不眠不休，累得人都脱形了，而他的第二个儿子——俗称李二郎——也在治水过程中不幸落水身亡。老百姓感激和怀念李冰父子，称李冰为"川主"，并且说李二郎已经登天成神，将永远保佑着一方百姓。

灌江口二郎神的原型，其实不姓杨，而正是这位李二郎。

正是李冰，使得原本并不富裕，被张仪认为取下来也毫无益处的蜀地，一跃成为天府之国、鱼米之乡，更成为秦国不可或缺的大粮库。此后秦国的对外扩张，很大程度上要依赖于蜀地。

屈原投江

> 屈原开创了中国诗歌比兴的一大代表，那就是香草美人。屈原在很大程度上自拟弃妇，以夫妇喻君臣，形象极为生动。香草美人是楚辞中典型的象征物，它此后成了中国文学史上以男女君臣相比况的常见的创作手法。

秦国吞并巴、蜀，从西面威胁楚国，但经过吴起变法的楚国，即便遭受如此沉重打击，依旧在关东六国中实力最强。楚怀王时代，虽然在西面丢掉了大片领土，在东面却灭掉了越国，把势力一直推进到东海边。

倘若楚怀王能够汲取教训，从此发奋图强，联齐或者联魏，共抗秦兵，或许还有卷土重来的一天吧。尤其在他驾前还有一位同族重臣辅佐，继承吴起的遗志，力求加速推进改革——

这位楚国重臣，就是中国历史上第一位大诗人、大文学家屈原。

屈原本名屈平，原是他的字。楚王姓芈，继承老祖宗鬻熊的名号，自称为熊氏，熊氏有三个分支氏族，分别为屈、景和昭——所以屈原是楚王的同族贵族，被封为"三闾大夫"，负责屈、景、昭三家的宗族事务。

因为屈原博学多才，又锐意改革，所以深得楚怀王的信任，要他制定一部详细的法令，向全国颁布。屈原到处搜集资料，听取意见，夜以继日地操劳，好不容易拟好了初稿。就在这个时候，有位同僚上官大夫（一说即靳尚）求见屈原，想要先睹为快。

屈原拒绝了上官大夫的请求："法令拟定，必须先报大王审核，在此之前，任何人都没资格先看。"上官大夫心怀怨恨，就跑到楚怀王面前打小报告，诬陷屈原说："屈平草拟法令，嚷嚷得街知巷闻，他每草就一条，都要大肆宣传，声称只有他自己才能想到和办到。"

楚怀王是个耳根子很软，很轻信的人——否则也不会上张仪的当了——听了上官大夫的谗言，觉得屈原太骄傲也太放纵了，从此就逐渐疏远了屈原，不再让他参与国家大政方针的制定。

张仪两次欺骗楚怀王的时候，屈原都在外出使，倘若他仍然位列楚国朝廷的中枢，也仍然受到楚怀王信任的话，或许能够规劝楚怀王，不要那么轻信吧。

楚国就是从楚怀王时代开始衰弱的，但上张仪的当，先后丢掉汉中地和黔中地，还只是开端而已，远不是结束。因为楚怀王背弃合纵，侮辱齐国，导致关东各国纷纷向楚施压，楚怀王没有办法，只好把太子熊横送去秦国当人质，请求秦兵的增援。

这么一来，楚与魏、齐等国的仇就更深了。到了公元前302年，熊横和某位秦国贵族起了冲突，热血一冲脑，竟然失手杀了人，被迫逃归楚国。第二年，秦昭襄王（秦惠文王之子、秦武王之弟）大兴问罪之师，发兵攻楚，齐宣王一看有机可乘，也派大将匡章，联合了魏将公孙喜、韩将暴鸢，长驱直入杀入楚境。楚怀王派大将唐眛领兵抵御，双方相持了半年以后，楚军终于被击败，唐眛也战死沙场。

楚国在淮河以北的大片土地，就这么着被韩、魏两国给占领了。

外患继以内忧，就在唐眛战死后不久，大夫庄蹻趁机发动了叛乱，并且一度攻陷楚都郢城。这个庄蹻，据说乃是楚庄王的后裔，也是个世袭贵

史无前例的大战争
—— 战国纷争和秦的统一

族,但他的叛乱是打着推翻暴政、诛杀奸臣(比如那个靳尚)、消灭腐朽贵族的旗号,所以深得中下层百姓的拥戴,各地楚民纷纷响应,楚国瞬间便四分五裂了。

庄蹻的叛乱,或者可以说起义,最终还是失败了,他在失败后率领残部南下,一直杀到滇池(在今天云南省昆明市附近),据地为王,自号"庄王"。还有一种说法,他一度被朝廷招安,后来受命领兵南征,当杀到滇池的时候,因为后路被秦人所断,才被迫自立为王。

这边庄蹻的叛乱才刚平息,那边秦军又来攻打——公元前300年,秦兵攻克新城(在洛邑南方不远),杀死了楚将景缺。楚怀王四面皆敌、内外皆扰,没有办法,只好把太子再派到齐国去当人质,与齐国重建盟约。

听说楚、齐两国结盟,秦昭襄王慌了,赶紧给楚怀王写了一封信,要求捐弃前嫌,再建同盟,还建议两国君主在武关会面,商定盟约的细节。楚怀王读了此信,犹豫不决——去吧,怕再会上当受骗;不去吧,那就彻底触怒秦国了。

屈原劝楚怀王不要去:"秦是虎狼之国,您可千万不能涉身险地,去和秦王会面呀!"但是楚怀王最宠爱的小儿子公子子兰却一再怂恿父亲前往。

最终楚怀王还是听信了公子子兰的话,真的跑到武关去见秦昭襄王了。谁想到秦昭襄王果然没存着什么好心眼,竟然派兵把楚怀王劫持回了咸阳,然后逼迫他签订协议,把不久前才被楚国夺回去的黔中郡,再加上一个巫郡,全都割让给秦国。

楚怀王虽然耳根子软,人也糊涂,倒并不贪生怕死,他把脖子一梗,坚决不肯签约。消息传到楚国,大臣们纷纷商议:"秦人扣押大王,是为了掠夺我国的土地,倘若大王已不再是大王,秦人就没必要扣押他了。"急忙从齐国迎回了太子横,立为国君,就是楚顷襄王。

他们想得好好的,可惜楚怀王虽然不再是国君了,却还是国君的父亲,秦人觉得他还有利用价值,始终扣着不放。隔了一年,楚怀王好不容易得着个机会,逃出咸阳,但随即就被秦兵拦住了南下的通路,被迫逃往赵国。赵惠文王不敢收留他,楚怀王被迫再逃向魏国,却在途中被秦兵追上,又给逮回咸阳去了。

公元前296年,可怜的楚怀王终究没能归国,就在咸阳城里咽了气。

楚怀王是死了,可是他的儿子楚顷襄王只有比老子更差劲。当年全因为兄弟公子子兰的怂恿,老爹才中了秦人的圈套,可是楚顷襄王继位以后,不但不怪罪公子子兰,反而任命他做令尹。楚国上下,从官僚到百姓,全都因此失望到了极点,屈原也因为说了公子子兰几句坏话,竟被流放到长江以南去了。

据说屈原披散着头发在长江边游荡,面容憔悴,就有渔夫问他:"您不是三闾大夫吗?怎么到这儿来啦?"屈原苦笑着回答说:"整个世界都混浊,只有我一个人干净;世上所有人都醉了,只有我清醒——所以我才会被流放。"渔夫劝他说:"既然整个世界都很糟糕,您干嘛不随波逐流呀,干嘛要自找流放呀?"屈原回答他:"我听说刚洗过头的人,一定会弹弹帽子,刚洗过澡的人,一定会抖抖衣服。我宁可跳水而死,葬身于鱼腹之中,也不肯让自身的洁白蒙上世俗的污垢!"

屈原是这么说的,也是这么做的——大约在公元前278年,秦将白起攻破了楚都郢城,楚顷襄王被迫东迁到陈地,消息传来,屈原认定楚国已经没有希望了,不禁仰天大哭,然后就真的投汨罗江而死。老百姓纷纷划着船去打捞这位可敬的大人的尸体,逐渐演变成了今天赛龙舟的活动;他们用苇叶包着糯米投入江中,祈祷鱼虾都来吃这些食物,而不要伤害屈大夫,逐渐演变成了吃粽子的习俗。

据说屈原投江是在农历的五月初五,人们为了纪念他,把这一天定为节日,就是端午节。端午节赛龙舟、吃粽子,不仅仅是楚国百姓的风俗,逐渐扩展到了整个中原地区,甚至远播朝鲜半岛。

第五章　战国时代·大变革和大转折

存燕和定秦

　　战国时代，是中国社会第一个巨大的转型期，在这一时期，要说真正对此后数千年中国的历史、文化发展产生重大影响的个人，或许只有五个，那就是墨家创始者墨翟、儒学大师孟轲、浪漫主义大诗人屈原，还有赵武灵王和后来统一中原的秦始皇。

　　墨翟使任侠仗义、锄强扶弱的思想深入民心；孟轲把儒学推向一个全新的高度。而屈原，他先后写下《天问》、《离骚》、《九歌》、《九章》等伟大诗篇，影响了其后中国诗歌甚至中国文学的发展，既洋溢着浪漫主义精神，又充满了忧国忧民的情怀。

　　秦始皇咱们以后才会谈到，那么，赵武灵王又是怎样的人物呢？

　　赵武灵王名叫赵雍，乃是赵肃侯的儿子，继位的时候年纪很轻，国政都托付给重臣肥义。看起来，这个肥义颇有威望，但能力不足，他当政的时代，赵国四面皆敌，苟且偷生，情况非常凄惨。

　　公元前317年，也就是犀首联合五国兵马攻秦的第二年，三晋联兵攻秦，结果被秦庶长樗里疾大败于修鱼，赵国损失兵马竟达八万之众！此后数年间，秦兵又多次入侵，今天克一城，明天吞一地，赵国的疆域日益狭小。

第五章　战国时代·大变革和大转折

逐渐的，赵武灵王长大了，开始撇开肥义，单独执掌政务。他首先在外交战线上取得了一系列成果，改善了赵国的外部环境，最重要的两件事，就是存燕和定秦。

赵武灵王是赵国第一位称王的君主，而燕国第一位称王的君主则是燕易王。公元前321年，燕易王驾崩，传位给儿子燕哙，史称燕王哙。这燕王哙是个一心想当圣人的妄想狂，于是相国子之就起了篡权之心，指使一个叫鹿毛寿的家伙去劝说燕王哙。

鹿毛寿说："古代圣人都有让位的美德，大王您要想当圣人，也得照章办理。当年唐尧曾经想把帝位让给贤人许由，许由当然不敢接受，于是唐尧平白得了圣人的美名，却并没有失去权柄。大王您也可以呀，您把王位让给相国子之，子之必然会推辞，则您的德行自然就跟唐尧一样了。"

燕王哙愚蠢透顶，竟然真的听信了鹿毛寿所言，捧出君王的印章，就要让位给子之。子之虽然不敢公开接受王位，但借着这个良机，把国家大事全都纳入囊中，燕王哙彻底变成了一个傀儡。

这场让位的闹剧，激怒了一个人，那就是燕王哙的太子燕平——老爹你想当圣人，有没有为我考虑过，我以后怎么办？你把王位让给子之了，我还能算太子吗？我将来还可能有继位的一天吗？于是太子平就与将军市被合谋，发兵攻打子之。

公元前314年，大权在握的子之发起全面反攻，反而把太子平和市被给杀掉了。燕国为此乱成一锅粥，齐宣王趁机派大将匡章领兵伐燕——此时的燕国，大乱未息、百姓惶惑、士卒离心，根本没有丝毫的抵抗能力，齐军仅仅花了十五天时间就攻入燕都蓟城，把燕王哙和子之全都给杀掉了。

> 齐宣王的王后就是战国著名丑女无盐，又名钟无艳，据说无盐虽然貌丑但有很强的政治能力，所以齐宣王纳她为后。但男人终究喜欢美女，齐宣王身边还有一位美女叫夏迎春，于是留给后世一句俗语："有事钟无艳，无事夏迎春。"

史无前例的大战争
——战国纷争和秦的统一

齐宣王本打算就此吞并燕国，但因为齐兵在进入燕境以后，一路烧杀抢掠，无恶不作，终于引发了燕国老百姓的反抗，到处都是起义的燕军，很快就杀得匡章抱头鼠蹿，被迫撤退。当然，因为燕王哙和太子平都已经死了，燕国无主，在当时的社会环境下，没有了国君就等于没有了主心骨，各路燕军互相不服气，谁都不肯听对方的领导，几乎是一盘散沙，倘若这种局面持续下去，齐军是很有可能卷土重来，彻底灭燕的。

就在这个时候，赵武灵王做出了明智的抉择。

赵国东北面与燕国相邻，因为燕国实力不强，所以两国长久以来一直相安无事。赵武灵王考虑到，一旦齐国灭燕，则齐国的势力将更为膨胀，齐兵要向西扩展疆域，首当其冲的就是赵国和魏国——不行，绝不能让齐人得逞！

于是他急忙派使者前往韩国，找到了正在韩国当人质的燕国王子燕职，派兵护送他归国继位。这位燕职，就是燕国历史上唯一一位可被称为英主的国君——燕昭王。

刚刚稳定了燕国不久，赵武灵王又把目光瞄向了西方。西方的秦国，在秦惠文王去世以后，继位的乃是秦武王，这是一个彻彻底底嚣张跋扈、谁都不放在眼里的狂人。秦武王才登基，首先就把秦惠文王的宠臣张仪、魏章给赶走了，重用叔父樗里疾和下蔡（当时属于楚国）人甘茂，任命他们为右、左丞相——这是秦国立相的开端。

当年张仪劝秦惠文王攻打韩国的三川郡，挺进洛邑，挟持周天子，秦惠文王却采纳了司马错的建议，改变进攻策略，南下平灭巴、蜀。等到秦武王继位，他虽然不喜欢张仪，对于张仪这条政治理想却仰慕得不得了，经常对甘茂说："寡人要是能够打通三川，进入洛邑，死都能够瞑目了！"

于是他首先派甘茂伐韩，攻取宜阳，斩首六万，扫清了通路，然后在公元前307年亲自领兵渡过黄河，攻克武遂，直奔洛邑而去。当时的周天子乃是周赧王，他当然不敢抵御虎狼一般的秦兵，只好大开城门，摆开仪仗，迎接秦武王入城。秦武王一进城就问："九鼎在哪里？寡人要观赏一番。"

周赧王没有办法，只好把秦武王请进周朝的宗庙，去观赏九鼎——当年楚庄王连鼎的轻重都没能打听到，如今秦武王可算亲眼见着了。

秦武王本是个大力士，平常最喜欢的体育活动，就是和秦国最著名的几名勇士比试力气。这几名勇士分别为任鄙、乌获和孟说，就靠着力气大被秦武王看重，全都当上了大官。

当下秦武王见到九鼎，就有点心痒难搔，跃跃欲试，转身招呼任鄙等人："你们猜猜这九鼎有多重？咱们不如试着举一下吧。"任鄙和乌获都连连摆手："那么大的鼎，恐怕不是人力所可以举起的。"只有孟说想在国君面前露脸，于是抢先上去抱住一具鼎："小臣先来试试看吧。"

孟说运起全身力量，吐气开声，"嘿"的一声，竟然把鼎抱起来一尺多高。但他随即就脱了力，"当"的巨响，铜鼎落地，震得整个宗庙似乎都摇晃起来。

看到孟说举鼎失败，秦武王不禁哈哈大笑，他不顾臣子们的劝谏，亲自挽起袖子，上前举鼎。或许为了表示自己比孟说力气更大吧，他费尽吃奶的力气，只求把鼎举得更高，却完全忘记了保护自身的安全。结果力气用尽，铜鼎突然脱手滑落，"喀"的一声，竟然把一条腿给压断了。

秦武王大叫一声，当场疼晕了过去，虽经各方名医抢救，终因伤势过重，没等回到咸阳就咽了气——这就是不自量力的下场。

秦武王在位仅仅四年，去世的时候年纪还轻，没有子嗣，秦国大臣们为拥戴谁当国君犯了难。正好这个时候，秦武王同父异母的弟弟秦稷身在赵国，赵武灵王想要和秦国搞好关系，减轻来自西方的压力，就赶紧派兵把秦稷送回国去，继位为君——史称秦昭襄王。

胡服骑射

赵武灵王少年登基之时，就已经胸怀大志，同时具备精明的战略眼光，和只是继承了老爹的事业就敢嚣张跋扈，谁都不放在眼里的秦武王完全不

史无前例的大战争
—— 战国纷争和秦的统一

同。犀首发起五国相王运动后不久,赵武灵王就对臣子们说:"并无足够的实力,就谋求与身份不符的虚名,是毫无意义的。"下令去除王号,此后国内只称呼他为"君"。

当时的各阶层贵族,具备不同的称号:周天子称王,也称天王;各国诸侯或者按照旧俗仍然称侯,或者大着胆子称王;世卿大夫被赐与封地的,则称君。比如商鞅就称商君,张仪称武信君,卫国夹在大国之间,领地日蹙,也被迫贬号称君。赵武灵王所以不称王而称君,就是要消除其他强国对自己的担忧,韬光养晦,寻机崛起。

称君后不久,他又与比较小弱的韩国联姻,娶韩女为后,在三晋之中拉拢韩国,以与魏国相对抗。

当时赵国的外部形势很糟糕,燕、韩、中山构不成威胁,楚国距离尚远,但魏、秦、齐三国都觊觎赵国的土地,随时可能发兵来攻。更要命的是,赵国北方、广袤的草原上存在着很多北狄部族,比如林胡、楼烦等等,时常南下侵扰赵境,杀人掠货。想要与中原各国争胜,就先得解决北方问题,于是公元前307年,赵武灵王首先率兵进攻中山国,一直杀到代地(在今天河北省西北部),谋图讨伐北狄各部,消除来自北方的威胁。

某一天,他召来宠臣楼缓,商量道:"赵兵虽强,还不足以平灭北狄,南争天下,照这样下去,迟早会被他国所灭。为了强兵富国,寡人打算变更旧俗,号召大家全都穿上胡服,你认为怎样?"

当时中原人的服装和北狄各部(胡)的服装是完全不同的。中原人,尤其是贵族,习惯穿大袖长袍(或者短袍加裙子),一直拖到膝盖以下,这种服装是很不便于活动的;胡人则习惯穿窄袖短衫,套裤子——中原也有裤子,但没有裆,只有两条相连的裤腿。服装从一定程度上影响了军事技术的发展方向:穿袍子方便乘车,所以中原以车战和步战为主;穿短衫、裤子方便骑马,所以胡人以骑射为主。

想也想得到,光腚穿长袍,可怎么上马呀,而就算跨上了马背,不怕把屁股磨穿吗?

第五章　战国时代·大变革和大转折

中原地区既然早就驯服了马匹，能够操控战马驾车，自然也早就发明了骑术，但因为服装的拖累，根本无法组建起骑兵部队来，只有少量侦察兵和传令兵才会骑马。胡人则不同，他们从小就生活在马背上，没有车兵，没有步兵，所有战士一律骑马，纵横驰骋，来去如风。

赵武灵王想要消除北境边患，击败林胡和楼烦，可他计划得好好的，等亲自到了代地，看见胡人的骑兵，立刻就傻了眼。骑兵速度如此之快，步兵根本追不上，倘若以车兵追赶吧，战车数量终究有限，缺乏步兵跟进的少量战车，很容易就被胡人给包了饺子。不行，要想打败胡人，非得组建赵国自己的骑兵部队不可，而想要组建骑兵部队，就非得脱掉长袍，换穿短衫裤子不可！

赵武灵王首先和亲信楼缓商量，在得到楼缓的认同以后，就又召来重臣肥义，试探性地问道："寡人想要继承先君的事业，北御胡、狄，为了达成这个目标，就必须穿胡服、学骑射——世人一定会因此非议寡人的，怎么办呢？"

肥义的脑筋相当开通，立刻安慰赵武灵王："臣听说犹犹豫豫的办不成大事，害怕别人议论，也成就不了大功业。道德至高，肯定与世俗相悖；建功立业，不可与所有人商量。想当年大禹巡游到一个不穿衣服的国家，他也立刻把身上衣服全给脱了，您听说过有人非议他吗？如果认为换穿胡服对国家有利，您就去执行吧，臣一定会支持您的。"

赵武灵王笑着说："寡人不担心胡服的效用，只害怕世人嘲笑。不过有你支持寡人，寡人就放心了，哪怕全天下都嘲讽寡人，寡人终将富国强兵，夺取胡地和中山国！"

可是即便得到了肥义的支持，赵武灵王还嫌声援力量不够，赵人都习惯中原服装，即便他自己穿起胡服，都可能被大家伙儿嘲笑，更别提下令要人人仿效，要因此而组建骑兵部队了。于是他先穿起胡服，然后写信给叔父公子成，

> 所谓战阵，是在军队投入战斗时根据地形、敌我力量对比等情况所组成的战斗队形。在冷兵器时代，军队如果组成训练有素、纪律严明的战阵，可以极大地增强战斗力。

史无前例的大战争
—— 战国纷争和秦的统一

说:"寡人将要穿着胡服上朝,希望叔父您也穿上胡服来朝见寡人。虽然长幼有序,但君臣更加有序,虽是叔父,您也不能不听寡人的命令。"

公子成回信说:"臣听说所谓中国,是最聪明的人所居住的地方,世代接受圣人的教化,咱们又怎能抛弃自己高贵的服装,去换穿野蛮的胡人的服装呢?"为了不穿胡服,他故意称病不朝。

赵武灵王亲自找上门去,把自己的战略、志向,以及换穿胡服是为了强兵的种种理由,不厌其烦地阐述给公子成听。最终公子成被感动了,穿上赵武灵王下赐的胡服,上朝去拜见。

君臣二人胡服相见,震动了朝野上下,赵文、赵造、周绍、赵俊等大臣们纷纷谏阻,却被赵武灵王一一说服。在中原各国里,赵国的位置比较靠北,本来就和北狄各部相互通婚,联系紧密——咱们应该记得,原本晋国就出现过包括狐氏在内的很多北狄部族出身的名臣,而据说肥义、楼缓等人也具备一定的胡人血统——所以赵武灵王在说服了宗室亲贵以后,再颁布"胡服令",阻力竟然意料之外的并不算大。

先从改组军队开始,淘汰战车,大力发展骑兵,继而赵武灵王加深改革力度,要求所有将领、大夫、官吏,甚至包括贵族的嫡子,平常时候也全都身穿胡服,既便于活动,也便于感受胡人的骑射之风。

就这样,赵国很快就编组起一支强有力的骑兵部队来,首先打得中山国溃不成军,并于公元前296年将其彻底灭亡,既而击败楼烦、林胡等游牧民族,向北方开拓了万里疆土。赵国瞬间强大,军事实力已远迈韩、魏,直逼齐、秦。

史无前例的大战争

中国历史的发展,具备了独有的特色,与其他地区,尤其是西方大为不同。以埃及、两河为开端,到古希腊、罗马时代迈向第一个高峰的西方

第五章　战国时代·大变革和大转折

文明，奴隶制度非常发达，并且延续时间很长，直到铁器输入，大大改变了社会形态，才开始进入封建社会。

中国，以及受中国影响的周边文明，即所谓的亚细亚生产方式，则有很大差别。首先，奴隶制度存在时间相对较短，因为青铜器在相当长时间内始终掌握在上层阶级手中，用来铸造兵器、祭器，老百姓用来耕地的主要工具，仍然是古老的木器和骨器，也就是说，青铜器的发明或者输入，并不是改变生产方式，使中国迈入奴隶社会的主要原因。

然而历史总是呈波浪状前进的，奴隶制的根基并不稳固，反倒导致封建制度更早萌芽，使得中国产生出世界上最为辉煌，也最为漫长的封建社会。正因为青铜器长久以来始终不能作为劳动工具深入民间，因此铁器传入后，很快就在民间普及开来——贵族们瞧不起铁器，称其为"恶金"，所以老百姓才能用得上。

铁器运用于农业生产中以后，使得生产效率极大提高，社会产生了飞跃的进步。即以铁器初用的春秋、战国时代来说，虽然诸侯争霸，连年恶战，社会生产力依然很强。强大的社会生产力，又倒过来影响到诸侯的争霸战争，战国时代的战争规模，在整个人类文明史上都是罕见罕闻的。

这个时代，很可能已经脱离了奴隶制的束缚，进入到比较完善的封建社会，绝大多数奴隶被解放，成为自由农民，也就成为国家军事力量的来源。和春秋时代不同，军队组成不再是以贵族为主、自由民为辅，受国家征召的自由农民，逐渐成为军队的主体，军队数量因而极大膨胀。

战国时代，各大国都有多少兵马呢？

《战国策》中记载道——齐国"带甲（指士兵）数十万……光临淄城中七万户，最少一户出三个兵，已经有

> 征兵制是强制符合条件的男子入伍的兵役制度，与以自愿应征性质的募兵制相对应。春秋战国时期，战事频繁，各国的兵役都十分繁重，正是强制性的征兵制，才得以保证各诸侯国士兵的来源。

史无前例的大战争
—— 战国纷争和秦的统一

二十七万了"；赵国"带甲数十万，战车千乘，骑兵上万"；魏国"武士二十万、苍头（临时征召的百姓兵）二十万、厮徒（奴隶和罪犯兵）十万、战车六百乘、骑兵五千"；楚国"带甲百万、战车千乘、骑兵上万"；秦国"昭襄王时代就有锐士虎贲（精锐部队）百万、战车千乘、骑兵上万"。

就连相对小弱的燕国，也有"带甲数十万、战车六百乘、骑兵六千"，韩国有"带甲数十万"。

这些数字可能有夸张，有水分，但水分不会很大。基本上七雄各有数十万甚至上百万军队，那是无可怀疑的。据专家考证，当时中原地区的总人口大概在两千万上下，总动员的时候，几乎全民皆兵，除去成年男子，连少年、老人、成年女性也免不了要上阵作战，七国最强盛时候的总兵力，恐怕已经超过了五百万！

这五百万军队，即便在赵武灵王胡服骑射以后，即便在其他各国有样学样，也逐渐发展出自己的骑兵部队以后，也仍然以步兵为军队主体。一方面，中原地区良马产量低，会骑马的人也少，不能真跟胡人相比；另一方面，当时的骑兵其实只是轻骑兵，或者更准确点来说，是骑弓兵，并不能凭坚守御、当面肉搏。

那个时代，马镫还没有传入，马鞍也很原始，基本上光板马背披块毡子，人就朝上跨，全靠着两腿夹住马腹来维持平衡。在这种情况下，是很难挥舞兵器跟敌人肉搏的，骑兵的主要兵器是弓或者弩，靠远射来伤敌。骑兵随身携带的短剑只能做防身之用，真要到了跑不开的地方，必须得挥舞短剑，恐怕唯一的选择就是下马步战。

所以赵武灵王胡服骑射，组建骑兵部队，固然使赵国的军事力量大为提升，却还到不了扫平群雄、独霸天下的地步。他对中国历史最大的贡献，是逐渐改变了中原人穿衣的习惯，同时也逐渐改变了战争模式——他是开创者，但还不能使历史瞬间就来个大飞跃。

赵武灵王在消除了北境的威胁以后，下一个目标就是争霸中原。别人都是柿子先挑软的捏，他却横挑强敌，想要先从秦国下手。

第五章 战国时代·大变革和大转折

秦国之所以能够在战国七雄中独树一帜，无人能敌，既靠了商鞅变法之策、张仪连横之谋，同时也靠着独特的山川形势——关东各国攻秦，必须先破函谷关，但函谷关险要而牢固，就连犀首联合五国兵马都未能拿下。破不了函谷关，就进不去秦地，秦人可以随时开关来打你，你却伤不到他的根本，所以关东各国都惧怕秦国，不敢和秦国彻底翻脸。

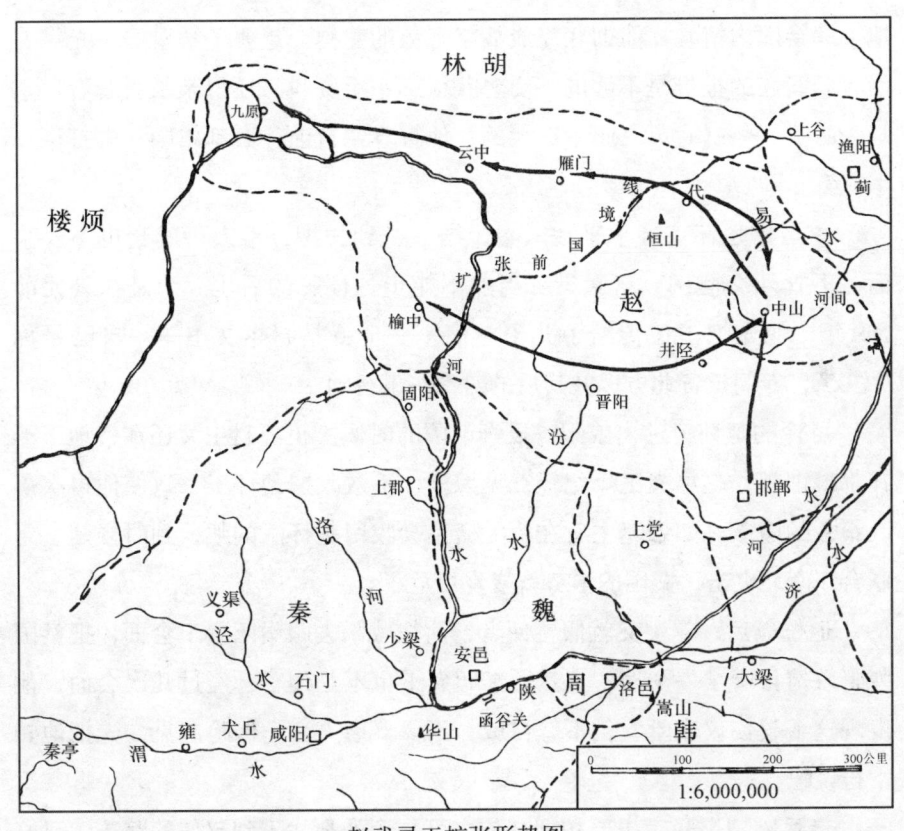

赵武灵王扩张形势图

赵国的军事力量因为胡服骑射而瞬间膨胀，但也只是提升了野战部队的威力而已，要说攻打强关，照样一筹莫展。可是在赵武灵王想来，秦国疆域广阔，不是只有一个入口，别人只能朝函谷关上撞，我却可以试着走

81

别的路线,攻他一个措手不及。

于是他从代地出发,一路向西扫荡游牧民族,先后攻灭林胡和楼烦,直杀到黄河大拐弯处。相信只要在这里站稳了脚跟,就能渡过黄河,以高屋建瓴之势,南下直取秦国的腹心地区。骑兵运动速度很快,快速突进之下,秦人肯定张皇失措,一溃千里。

当然,《孙子兵法》上说过:"知己知彼,百战不殆。"自己必须更深入地了解秦国内情,才能彻底完成战略态势的建构。想要了解秦国,光靠着使者和间谍的报告是不够的,要想获得第一手资料,还得亲眼去看看,亲耳去听听——赵武灵王胆子够大的,他打算亲自前往秦都咸阳,去打探一个究竟。

想当年楚怀王傻乎乎地入秦,结果遭到扣押,秦人可丝毫也不要脸面,不管外交惯例,赵武灵王当然不能步楚怀王的后尘。于是在公元前299年,他先把王位传给了儿子赵何——也就是赵惠文王——自己号称"主父",专门负责北方以及其后的对秦军事行动。

可怜的楚怀王逃出咸阳,投奔赵国的时候,正巧赵主父还在代地,不在都城邯郸,赵惠文王年纪轻,见识浅,不敢收留楚怀王,致使他再次落入秦人的魔掌。如果赵主父在,大概是会收留楚怀王的吧,到时候楚、赵联合,南北夹击,秦国的形势就岌岌可危了。

退位以后,赵主父就假冒使者,前往咸阳去跟秦昭襄王会面,把秦国朝野政情打听了一个遍。当然,秦昭襄王也不是傻子,经过几次会面,他发现这个赵使仪表堂堂,不怒自威,不像普通人——保险起见,先把他扣下再说吧。

秦兵跑到馆驿,想要扣押赵使,可是到处都找不到赵使的踪迹,只好把副使给押上了朝堂。副使老实回答秦昭襄王的问题:"所谓使者,其实正是我国主父,不过遗憾得很,他老人家已经先一步离开秦国,估计这个时候,应该回到赵国境内了。"秦昭襄王听了这个后悔不迭呀。

饿死沙丘

历史无可改变，但可以略作假设，以当时诸侯惧秦同时更恨秦的情况来看，以当时赵国的军事力量和赵主父的战略眼光来判断，倘若赵主父真能得享天年，或许真可能一战灭秦，彻底改变战国态势吧。然而可惜得很，赵主父在军事上建树良多，但在继承人问题上却偏偏犯了一个不可原谅的大错误。

赵主父的长子名叫赵章，很早就被立为太子，但他后来又宠爱大臣吴广之女，立其为后，生下次子赵何，于是不顾群臣反对，废长立幼，把赵何定为自己的继承人。

> "四夷"是早期华夏族人对周边民族的称呼，到春秋战国时期，人们按照东、南、西、北的方位顺序将之分别命名为"东夷"、"西戎"、"北狄"、"南蛮"。华夏与四夷的区别并非种族划分，而是文化状态下的不同表现。

或许也是害怕百年之后，两个儿子会争夺君位吧，所以赵主父才当壮年，就主动退位，确定了赵何也即赵惠文王的国君地位。但赵何才刚登基，赵主父转过脸来又瞥见了大儿子赵章，越想越觉得赵章可怜，就封赵章为安阳君，命其镇守代地，还把大臣田不礼派给赵章为相。

大臣李兑见到这种情景，就去告诫肥义："公子章为人骄傲，田不礼为人凶蛮，这两个家伙勾结在一起，结党营私，将来一定会闹出祸事来的。您老年纪大了，可别卷进祸事里去，不如称病告老，把国政全都委托给公子成吧。"

肥义苦笑着回答说："连你都注意到了国家潜在的危机，我又岂能看不见？但国君登基之时，主父命我为相，善加辅佐，我当时流着眼泪答应了，又怎能食言而肥？我想要全身而退，可能吗？"

史无前例的大战争
—— 战国纷争和秦的统一

但是肥义从此就留了一个心眼，他秘密找到赵惠文王的亲信高信，关照他说："我怕公子章和田不礼迟早会造反，危害国君安全的，以后若碰到什么人以主父之命召见国君，你赶紧跑来通知我，我先去探查究竟，看是真是假，然后再让国君前往。要是出什么事，我就把这条老命横在国君身前！"

朝野上下，人人都看出了赵章的野心，国家的危机，但赵主父爱子心切，偏偏就一叶障目，不见泰山，谁的话都听不进去。他这几年执政、改革，一路顺风顺水，形势瞬间变得大好，已经开始产生了骄傲心理。

他不但不防备赵章，反而在某一年元旦群臣贺拜赵惠文王的时候，自己躲在屏风后面偷看，结果看到赵章身为长兄，却被迫要卑躬屈膝地向兄弟行君臣之礼，内心越发不忍。于是召来重臣商议，想把赵国一分为二，把代地转变为代国，让赵章做代王，群臣反复劝阻，才使他暂时打消了这个可笑的念头。

可是这消息终于传到了赵章的耳朵里。赵章心里这个气呀：国君之位本来就是我的，却平白无故被兄弟给抢去了，不但如此，想做个小小的代王，大家伙儿都不肯答应。父亲仍然在世，所以我还能太太平平当安阳君，一旦父亲去世，兄弟还能善待我吗？我将来还有啥前途可言？

他去找田不礼商量，这田不礼也是个野心勃勃的阴谋家，当即劝告赵章，必须趁着主父还在，就起兵举事，夺取国君之位！

公元前295年，赵主父带着赵惠文王离开都城邯郸，在国内巡游，跑到了沙丘（在今天河北省巨鹿县东南）。

虽是父子，都已成年，并且君臣有别，所以居住在不同的宫殿中——国君的离宫，现在赵主父已经无权居住了，即便赵国的实权仍然掌握在他手中。

赵章和田不礼也跟随着来到了沙丘，他们认为这是个动手的大好时机，就瞒着赵主父，假造文书，要赵惠文王到主父宫来相见，想趁机谋害赵惠文王。赵惠文王得信后，不敢违抗父亲的命令，正打算动身，却被亲信高信给拦住了。高信提醒道:"肥义大人曾经说过,碰到类似情况,让他先去打个前站。"

于是急忙通知肥义,肥义就孤身一人前往主父宫。赵章一看这种情况,知道阴谋即将败露——肥义要是见到了主父,咱们矫诏之事就曝光了;他要是见不到主父,国君也不会再来。干脆一不做,二不休,两人集结党羽,先杀掉肥义,再进攻离宫。

高信急忙保护着赵惠文王,严守离宫,同时派人到邯郸去讨取救兵。沙丘和邯郸之间也不过两百里地,骑兵快速奔驰,大半天就能赶到——于是公子成和李兑亲自领兵前来平乱。

经过一番恶战,赵章和田不礼兵败而逃,其党羽全都被李兑等人杀了个精光。田不礼大概在逃亡路上就被砍了,赵章跑得倒快,一直逃到主父宫前,敲着门大喊救命。

赵主父不知道发生了什么事情,就下令开门放赵章进来。于是公子成和李兑领兵追杀赵章,把主父宫团团围住。赵主父这才明白事情的原委,虽然甚感心痛,却也不得不把赵章交了出去,这个图谋造反的赵章当即就被砍头示众。

照理说,赵章、田不礼全都死了,赵惠文王毫发无伤,这场谋叛可以就此划上句号。但事情还没有完,公子成和李兑两人商量着:"咱们急于杀死公子章,欠了考虑,竟然领兵包围主父宫。主父虽已退位,终究是君,以臣犯君,罪过太大了,要是此时收兵而去,将来主父一定不能轻饶咱们。"干脆不退兵,继续围着,还高声喊话:"宫内之人全都出来,晚出来的一律斩首!"

要宫内之人全都出来,是指的那些卫兵、佣人,当然不包括主人赵主父。就这么着,赵主父竟然孤身一人被重兵围困在自己的宫殿里,渴了只好自己打井水,饿了只好掏笼子里的鸟食充饥——鸟食总有吃完的一天,三个月以后,这位雄才大略,很可能会彻底改变历史进程的赵主父,竟然被活活地饿死了。

史无前例的大战争
—— 战国纷争和秦的统一

赵主父之死,与春秋时代第一位霸主齐桓公前后呼应,都是人中之杰,都曾经做出过一番惊天动地的事业,最终也都因为继承人问题没有搞好而死得凄惨无比。齐桓公还好,他继位的时候已经成年了,在位四十三年,死时已是个白发老人;赵主父从登基到死不过三十一年,死时还不到五十岁,真正是英年早逝了。

权力是很恐怖的东西,为了争夺权力,父子、兄弟的亲情都可以被抹杀,无数本来能够很有作为的英才,也都因为权力斗争而死非其所——赵主父不是绝无仅有的可悲范例。

赵主父之死,彻底消除了秦国的祸患,因为除了赵主父一人以外,再没有谁有足够的胆略、魄力,敢于发动大兵,从北线直取秦都咸阳了。此后秦、赵之间时有战事,赵国的实力虽然仍在稳步上升,却已经很难伤到秦国分毫了。

公元前287年,著名纵横家苏秦与赵国的奉阳君李兑联合了六国兵马攻秦,仍然只能从中路挺进,结果还没杀到函谷关下,在成皋就被秦兵给拦住了,最终无功而返。

第五章 战国时代·大变革和大转折

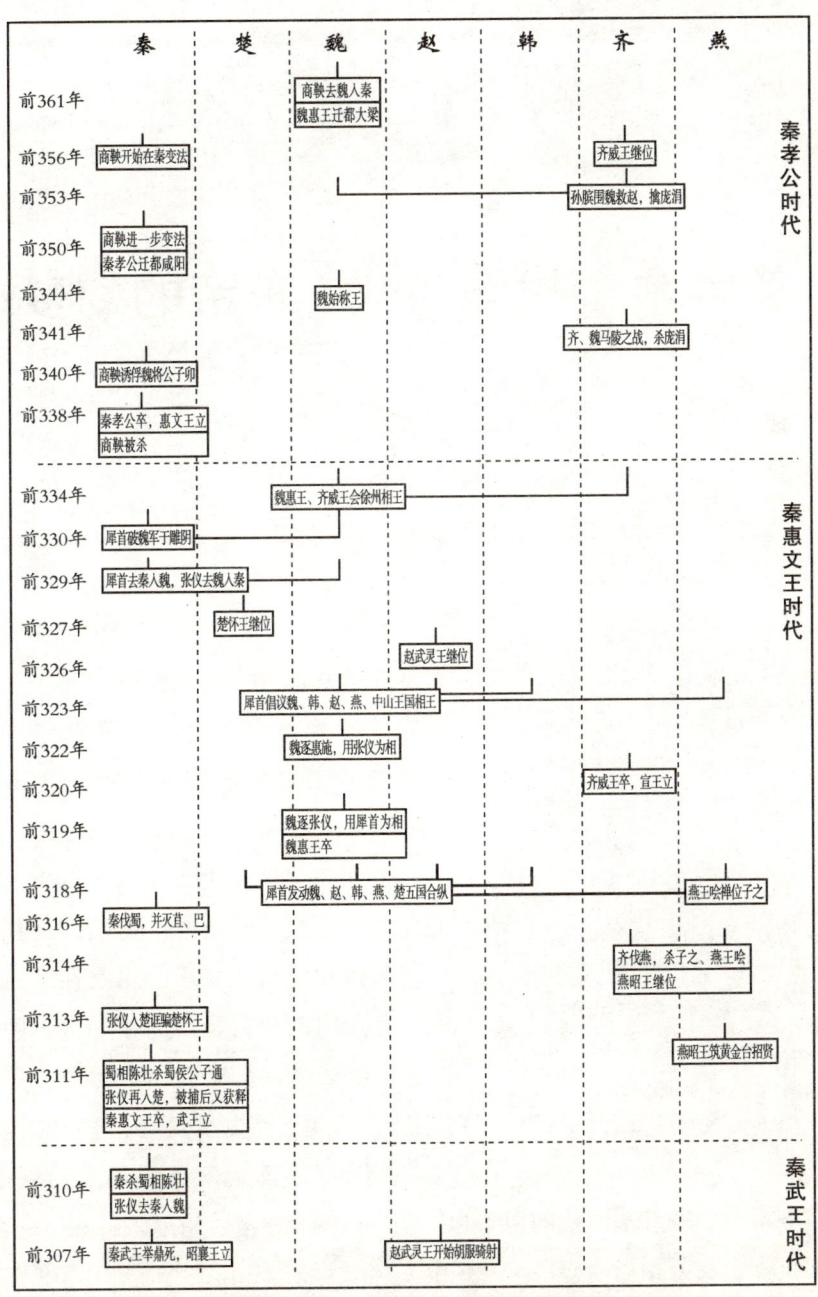

战国前期（秦孝公、惠文王、武王在位时期）大事年表

第六章　战国时代·东帝的幻梦

千金买马骨

几乎同一时代，出了三位强横的君主，那就是雄才大略的赵武灵王、不自量力的秦武王，还有一位是嚣张跋扈不在秦武王之下、脑筋却比较糊涂的齐湣王。

齐湣王名叫田地，乃是齐宣王的儿子，继位时候年纪还轻，把国政都托付给相国田婴、田文父子。当时在中原各国中，齐国的财力是最为雄厚的，因为占据了绵长的海岸线，所以尽得"鱼盐之利"，商业贸易也很发达，齐都临淄很可能是当时东亚地区规模最大的城市。

> 赵国的都城邯郸，名字源于邯郸山，在邯郸的东城外有一座山，名叫邯山，"单"是指山脉的尽头，邯山至此而尽，因此得名邯单，因为城廓从邑，故单旁加邑（阝）而成为邯郸。邯郸二字作为地名，三千年沿用不改，是中国地名文化的一个特例。

经过齐威王、齐宣王两代的积累和扩张，齐国北服燕、南逼楚、威胁三晋、与秦抗衡，实力相当强盛。

就在齐湣王继位的第二年，咱们前面说过，齐将匡章曾经联合魏、韩

第六章 战国时代·东帝的幻梦

两国进攻楚国，大获全胜，杀死了楚将唐眜。然后公元前298年，匡章又联合魏、韩两军猛攻秦国，到了公元前296年，竟然一度攻破了函谷关，虽然最终没能站稳脚跟，被迫撤退，却也迫使秦国吐出了前此侵占关东各国的大片土地。

这一切顺利的军事行动，都是在田婴、田文父子执政时期完成的，但是这一家族的势力越来越大，逐渐引起齐湣王的警觉。公元前294年，突然发生了"田甲劫王"的恶性事件，据说幕后黑手就是孟尝君田文。

关于这一恶性事件，史书上并没有详述缘由和过程，只知道是一个名叫田甲的贵族在临淄发动叛乱，想要劫持齐湣王，控制朝政。田甲的阴谋很快就破产了，齐湣王下令彻查主使者，于是揪出了相国田文——至于田文是不是真的幕后黑手，还是无辜遭到牵累，那就没有人知道了。

田文被迫逃离齐国，从此齐湣王大权独揽。

孟尝君田文才刚离开，就有一位著名的纵横家找上门来，劝说齐湣王去攻打宋国——那就是与张仪齐名的苏秦。而关于苏秦的政策、谋略、出身，咱们先得从燕国说起。

燕国曾经闹过燕王哙让位给相国子之的闹剧，导致国内大乱，差点就被齐宣王给灭掉。赵武灵王为了制约齐国，就匆忙从韩国找来燕职，继承燕国王位——是为燕昭王。

齐军虽退，燕国乱相未息，仍然随时可能遭逢灭顶之灾，被迫要向齐国称臣，苟延残喘。燕昭王素有宏图大志，不甘心从此一辈子当齐国的小弟，就打算励精图治，重振声威。可是要想治理好国家，就得招募贤才——天下贤才倒是不少，可是谁真愿意跑到风雨飘摇的燕国来吗？

燕昭王找来找去，终于找着一位名叫郭隗的贤人，于是带着大批财宝，亲自登门拜访。郭隗对燕昭王说："我只有一点点虚名而已，算不上什么贤人，不过……大王真想要招募到可以强大燕国的贤人吗？"

燕昭王虚心向郭隗求教，郭隗就给他讲了一个寓言——

"从前有一位国君，非常喜爱千里马，派出很多臣子，到处去寻找和

史无前例的大战争
—— 战国纷争和秦的统一

收购千里马。

"当然,千里马是很难得的,那些臣子们寻找了好久,始终一无所获。只有一名臣子,好不容易听说了一点线索,匆忙找上门去,却发现那匹确实是千里马,但年岁太大,已经老死了。于是这臣子就把国君给他买马的一千金,花一半五百金付给马主人,把千里马的骨头给买了回来。

"国君见了马骨,大为光火,说:'我要的是活马,你买回一堆骨头来干嘛?还白白浪费了五百金!'但是臣子却回答说:'这五百金绝对不会浪费。连一匹死马您都愿意花五百金去买,消息传开,大家都知道您求马的心很诚,说话算数,那就一定会有人主动献来千里马的。'

"不出这名臣子所料,消息很快就传布四方,不出一年的时间,竟然有三匹千里马被送到了国君的面前。"

郭隗讲完这个"千金买马骨"的故事以后,就对燕昭王说:"我虽然不才,也可比千里马的马骨,大王倘若愿意从我开始,诚心招募贤人的话,相信千里马很快就会主动上门来的。"

聪明绝顶的燕昭王一点就透,立刻重金礼聘郭隗出山,尊其为师,还在燕都蓟城外盖起一座高台,起名"黄金台",给郭隗居住,好生伺候着。消息传开,各国的贤人都纷纷往燕国跑,燕国很快就强大了起来。

前往燕国的贤人都有哪些呢?史书上记载,主要有魏国的军事家乐毅、赵国的大将剧辛、齐国的阴阳家邹衍,还有就是大纵横家、周人苏秦。

关于苏秦的出身、事迹,史书上记载得非常混乱,《史记》上说他与张仪同时,还说张仪受了他的激将法才发奋图强,最终入秦为相——这当然是错误的,苏秦活跃的年代,比张仪少说要晚上三十年。

苏秦还有一个兄弟名叫苏代,也是著名的纵横家。一种说法,苏代是苏秦的同族弟弟,还有一种说法,苏秦兄弟五人:苏代、苏厉、苏辟、苏鹄、苏秦,苏代是大哥,苏秦是小兄弟。苏秦和苏代的事迹经常混杂在一起,后人很难搞清哪些事情是苏秦办的,哪些是苏代办的——咱们暂且都归于苏秦一人之身,讲述起来会比较方便吧。

第六章 战国时代·东帝的幻梦

苏秦是洛阳人，诞生在周天子脚下，年轻的时候游学到齐国，学习纵横术，但学得不到家，没人愿意搭理，被迫穷困潦倒地回了家。他的兄弟、姐妹、嫂子，甚至老婆全都嘲笑他，说："你不肯耕田做工，也不肯去经商，光想着靠嘴皮子博取富贵，哪有不穷的道理呢？"

苏秦顶着家人的嘲笑，继续埋头读书。据说他没日没夜地苦读，晚上累了想打瞌睡，就准备一把锥子来扎自己大腿——这就是"锥刺骨"的故事。就这么发奋了好几年，他终于精通了纵横术，于是再次离开家乡去拜见各国诸侯——他首先跑到秦国去，用连横之术去游说秦惠文王。可是秦惠文王驾前已经有张仪在了，不再需要第二个纵横家，苏秦磨破了嘴皮子却根本得不到重用。

就这么着，他在各国间流蹿了好几年，仍旧一事无成，好不容易听说燕昭王筑黄金台以求天下贤人，就赶紧跑到燕国去。当然，他对燕昭王所说的不是连横，而是合纵，要把三晋、燕、楚拧成一股绳，去对付秦、齐这两个超级大国。

燕昭王并不想攻秦，但对于伐齐却很感兴趣，于是就派苏秦入齐，去当奸细，既要他想办法消除齐王对燕国的敌意，不要再次攻打燕国，同时也找机会削弱齐国的实力，破坏齐国的外交关系。

就这么着，齐湣王登基的当年，苏秦来到了齐国，等到田文被赶下台，他立刻就跳了出来，怂恿齐湣王去攻打宋国。

苏秦论称帝

春秋时代，夹杂在大国之间的那些小国，进入战国以后更是越混越惨。卫国都贬号为君了，鲁国彻底变成了齐国的附庸，郑国被秦所灭，陈、蔡被楚所灭——剩下一个宋国，却突然间在战国中期抖了起来，大放异彩。

史无前例的大战争
——战国纷争和秦的统一

进入战国时代以后，宋国的国君是宋桓侯，因为荒淫无道，遭到重臣司城子罕的讨伐。司城子罕就此登上宋国君位，史称宋君剔成肝。

论起血统来，剔成肝也是宋国的公族，称戴氏，他有个兄弟，名叫戴偃（哥哥当上宋君以后，他当然就可以叫宋偃或者公子偃了）。公元前329年，戴偃发动政变，把剔成肝赶下台——这家伙逃到齐国去了——自命为宋侯，史称宋康王，或者宋王偃。

是的，小国之中，只有这一家胆敢称王。据说宋康王这个人非常残暴，行为处事也非常夸张，他曾经拉弓射天，用鞭子抽地，拿木头刻成各国诸侯的像摆在身边，好像各国诸侯都是他的佣人一般——所以当时各国都蔑称其为"桀宋"，说他和夏朝末主桀一般无道。

这些说法，很可能只是后世的污蔑，不过宋康王太遭人恨，那倒是一点也不假。在他统治时期，小小的宋国竟然组建起一支强大的军队来，史称"五千乘之劲宋"——五千乘要是实数，就起码有十万大军了。

宋康王看得很清楚，宋国要想存活，要想发展，就不能再继续旧日的外交政策。宋国北有三晋，南有楚，东有齐，这些诸侯全都靠不得，一靠，自己就变成卫、鲁一般的附庸了，于是他与秦国结盟，拉秦国当靠山，在关东的正中心拉响了一枚开花弹。

横挑强邻这个词，似乎就是为宋康王量身定做的，他先率军伐齐，夺取了五座城池，然后南攻楚，扩展了三百里土地，向西击败魏军，夺取两城，并且吞并了小小的滕国。转瞬之间，宋国把身边所有诸侯全都得罪光了——所以除了秦国以外，大家都痛恨宋国。

苏秦入齐，为了把齐湣王的视线从燕国移开，转向秦国，利用秦、齐争霸来削弱齐国，就建议齐湣王伐宋——宋国就是秦国楔在关东的一棵硬钉子，你不去打他还打谁呢？

公元前294年，齐湣王听了苏秦的建议，发兵攻宋，结果遭到宋康王率军抵御，无功而返。四年后，苏秦当上了齐相，联合关东各国，打算大举伐秦，秦昭襄王害怕了，就派相国魏冉到齐国去，劝齐湣王称帝。

第六章 战国时代·东帝的幻梦

"帝"这个字,原本是指商代的一种国家级祭祀,后来转化为天神的称号(天帝、上帝)和商王死后的尊号。到了春秋、战国时代,三皇五帝之类的说法开始出现,所以感觉上,帝要比王更高上一截。

秦昭襄王打算自称西帝,而尊齐湣王为东帝,这么一来,齐秦两国就能拉近关系,关东各国的盟约就有可能破解。

齐湣王问苏秦(一说问苏代):"魏冉的意思,齐秦并称东西帝,合攻赵国,平分赵地,你认为如何?"苏秦回答道:"您要是不答应,就会招致秦人的怨恨;要是答应,就会招致关东各国的怨恨。臣的意思,不如口头答应,但不要真的去做,先看看秦王称帝后是什么反应。倘若秦王称帝,诸侯们不敢不从,只好认了,那您也称帝;倘若秦王称帝,招致天下的怨恨,您就不称。"

齐湣王还有点拿不定主意,苏秦就问:"倘若两国都称帝,您认为诸侯们会更服从秦国,还是齐国呢?"齐湣王回答:"恐怕会更服从秦国。"苏秦再问:"倘若两国都放弃称帝,您认为诸侯们会更感激秦国呢,还是齐国呢?"齐湣王回答:"更感激齐国吧。"

苏秦笑着解释:"倘若您同意与秦王一起称帝,则天下诸侯都会尊秦而轻齐;倘若您放弃称帝,则天下诸侯都会爱齐而恨秦。况且,与秦国约同伐赵,倒不如去攻打秦国的盟友宋国——吞并了宋国,就能直接威胁卫都阳城,威胁到楚国的淮北领地、赵国的济西领地,以及魏国的东部。到那时候,关东各国都畏惧齐国之强,都将向您称臣,这才是真正成就王霸之业的途径呐!"

这话绕来绕去,还是在怂恿齐湣王伐宋。

齐国伐宋,对苏秦的后台燕国又有什么好处呢?一方面,宋虽然是小国,

> 据说苏秦留有著作《苏子》,而张仪也有著作《张子》,但在汉朝前就已亡佚。产生于战国中期的《鬼谷子》可说是纵横家唯一的议论著作。另外,《战国策》也被认为是记录纵横家游说之辞的总集。

史无前例的大战争
—— 战国纷争和秦的统一

但近年来兵强马壮，敢于横挑强邻，不是那么容易一口吃掉的，通过伐宋，将能够削弱齐国的兵力；另一方面，正如苏秦所说，吞并宋国后将能直接威胁楚、赵、魏等国，然而这些国家被逼急了，并不一定向齐湣王称臣，反而可能联合起来攻打齐国，若是再加上一个恼恨齐湣王不肯称帝、反感齐军灭宋的秦国，齐国还有太平日子过吗？到那时候，燕军便可趁虚而入了。

纵横家们有两大法宝：一是对各国政情的深入了解和对国际形势的反复推敲；二就是一张嘴皮子，正说反说，听着都像有理。苏秦是当时最伟大的纵横家，他一鼓起如簧巧舌，立刻就把齐湣王给说蒙了，于是断然拒绝了秦相魏冉称帝的请求。秦昭襄王一听齐国不肯称帝，也只好悻悻然把自己脑袋上"西帝"的帽子给摘了下来。

拒绝称帝以后，齐湣王又前往平阿，盟会赵惠文王——这使得齐、秦之间的外交关系降到了谷底。苏秦就建议说若想灭宋，先得败秦，免得秦军到时候增援宋国，他自告奋勇地去游说各国君主，联兵西进。

苏秦与赵国的重臣奉阳君李兑是老交情，靠着这层关系，首先说服了赵惠文王，然后又先后说服魏、韩、楚等国国君，加上齐国和貌似齐国附庸的燕国，形成了史无前例的大合纵态势。

游说过程中，他曾经回过一次老家洛阳，当时各国诸侯都派兵护送苏秦，还赠送给他许多珍宝，整个队列旌旗蔽日、浩荡雄伟，洛阳百姓见了，都当是哪国国君在出巡呢。就连周天子周赧王也吓得赶紧派人洒扫街道，带着酒肉去慰劳苏秦。

苏秦回到洛阳，当然得见见亲戚朋友，可是他那些亲戚，包括兄弟、姐妹、嫂子、妻子，全都毕恭毕敬地伺候他吃饭，仿佛佣人一般。苏秦就笑着问他的嫂子："当年您整天对我冷嘲热讽，如今怎么变得这么恭敬了？"又嘲笑自己的妻子："当年我游学回到家，你忙着织布，理都不肯理我，现在倒像个贤妻模样了。"

嫂子和妻子都一边磕头，一边战战兢兢地回答："您现在富贵了，过去我们有做得不对的，就别再放心上了吧。"苏秦不禁慨叹道："我还是过去的苏秦，毫无改变，但贫贱的时候，连亲戚都瞧不起我，富贵的时候，亲戚们都畏惧我，这就是人情冷暖、世态炎凉呀。"

于是他拿出大量财宝来接济家人、亲友。当年跑到燕国去谋职的时候，曾经向一个朋友借了一百枚铜钱，如今他拿出一百斤金（铜）来做百倍、千倍的偿还。

当然，这个时候的苏秦并不知道，他的末日也即将来到了。

乐毅伐齐

咱们曾经提到过，公元前287年，在苏秦和李兑的谋划、指挥下，齐、楚、赵、魏、韩五国联军攻秦，燕昭王为了麻痹齐湣王的警惕，也派出一支部队，协同齐军作战。联军一直杀到今天河南省荥阳市西北方的成皋——这里有秦国几片飞地——虽然没能长驱直入攻到函谷关下，却也迫使秦国吐出了一部分侵夺赵、魏的土地，并且等于切断了秦军增援宋国的道路。

> 齐宣王和齐湣王父子留下了一句成语"滥竽充数"：齐宣王喜欢听三百个人合奏吹竽，南郭先生本不会吹，却凑在那二百九十九人旁边假装鼓腮帮子；齐宣王死后，齐湣王继位，齐湣王也喜欢听吹竽，但他喜欢独奏，南郭先生就只好逃走了。

第二年是公元前286年，在苏秦的一再怂恿下，齐湣王终于派发大军，进攻宋国。

宋国在宋康王的治理下，虽然日渐强盛，终究与老牌超级大国齐国还存在着一定差距，齐湣王发倾国之兵伐宋，十来万宋军根本抵挡不住，很快就全线崩溃了。于是齐军顺利攻克宋都商丘，宋康王逃到魏国，不久后去世，宋国就此灭亡。

正如苏秦所说，齐国在吞并宋国以后，直接威胁到楚、魏、赵等国的

史无前例的大战争
——战国纷争和秦的统一

利益,这些国家都曾经受过宋康王的侵略,被夺取了不少土地,这些土地还在宋国手中的时候,大家忙着内斗,腾不出手来收复,等这些土地落到齐国手里,就算想收复也变得有心无力了。各国从此都憎恨齐国,但就是没人敢出来挑头伐齐。

楚、魏、赵不敢挑头伐齐,自有诸侯敢为天下先——那就是强大的秦国。公元前285年,秦昭襄王派大将蒙武领兵,越过韩国、魏国去攻打齐国,为宋报仇,一口气夺取了九座城池。齐军独雄天下、无人敢挡的神话就此破灭。

燕昭王觉得报仇的时机成熟了,就召集群臣,商议对策。亚卿(亚是第二位之意,比正卿略低)乐毅站出来说:"虽然齐王无道,诸侯侧目,但齐国终究是大国,兵马强壮,非我燕国可以独力讨伐的,臣请求前往游说各国国君,联兵伐齐。"

乐毅乃是魏文侯时代大将乐羊的后裔,家学渊源,精通兵法,原本出仕赵国,沙丘之乱以后逃到燕国,受到燕昭王的重用。他提出了联合各诸侯国伐齐的建议,于是燕昭王就派他出使赵、秦、魏、韩等国,定下了密约。

公元前284年,燕昭王封乐毅为上将军,率领燕、秦、韩、魏、赵五国兵马,直取齐都临淄。消息传来,齐湣王才知道自己上了苏秦的大当,急忙逮捕苏秦,处以车裂的极刑——当然,这种马后炮对于抵御诸侯联军,是丝毫也产生不了作用的。

联军长驱直入,先败齐将触子于济水西岸,再败齐将达子于秦周(在临淄西北方)。随即乐毅将联军拆分开来,派赵将廉颇攻下了河间,派魏军夺取宋地,自己则领着燕军,浩浩荡荡攻入临淄城。齐湣王被迫弃城南逃,结果齐国数百年来所积累的财宝、祭祀礼器,全都让乐毅给搬到燕国去了。

自从春秋时代齐桓公称霸以后(虽然已经改了姓),堂堂的齐国,还从来没这么惨过。

齐湣王率领残部,一路奔蹿,首先逃到了卫国。卫君不敢怠慢,急忙亲自出迎,自称为"臣",好生款待。但齐湣王骄横惯了的,把卫君呼来喝去，真把对方当自己的家臣一般使唤，卫君能忍，他的臣子们可实在忍不下去了，领兵攻打齐湣王居住的馆驿，齐湣王只好再往邹国和鲁国跑。

鲁是小国，早就当了齐国的附庸，邹国比鲁国还小，本不敢拒绝齐湣王入境。然而齐湣王丝毫也不接受在卫国的教训，还是那么倨傲无礼，结果终于吃了闭门羹，被迫改路逃入莒城。

战国七雄之中，除了齐国本身外，只有楚国没有响应乐毅的号召，联兵伐齐，于是齐湣王只得向楚国求救。楚将淖齿领兵来到莒城，齐湣王如同大旱已久终于见到了甘霖一般，立刻就拜淖齿为齐相。

倘若通过救齐，可以使齐、楚两国联合起来的话，或许有机会打退燕军，更有可能威逼三晋，使齐复强，也使楚国的国力大大提升吧。然而一方面楚人也根本不喜欢齐湣王；另一方面淖齿本人颇为贪婪，他表面上依旧好生保护着齐湣王，暗中却派使者前去拜见乐毅，说不如贵我两家平分了齐国吧。

乐毅开下了空头支票，淖齿欢喜不胜，就找个机会领兵突袭齐湣王，把这位差点当上东帝的霸主给宰掉了——所以说齐湣王虽然骄横，脑筋却不大灵光，他一开始看错了苏秦，丢掉了都城临淄，如今又看错了淖齿，干脆把性命都给丢了。

齐湣王驾前有名大臣，名叫王孙贾——听这名字，很可能是田齐的同族——闻听国君被杀，愤恨无比，就集合了残兵四百余人攻打淖齿。大概淖齿以为杀掉齐湣王就大功告成了，疏忽了戒备，结果反倒被王孙贾所杀。楚军被迫退出莒城，终究没能与乐毅平分齐国。

乐毅攻克临淄的消息传到蓟城，燕昭王大喜若狂——忍气吞声了那么多年，没想到短短几个月的时间，就能大仇得报。他急忙祭祀列祖列宗，然后亲自跑到齐地来犒劳乐毅，封他为昌国君，还对乐毅说："齐地就交给你来管了。"

偌大一个齐国，树倒猢狲散，打从齐湣王一跑，就纷纷开城向燕军投降，乐毅不到一年的时间，就攻下七十余城，全都改换旗号，变成了燕国的郡、县。只有莒和即墨两座齐城,军民一心,防守严密,始终攻不下来。

既然攻不下来,那就先不着急去攻。乐毅认为齐地如此广阔,是不可能在短短几年时间内就彻底平定的,若不能收取齐人之心,燕军就会像当年齐军在燕地一样,被陆陆续续地造反、顽抗给拖垮,最终铩羽而归。于是他禁止燕军抢掠,到处去访求齐国的贤人,还减轻了各地的赋税,想要收服齐国的人心。

只要齐人逐渐消除了对燕军的敌意,愿意当燕王的属地属民,那么莒和即墨两座孤城迟早都会主动开城投降的,又何必急于一时呢?

乐毅功高盖世,自然会引起同僚的忌妒,就有人在燕昭王面前进谗言,说:"昌国君瞬间攻下七十多座齐城,却剩下两城不攻,并非力有不逮,而是想要借此机会长久驻兵在齐地,威吓齐人,得着机会就会脱离燕国的掌控,自己称王。"

燕昭王听了这话,闭上眼睛,不置可否。到了第二天,他召集群臣饮宴,就在酒席宴间大声斥责进谗言的人,说:"齐国无道,杀害了先王,寡人无日不痛心疾首,谋求报仇,而并非怀有野心,想要吞并齐国。如今大仇因昌国君而终于得报,于愿已足。昌国君于寡人有大恩,倘若他成为齐王,从此燕、齐两国世代盟好,岂非燕国之福、寡人之愿吗?你怎敢诡言欺瞒寡人,要寡人疏远昌平君呢?!"下令把这个小人推出去砍了。

不仅如此,燕昭王还把一套王后的礼服送给乐毅夫人,并且派相国前往临淄,要册封乐毅为齐王。乐毅感激涕零,坚决不肯接受。

——对比起骄傲自满,而又轻信人言的齐湣王来,燕昭王真是一代明君,齐湣王输在他的手下,倒也不算冤枉。

锯车轴的田单

乐毅率五国之兵伐齐,除了即墨和莒两座城外,几乎把齐地全给占

第六章 战国时代·东帝的幻梦

了。这仗过后，秦国夺取了陶邑（今天山东省定陶县一带）为飞地，魏国夺取了宋地，赵国拿回了被宋康王抢去的济西地，楚国拿回了被宋康王抢去的淮北地，就连小小的鲁国，也趁机占领了徐州——人人有份，大家都不落空，所以和齐湣王灭宋不同，没有人嫉恨燕国。

那么齐国是不是就此灭亡了呢？

齐湣王有个儿子，名叫田法章，在临淄城被攻破以后，隐姓埋名逃到莒城，投入一个名叫太史敫的贵族家中，当了佣人。太史敫的女儿看这个新来的年轻人相貌堂堂，不似凡俗，就经常周济他衣食，日久生情，两人私定终身，约为夫妇。

等到齐湣王和淖齿陆续被杀，楚军退出莒城，莒城的贵族、百姓们就商量着，为了延续齐国的命脉，得赶紧拥戴一位新的齐王才行，于是到处去访求田氏一族的公子。直到这个时候，田法章才终于敢站出来亮明自己的身份。

莒人拥戴田法章为王，史称齐襄王，并且派人到处传告："新王已立，在莒城之中。"田法章倒是遵守承诺，立刻迎娶了太史敫的女儿，封为王后。

> 稷下学宫是世界上第一所由官方举办、私家主持的特殊形式的高等学府，在其兴盛时期，曾容纳了"诸子百家"的各个学派，齐国统治者对不少著名学者给予相应的爵位和俸养，允许他们"不治而议论"，可以说稷下学宫具有学术和政治的双重性质。

逐渐的，齐国城池陆续失陷，就剩下了莒城和即墨。莒城得以保全，是因为齐襄王在莒，大家伙儿有了依靠，有了希望，所以拼死守御；而即墨得以保全，全靠了一个名叫田单的贵族。

田单也是田氏一门，但与王族的血统比较疏远，身份也低，齐湣王时代才当过临淄市掾（大约等同于首都集市区的副区长）。乐毅率领五国联军直杀到临淄城下，齐湣王弃城而走，消息传来，贵族和百姓们纷纷弃家逃难，田单也带着他一大家子人，乘坐着马车，忙着逃到安平去了。

可是随即燕军杀入临淄，直指安平，包括田单在内，大群贵族只好再次驾车逃命。

当时的马车，是两马或四马牵拉的，单轴两轮，车轴非常长，轴头延伸出车轮很远。田单临逃难之时，先下令把家里马车长长的轴头都给锯了，并且拴上铁插销。大家不明白这是什么意思，还嘲笑田单慌了神、疯了心——轴头被锯，耐久度就要下降，你不怕跑着跑着车子散架呀。

然而散架的偏偏不是田单家的车。贵族们全都慌忙逃出城去，并不宽阔的道路上往往要并排跑好几辆马车，互相抢道，长长的车轴一不小心就会卷到别车的车轮里去，结果两辆车全都散架——车子散架了跑不起来，贵族们纷纷当了燕军的俘虏。只有田单家的车，因为车轴短，还拴上铁插销，所以一路都不出事故，安安稳稳地逃离了安平，进入即墨。

时隔不久，燕军杀到即墨，即墨大夫出城与燕军交战，战死沙场。城内无主，大家就商量着："田单终究是田氏一门，又足智多谋——锯掉车轴轴头的主意，普通人想得出来吗？不如拥戴他为将，抵御燕军吧。"

田单并不仅仅懂得逃难的诀窍而已，他也深通守御之道，在他的指挥下，即墨城防守得如同铁桶一般，燕军攻打了很长时间也攻不下来。可是堂堂齐国，到这时候只剩下了莒和即墨两城而已，田单再有本事，孤城又能守多久呢？况且他的对手，还是当时数一数二的大军事家乐毅。齐国的彻底灭亡，似乎只是时间问题罢了。

好在这个时候，燕国国内突然发生了状况……

燕昭王时代，差点亡国的燕国再度强盛，不仅仅派乐毅南下攻克齐城七十余座，还派秦开袭击东胡，夺取了大片土地。

燕国与赵国一样，北部边境连接着很多游牧民族——当时的游牧民族，被统称为胡，燕国北境的胡，就被称为东胡。秦开曾经被燕昭王派到东胡部族中做人质，深得部族首领的信任，趁机把东胡的内情打探得清楚明白。归燕之后，秦开就领兵攻打东胡，一直杀到今天辽宁省中北部——于是燕国在这片旧日东胡的领地上设置了上谷、渔阳、辽东、辽西、右北平五个郡。

第六章 战国时代·东帝的幻梦

燕昭王时代,乃是燕国的极盛期——国力达到顶峰,肯定就要回落,这是难以逃避的历史规律。公元前279年,燕昭王终于去世了,传位给儿子燕惠王,消息传到即墨,田单高兴得一拍大腿:"机会来了!"

于是他赶紧派部下潜出城去,前往燕都蓟城,到处散布相关乐毅的谣言。谣言内容不外乎说乐毅迟迟不肯攻克莒和即墨两城,是为了制造机会,自己称王,这老一套内容骗不了燕昭王,却使得年轻的燕惠王寝食难安。于是燕惠王就派大将骑劫赶往齐地,替换乐毅指挥燕军。

乐毅明白自己已经不受燕王信任了,于是在交卸了指挥权以后,他并没有回归蓟城,反而逃去了赵国。

骑劫来到齐地,立刻指挥燕军毫不留情地猛攻即墨城。为了提升守城士气,田单宣称:"天不亡齐,一定会有神人下凡来指点我的。"有个小兵怀疑田单是在装模作样说瞎话,就半开玩笑地问:"神人啥样呀?我算神人么?"说完这话,他自己也明白不太合适,赶紧掉头就跑。

田单追上去,好言好语地把小兵给劝回来,请他面朝东方坐下,自己伏地跪拜,尊之为师。小兵赶紧解释:"我就是随便说说,我可啥能耐也没有呀。"田单一努嘴:"你好好坐着就是了,别多说话!"

于是田单号称神人已经下凡,并且做了自己的老师。每天上城指挥守御之前,他一定要先听取神人的意见,看燕军会主攻哪个方向——其实小兵假冒的神人根本什么话都没说,全凭田单个人的判断,但田单深通兵法,料事如神,即墨的军民看在眼中,还以为神人果有神通,就此士气高昂,骑劫猛攻了好几次都打不破即墨城。

即墨军民的信心足了,但痛恨燕军之心似乎还不够,于是田单就又想出了新花样。他先散布谣言,说:"有很多齐人被擒,被迫归降燕军,倘若燕军割掉这些人的鼻子,逼他们率先进攻,即墨守军就会害怕了,城池就容易攻下了。"骑劫毫无大脑,竟然真的听信了谣言,照章办理。

可想而知,燕军的暴行当然会激发反效果,即墨军民见到降燕的同胞如此下场,相互告诫:"咱可得拼死抵御,即便死,也不能投降受此屈辱!"

过了不久，田单又散布谣言了，说："即墨人的祖坟全都在城外，倘若燕军掘了这些坟墓，即墨军民就会胆战心寒。"一如他所预料的，骑劫再次照办不误。结果即墨军民见到燕军在城外发掘自己先人的坟墓，无不怒发冲冠，誓要打败燕军，报此深仇大恨。

田单运用这一系列计谋，使得守城军民的士气高昂，人人都抱着必死的决心——打仗很重要一点是打士气，所谓一夫拼命，万夫莫当。就这样，终于迎来了破燕的那一天。

火牛计

齐国的都城临淄历史悠久，据说太昊伏羲氏就在此地兴起，同时还是五帝之一的颛顼高阳氏的故墟，原名营丘，因东临淄河，齐献公时更名为临淄，可说是战国时期数一数二的大都市。

世界上最可怕的军队，其实并不一定需要充裕的补给和先进的武器，但一定需要上下一心，为了同一个理想、同一个目标去奋斗，不怕流血，不怕牺牲的精神。这样一支军队，只要能够服从一个领导核心，有组织，有纪律，而不是各自为战的话，就足可以一当十，甚至以一当百了。

即墨城内的齐军，就是这样一支部队，他们切齿痛恨骑劫统率的燕军，为了消灭燕军、复兴齐国，不惜抛头颅、洒热血，同时他们也近乎迷信地崇拜自己的主将田单，对于田单的命令（或许他们认为那是神人的命令）愿意不折不扣地去执行。这样的军队，是世界上最可怕、最难以战胜的军队。

当然，齐军再强，终究所据不过即墨一城而已，数量不会很多，而城外是燕国大军（史书并没有记载确切数字，但所谓"十则围之，五则攻之"，兵数起码是齐军的五倍），正面对敌，是难有胜算的。不过不要紧，田单在"神人"的"指点"下，竟然请来了"神兵"相助。

首先，田单设计麻痹攻城燕军的警惕心。他先下令士兵们全都伏倒在地，隐藏起来，却让老弱妇孺扛着武器登上城墙，装作守城的样子——在燕军看起来，即墨城里的守兵都快死绝了嘛。

这些老弱病残上了城墙，一个个扯着嗓子朝下喊："别进攻啦，我们愿意开城投降。"燕军从乐毅为主将的时候开始包围即墨，一围就围了整整五年（当然，经常会有轮班），突然听说即墨城愿意投降，无不欢喜雀跃，高呼"万岁"。

然后，田单还在城内搜集铜锭，得到一千镒（古代重量单位，等于二十两或二十四两），交给城内著名的富翁，让他派人潜出城去，献给骑劫，请求说："即墨归降以后，请您不要抢劫小人之家，不要掳掠小人的妻妾。"故意演这么一出戏，是要骑劫相信即墨城真的打算投降了。

上到骑劫，下到普通燕兵，全都大大松了一口气，以为这仗就要打完了，可以班师回家了，就此放松了警惕心。

说投降当然不是立刻打开城门——谁知道是你主动打开的、奸细打开的，还是被攻破的，或者城门坏了——得在大白天举行一个投降仪式，洒扫街道，派守将或城中长老去迎请燕军进城。于是当晚燕军就放心睡大头觉，也不组织第二天的攻城战了，也不派岗哨巡逻了，只等着天一亮就放心进即墨城去。

可是就在当晚夜半，漆黑一片之时，即墨城中突然响起了惊天动地的声音。燕军从睡梦中被吵醒，还来不及穿甲戴盔拿武器，出帐一看，只见从城墙方向突然涌现大片火光，无数的怪兽朝向燕营直冲过来，真是撞人人死，擦人人伤。燕军猝不及防，眨眼间便乱成了一锅粥……

原来田单早就在城墙附近悄悄挖开了数十条地道，然后搜集了千余头牛，全都披上暗红色、描画着五彩龙纹的布，牛角上绑着短剑，牛尾巴上缠着浸过油的芦苇。当晚夜半，五千齐军驱赶着这些牛，从地道潜出城外，然后城内百姓一起敲锣打鼓，以壮声势，士兵们则点燃了牛尾上的芦苇。

史无前例的大战争
—— 战国纷争和秦的统一

　　浸过油的牛尾一点就着，那些牛觉得尾巴发热，全都吓得梗着脖子、垂着脑袋朝前冲——那正是燕营的方向。在猝起不意、睡眼惺忪的燕军看来，那些不是牛，全都是屁股冒火的五彩怪兽！有胆大的还想近前查看，却被牛角上的短剑刺得肠穿肚烂，翻身而倒，血流满地。

　　燕军大乱，五千齐军趁势猛砍猛杀，堂堂大将骑劫，竟然也乱军之中不明不白地做了剑下之鬼。

　　主将阵亡，蛇无头而不行，燕军一溃千里。田单领兵从后追赶，所到之处，原本降燕的各齐城纷纷倒戈，齐军的兵力越打越多，越打越强，竟然一直把燕军赶出了齐国，赶回老家去了。

　　这就是中国军事史上著名的"火牛阵"，田单靠着他过人的智谋、独出心裁的战法，一战就赶走了燕军，收复了齐国全土。

　　随即他亲自前往莒城，把齐襄王迎回临淄。齐襄王感念田单的功劳，加封他为安平君。

　　可是齐国虽然光复了，经过这么一折腾，实力受到很大损伤，早已不复齐威王、齐宣王、齐湣王时代威震诸侯，可以与秦国东西相抗的局面了。齐襄王在位十九年后病逝，传位给他与王后（太史敫之女）所生之子田建，也即齐王建，这位齐王建一心只想守住自己这一亩三分地过太平日子，基本上退出了诸侯争霸的舞台——齐国的末日，也就此临近了。

　　燕军在即墨城下大败，彻底丧失了齐地，消息传来，燕惠王这个后悔呀———悔听信谣言，用无脑的骑劫替换多谋的乐毅；二悔把乐毅放去了赵国，燕、赵相邻，倘若乐毅说动赵王趁机攻燕，以报前仇，那该可怎么办呢？

　　于是他赶紧派人前往赵国去向乐毅道歉，说："将军有大功于燕，都因为寡人年轻，听信小人所言，这才解除了将军的职务。不过寡人的本意，是将军领兵在外整整五年，太过辛劳了，所以想召你回蓟城来休息一段时间，没想到将军误会了寡人，弃燕而去。先王如此信任和重用将军，将军这么做，又如何对得起先王呢？"

然而这时候乐毅在赵国被封为望诸君,非常得宠,没有再回去燕国的意思了,他回信对燕惠王说:"从古以来,善始者未必就能善终。当年伍子胥辅佐吴王阖闾,得以长驱入楚,立下大功,却因为不肯及早抽身,致被夫差所害,臣因为担心这一点,才断然离开燕国的。然而古代的君子,即便绝交,也绝不说以前朋友的坏话;忠臣即便被迫离开朝堂,也绝不诽谤君主。所以请大王放心,臣不会对燕国抱有敌意的。"

燕惠王接到乐毅的回信,更感惭愧,于是就让乐毅之子乐间继承其父在燕国的爵位,出任昌国君。此后乐毅、乐间父子时常在燕、赵两国间往来,牵线搭桥,使得燕、赵世代结盟,不再互相提防,互相侵犯——也算是失之东隅、收之桑榆吧。

最终,一代大军事家乐毅就死在了赵国。

中外历史大事对照表（二）

世界	中国
前312年，叙利亚塞琉西王国建立	
	前307年，秦武王举鼎受伤而死
	约前306年，楚怀王灭越
前305年，埃及托勒密王朝建立	
	前302年，赵武灵王开始胡服骑射
	前299年，楚怀王受骗入秦，被扣押
	前295年，赵主父饿死沙丘
	前286年，齐湣王灭宋
	前284年，乐毅伐齐，楚将淖齿杀齐湣王
	前279年，渑池之会；田单以火牛计败燕军，复齐
	约前278年，屈原投汨罗江自尽

第七章　战国时代·血沃长平

屠夫登场

秦国从秦孝公任用商鞅变法开始，国势日盛，威震诸侯，到了秦武王在洛阳举鼎受伤而死，才遭逢了第一次大危机。

秦武王重伤而死的时候，年纪还很轻，没有成年的儿子，可以顺理成章继承王位，于是秦国国内立刻就爆发了夺位斗争。秦武王的母亲，史称惠文后（秦惠文王的正妻），支持秦武王同父异母的兄弟公子壮，因为公子壮当时担任庶长（大庶长还是左庶长、右庶长，史无明文），所以史称庶长壮。

> 秦国后宫共分八级：王后、夫人、美人、良人、八子、七子、长使、少使。宣太后在后宫中被封为八子，地位并非最高，但她显然比较受宠，并且在日后的政争中表现出了高超的手段。

秦惠文王妻妾很多，其中有一位来自楚国公族，姓芈，封号是"八子"（王妃的一个等级），所以叫芈八子，连生了三个儿子——公子稷、公子市（不是市字，头上没点，一竖从头贯穿到底，读作 fú）和公子悝——甚得宠爱。这位芈八子有一个同母异父的兄弟，名叫魏冉，从秦惠文王时代就在秦国做官，威望很高。

史无前例的大战争
—— 战国纷争和秦的统一

秦武王死后，魏冉匆忙派人跑去燕国，接在那里当人质的外甥公子稷回来夺位，如前所述，此事得到了赵武灵王的大力协助，于是公子稷顺利回到咸阳，登上宝座，就是秦昭襄王。惠文后和庶长壮当然不肯善罢甘休，集结兵马，与秦昭襄王展开了激烈的对抗。

内战打了将近三年，到了公元前305年，魏冉终于打败叛军，杀死了庶长壮和支持他的多名大臣、贵族，惠文后也忧惧而死。

秦昭襄王刚即位的时候，尚未行过冠礼，也就是还不算成年，所以由其母芈八子代其主政——史称芈八子为宣太后。宣太后在内，魏冉在外，这姐弟两个把持秦国朝政很多年，秦国从动乱中重新走向富强，他们两人功不可没。

首先说说宣太后，那可是个豪气不让须眉的奇女子。当秦国动乱之际，原本臣从秦国的西戎部族义渠蠢蠢欲动，想要大举进犯秦的内地，宣太后竟然亲自跑去见义渠王，两人眉来眼去，勾搭成奸，还生下两个儿子。可谁想到，宣太后并非真的喜爱义渠王，而是暗藏着极深的心机，她委曲求全了好几年，终于逮着个机会，趁着幽会之机刺杀了义渠王，秦兵趁机攻灭义渠，消除了背后的隐患。

宣太后同母异父的弟弟魏冉，也是个非同寻常的角色。秦国之所以富强，全靠了不拘一格重用人才，有很多位出身别国的能人先后担任秦相，秦的霸业，有一半全是他们创造的——第一个是商鞅，第二个是张仪，第三个，就得算是这位魏冉了。

魏冉靠着他和秦昭襄王的亲戚关系，靠着平定庶长壮的叛乱，威震秦国，甚至威震诸侯，被加封为穰侯。他的一生，四次担任秦相，指挥秦军侵扰三晋、攻楚、伐齐，立下了赫赫功劳。但他对秦国最大的贡献，还得说是推荐了一位军事天才，那就是武安君白起。

白起傲立于战国时代众多军事家之林，比起吴起、乐毅来丝毫也不逊色，不仅如此，他所打的胜仗，无论数量还是规模，都比其他军事家联合起来还要多，杀的人也是尸横遍野，是一个遭到万世唾骂的"屠夫"。

第七章　战国时代·血沃长平

白起是秦国本地人，在公元前294年，也就是赵主父被饿死在沙丘的第二年，首次担任秦将，攻打韩国，打了个大胜仗。第二年，魏将公孙喜率领韩、魏联军攻打秦国，秦昭襄王打算派老将向寿出马抵御，但时任秦相的魏冉却推荐了白起。白起这一仗打得实在太漂亮了，不但击败敌军，杀死公孙喜，夺取了五座城池，据说先后斩获的敌军首级，竟然达到二十四万之多！

按照秦法，内斗有罪，外战有功，这功劳怎么算呢？得看斩获的首级。时人记载说，秦兵穿着简陋的铠甲，为了表示英勇，往往不戴头盔，手上挽着割取的敌人首级，奋勇冲阵，别说抵御了，这般不要命的姿态，吓都把敌人给吓跑了。诸侯之恨秦，并不仅仅因为秦太过富强，又不讲道义（比如扣押楚怀王），也因为秦兵实在太能杀人了，凡被秦兵盯上的，一个都跑不了，连投降都不可能，全得被砍下首级——他们要拎着首级回去领功呀。

即便是普通百姓，只要在战场上取得了敌人的首级，一样可以被颁赐爵位，分给土地，整个家庭全都免税；再次上阵的时候，装备、待遇要比别人都高上一头。所以秦兵异常悍勇，以杀人为功，甚至为乐。

白起就是秦人在这方面性格的总代表，他不但在战场上杀敌无数，甚至连投降和被俘的敌人，也向来毫不留情地斩杀——不杀你，你回去还可能当兵，还可能再攻回来，那还不如杀掉了干净。

在那个时代，诸侯争霸，战争频繁，谁都不把别国之人当人看，杀降杀俘的事情屡见不鲜，可是像秦兵杀得那么狠的，别国还真很少见，像白起杀得那么狠的，更是凤毛麟角，绝无仅有。

白起是在伊阙打败韩、魏联军的，因此大胜，他被任命为国尉。按照商鞅所制定的秦法，秦国爵位分为二十级，此战之前，白起是第十二级的左更，然后一下子越级升为第十五级半（秦昭襄王在第十五级小上造和第十六级大上造之间新设置了国尉），然后第二年又升为第十六级大上造。

史无前例的大战争
—— 战国纷争和秦的统一

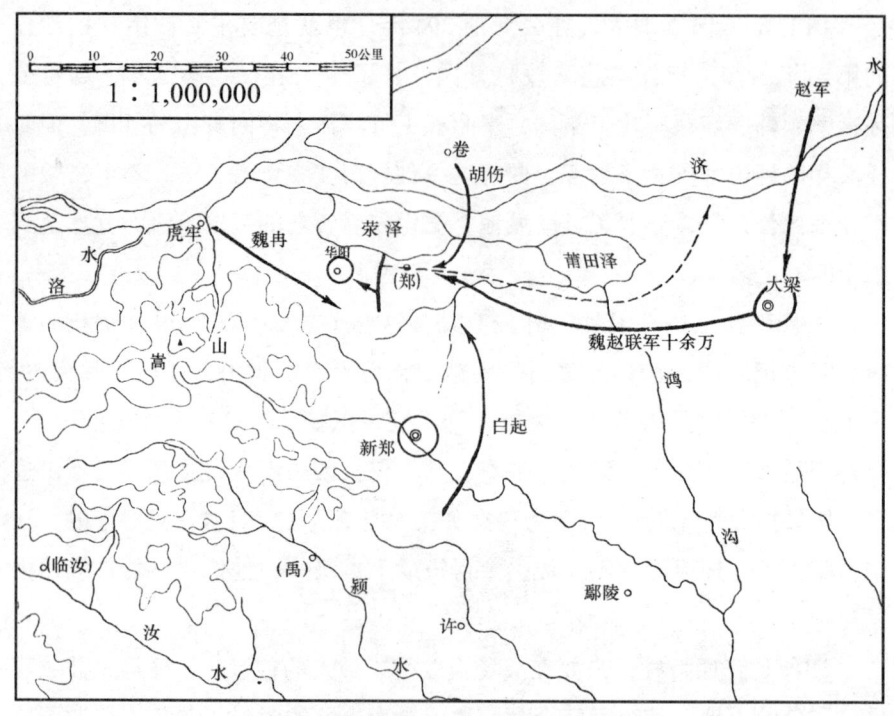

秦与魏赵联军华阳会战形势图

公元前291年，秦昭襄王派左更司马错和白起一起出兵，先攻打魏国，夺取了轵和垣，然后攻打韩国，夺取了邓和宛——邓、宛都是当时中原地区的冶铁业中心，至此全都落到了秦国手中，秦昭襄王把自己两个弟弟公子市和公子悝分封在那里。

魏、韩两国，基本上算是被魏冉、白起等将率领秦兵给打残了，从此再也振作不起来。

对于秦国来说，燕、齐距离都远，几次借道魏、韩攻齐，夺取飞地，全都得不偿失；魏、韩已被打残；楚国虽然领地仍然很广大，兵马数量仍然很多，但战斗力持续下跌，也已不足为患。对秦国构成最大威胁的，只有赵武灵王胡服骑射以后，军事力极大膨胀的赵国。

而在乐毅之后，在军事才能上能够与白起相抗衡的，也只有两员赵将——廉颇和赵奢。

廉颇是赵国名将，勇猛善战，曾经在乐毅联合五国伐齐的时候，大破齐军，夺取了济西之地，被赵惠文王拜为上卿。可是赵国的上卿并非一人，公元前279年，赵惠文王又提拔了一名文臣担任上卿，并且班次在廉颇之"右"。

古代不同民族、不同时代，按方位算尊卑次序都是不同的，就以战国时代来论，中原各国遵循周礼，往往以右为尊，楚国则相反，以左为尊。那名文臣在廉颇之"右"，换句话说，是在廉颇之上。

这可把廉颇气得不行。

那么，这个文臣是谁，立了什么功劳，竟然瞬间飞升，比战功赫赫的大将廉颇爬得还要高呢？

完璧归赵

压过廉颇的赵国上卿，名叫蔺相如，原本不过是宦者令（这个宦和后世的宦官无关，是指的官僚，宦者令大约相当于人事部长）缪贤的门客。公元前283年，秦昭襄王突然遣使入赵，对赵惠文王说："听闻大王最近得到了名闻天下的和氏璧，寡人愿以十五座城池来交换。"

这和氏璧可是天下至宝，相传是用春秋时代楚国人卞和所发现的美玉雕刻而成的。根据传说，卞和曾经在荆山上发现了一块璞玉（未经琢磨的玉的原石），就捧着去献给楚厉王蚡冒。楚厉王派手下琢玉工匠去查看，工匠撇撇嘴说："不过是块普通的石头罢了，哪儿是美玉呀。"楚厉王一怒之下，就判了卞和欺君之罪，砍掉了他一只脚。

楚厉王之后是楚武王，卞和又捧着璞玉去进献，结果又被工匠说是块普通石头，楚武王就下令砍掉了他另外一只脚。

楚武王死后，楚文王登基，卞和拖着残废的身体，手捧璞玉，在都城

史无前例的大战争
—— 战国纷争和秦的统一

门口连哭了三天三夜，据说哭得双眼都冒出了血花。楚文王就派人去责问他："国内被处以砍足之刑的人很多，为何只有你一个如此悲伤呢？"卞和流着泪说："我并非因为受了刑而感到悲伤，我是因为美玉被当成石头、忠臣被当成骗子，是非颠倒，所以哭泣。"

楚文王听了这话，心生疑窦，于是接受璞玉，也不叫工匠查看了，下令说："直接剖开了寡人看。"结果剖开璞玉，只见晶莹透亮，果然有一块美玉藏在其中。于是楚文王就让人把这块玉雕成璧（古代圆形有圆孔的祭祀用玉器），为了嘉奖卞和献玉之功，就命名为和氏璧。

时光流转，进入战国时代以后，也不知道怎么一来，这块和氏璧离开楚国，落到了赵惠文王的手中，并且秦昭襄王还派人前来，想以十五座城池作为交换——正所谓价值连城。

赵惠文王召集廉颇等群臣商议，说："秦人素来不讲信义，寡人要是把和氏璧送过去，却换不回十五座城池来，白白上当受骗，还会遭到诸侯们的嘲笑；可要是一口回绝吧，又怕秦王以此为借口，发兵来攻。该怎么办才好呢？"宦者令缪贤站出来说："这得找一个足智多谋之人来商量了，臣推荐臣的门客蔺相如。"

赵惠文王就问："你怎么知道这个蔺相如足智多谋呢？"缪贤回答道："臣从前犯了罪，想要逃到燕国去，被蔺相如所劝阻。蔺相如问臣，怎么知道燕王一定会收留臣呢？臣回答说：'当年跟随大王和燕王盟会，燕王私下里握着臣的手，说愿意交臣这个朋友。所以想去投靠燕王。'

"当时蔺相如笑着对臣说：'赵国强而燕国弱，您又深得赵王的宠信，所以燕王才想要结交您。如今您逃离赵国，投奔燕国，燕王害怕赵国问罪，一定不

"璧"这种形制起源于新石器时代，由研磨谷物的环状石器演变而来，形状为圆形扁平体，中部挖空。璧的造型按天圆地方的宇宙观念，用以象征天宇，《周礼》记载为祭天的礼器。在实际应用上，璧又是权力等级的标志，或佩戴或随葬。

第七章 战国时代·血沃长平

敢收留。您还是打消逃亡的念头吧，赶紧脱光衣服，伏身在刑具上向大王请罪，如此才能幸免于难。'臣照他所说的办，果然得到了大王的宽恕。所以臣认为蔺相如有勇有谋，可以托付重任。"

赵惠文王听了这一番话，就把蔺相如召上朝堂，问他应当如何回复秦使。蔺相如想一想说："秦强赵弱，恐怕不能不答应。"赵惠文王又问："倘若秦王拿到璧，却不肯给寡人城池，怎么办？"蔺相如回答道："倘若秦国要求以城换璧，赵国不肯答应，错在赵国；倘若秦国得到璧却不给赵国城池，错在秦国。两相比较，宁可送璧入秦，让秦国背负上不义的罪名。"

赵惠文王点点头，又问："那你认为派谁为使，带着和氏璧入秦交涉为好呢？"蔺相如一拍胸脯："您若是挑不出合适的人选来，那就把这个任务交给小臣吧。小臣将带着璧前往秦国，秦国交割了城池，那就把璧留下；倘若秦国背弃承诺，不肯给城，小臣一定会将和氏璧原样完好地带回赵国来！"

于是，赵惠文王就派蔺相如出使秦国。在见到秦昭襄王以后，蔺相如恭恭敬敬地献上和氏璧，秦昭襄王大喜，自己把玩欣赏了好一会儿不说，还小心翼翼地传给身旁的妻妾、大臣观看，大家一起三呼"万岁"，仿佛交易已经达成，和氏璧已经入了秦昭襄王的库房似的。

蔺相如冷眼旁观，看出秦昭襄王并没有交割十五座城池的意思，于是缓步上前说道："和氏璧确实是天下至宝，只可惜并非完美无缺，上面有一小点瑕疵，请让我指给您看吧。"秦昭襄王把璧递给蔺相如，说时迟，那时快，蔺相如才接过璧，突然大步后退，往柱子上一靠，怒目圆睁，连头发全都竖了起来，仿佛要把头上的小冠都给顶飞似的（怒发冲冠），然后大声喝道：

"大王您想要得到和氏璧，派人向赵王请求，赵王召集群臣商议，大家都说：'秦人贪婪，恃强凌弱，诡言求璧，恐怕不会兑现十五座城池的承诺。'不打算把璧送到秦国来。只有臣一人认为，即便平民百姓之间交往，也不肯说谎骗人，何况大国之间呢？因为一块璧就破坏了秦、赵两国的交情，并非善策。赵王听了臣的话，才会派臣把璧送到秦国来——如此谨慎、

史无前例的大战争
—— 战国纷争和秦的统一

恭敬，是为了表达对秦国的敬意。

"可是今天臣到秦国来了，大王的态度却非常傲慢，礼节一点也不隆重，拿到和氏璧以后，还给身旁的美人、弄臣欣赏。看大王这意思，是没有交割十五座城池的诚意了，所以臣才大着胆子取回和氏璧。您可别逼臣，您要是逼臣，臣的脑袋就和这块天下至宝一起，全都撞碎在柱子上！"

蔺相如一边说着话，一边转过头去，斜眼望着身后的柱子，好像随时都要动手似的。秦昭襄王生怕蔺相如把和氏璧给撞碎了，赶紧道歉、劝阻，叫出相关官员来，展开地图，明确地向蔺相如指出，打算把哪十五座城池作为交换，让给赵国。当然，这只是缓兵之计而已，蔺相如才不会轻易上当，可是，他也有必要行使缓兵之计，先从秦庭脱身再说。

于是蔺相如就对秦昭襄王说："和氏璧是天下至宝，赵王生怕得罪了秦国，不敢不恭敬献上。赵王在派臣来送璧之前，先斋戒了整整五天，大王也应当照此办理，也斋戒五天，设置最高规格的典礼，然后臣才能把璧献给您。"

秦昭襄王生怕和氏璧有所伤损，没有办法，只好暂且答应了蔺相如的请求，把他安置在馆舍里，好生款待。蔺相如逮着个机会，就让部下换上平民百姓的衣服，身藏和氏璧，悄悄地逃出咸阳城，从小路返回赵国去了。

那边秦昭襄王对此还懵然不知，他老老实实地斋戒了五天，设下隆重的典礼，然后派人请蔺相如前来。蔺相如表情严肃地对秦昭襄王说："自秦穆公以来，秦国二十多位国君，就没有谁真正信守承诺，臣生怕被大王所欺，不能完成赵王交付的使命，所以已经派人把和氏璧送回去了——估计路程、时间，应该回到赵国境内了吧……"

秦昭襄王闻言大怒，手按佩剑，似乎就要跳将起来，亲手把蔺相如给宰了似的。然而蔺相如不慌不忙，继续说道："秦强而赵弱，大王只派了一个人去往邯郸，赵王立刻派臣前来送璧，所以请您先割让十五座城池给赵国，赵王是不敢留下和氏璧，既得罪了大王，又失信于天下的。臣自知欺骗大王，犯下了死罪，臣不怕死，就请大王处刑吧。"

秦国大臣们当即就想冲上去按倒蔺相如，处以极刑。但这个时候，秦昭襄王的极度愤怒却逐渐和缓了下来，越想越觉得蔺相如说得有道理，于是摆摆手，制止大臣们朝上扑，说："就算杀了他，又有什么用呢？该得不到璧，还是得不到，斩杀来使，反而会彻底断绝秦、赵两国的交情。还是放他回去吧，此人有勇有谋，随机应变，想来不是赵王一开始就想要欺骗寡人。"

就这么着，蔺相如圆满完成了使命，顺利归国。最终，秦国也没有真的割让十五座城池，而和氏璧也一直留在了赵国。据说直到数十年之后，因为秦国越来越强，赵国越来越弱，不得已，赵王才把这块璧献给秦王。后来秦王把和氏璧磨成传国玉玺，流传了千秋万世。

将相和

蔺相如入秦献璧，然后完璧归赵，是在公元前283年，也就是齐湣王被楚将淖齿杀害后的第二年。赵惠文王重赏了蔺相如，任命他做上大夫（在大夫之上，卿之下）。

第二年，秦军攻赵，夺取了蔺、祁，赵国不敢反攻，却挑软柿子捏，派兵去打魏国，丢给秦国的土地，想办法从魏国身上找补。第三年，秦再攻赵，赵再攻魏——这两次攻魏之役，都是廉颇做主将，身先士卒，连连取胜。

就这么秦攻赵、赵攻魏，一直打到公元前279年，秦昭襄王突然派人出使

> 宦官，也称太监、公公、寺人、阉人、内官、内侍、中官、中涓、内竖等，是指古代宫廷中替皇室服务并阉割掉外生殖器的男性。用阉割过的男人作为宫廷内侍并非中国独有产物，朝鲜、越南的王室均喜欢使用去势的男性作为内侍，埃及、波斯、印度、奥斯曼土耳其等古国也都曾经有相同的做法。

史无前例的大战争
—— 战国纷争和秦的统一

赵国，说打算和赵王见个面，好好谈谈，解决纠纷。赵惠文王害怕秦昭襄王，不大敢去，但廉颇和蔺相如却一起劝他："您是一国之君，可不能向秦人示弱，您若是示弱，秦人更该欺负我国了。"

赵惠文王没有办法，只好动身启程，还带上了足智多谋、能言善辩的蔺相如，同时派廉颇把守都城邯郸。廉颇一直把赵惠文王一行人送到郊外，请求道："臣估计您一去一回，顶多三十天，要是三十天还不回来，那就是出事了，希望您允许臣拥戴太子登基，绝掉秦国的念想。"

楚怀王入秦被扣是前车之鉴，廉颇生怕秦人再扣下赵惠文王，以此来要挟赵国，倘若及时拥立新君，就可以不受秦人的挟制了。

赵惠文王虽然胆怯，倒还不是糊涂人，立刻答应了廉颇的请求。

于是秦、赵两国君主在渑池相会，首先摆下宴席，一起吃饭。酒宴上，秦昭襄王多喝了几杯，临时起意，想要羞辱一下赵惠文王，抬高自己的身份地位，于是就问："寡人听说赵王喜欢音乐，您能弹瑟一曲，给寡人欣赏吗？"

赵惠文王不敢不答应，就取过瑟来，随便弹奏了一曲。秦昭襄王把手一挥，秦国的史官立刻记录下："某年某月某日，秦王与赵王一起饮酒，命令赵王弹瑟。"还大声朗诵出来。这么一来，仿佛赵是秦的附庸，赵惠文王是秦国的臣子一般，否则为什么秦昭襄王可以"命令"他弹瑟呢？

赵国君臣受此侮辱，脸色都变得非常难看。

只有蔺相如急中生智，立刻就想出了对策。他近前两步对秦昭襄王说："赵王听说秦王最喜欢秦地的音乐，希望您能够也奏上一曲，使两国君臣同乐。"说着话，就把一个瓦盆递到秦昭襄王的面前。

秦地有一种乐器，用瓦所造，叫做缶，敲缶大概就跟今天打架子鼓一样，用来控制音乐的节奏。蔺相如想要让秦昭襄王击缶，秦昭襄王当然不肯答应。蔺相如跪下来磕头，三番四请，还是得不到允准，突然大喝道："大王您真的不肯答应吗？你我之间，距离只有五步之遥，臣可以轻易地把自己脖子上的血溅到大王身上！"

这是外交辞令，真实含义是："只有五步距离，我可以轻易地伤害到你，就算不能取你的性命，总能叫你流血！"秦国大臣、侍卫们闻言大惊，各拔刀剑，就想冲上来驱赶蔺相如。可是蔺相如怒目圆睁，连声大喝，吓得这些秦人纷纷后退。

看起来，蔺相如发起火来一副不要命的架势，还是相当怕人的，否则，怎么连素来悍勇的秦人都不敢再上前来呢？

秦昭襄王虽然位在至尊，终究还是个凡人，不是神仙，虽然怕丢面子，但是更怕受伤，更怕死。于是在蔺相如的威吓下，他没有办法，只好举起筷子来，随便敲打了瓦盆几下。

蔺相如立刻转过身，对赵国史官说："你记好了：某年某月某日，秦王为赵王击缶奏乐。"这么一来，总算是挽回了脸面，大家打个平手。

秦国群臣还想找回场子，一起表示说："为了恭祝秦王千秋万岁，请赵国献上十五座城池。"蔺相如针锋相对地说道："为了恭祝赵王也千秋万岁，请秦国献上都城咸阳！"

酒宴间口舌交锋，有蔺相如在，赵国始终不落下风；而因为赵惠文王预先有了准备，带来不少兵马护卫，酒宴之下，秦人也不敢有任何不利于赵国君臣的举动。就这么着，这次两国国君的会面顺利完成，赵惠文王直到回归都城邯郸，悬在嗓子眼里的心才终于放了下来。论功行赏，他提升蔺相如做上卿，并且位次比廉颇还高。

文臣、武将之间，因为擅长不同，价值观也有差异，所以容易闹矛盾。在文臣们看来，那些武将都是没头脑光知道抡刀子的大老粗；在武将们看来，我们浴血沙场，九死一生为国建功，你们文官只是动动嘴皮子，算什么能耐了？

所以蔺相如一爬到廉颇头上去，廉颇立刻就不干了，逢人就抱怨："我为赵将，有攻城野战之功，不像蔺相如只会耍嘴皮子。而且那家伙出身也低，凭什么爬得比我还高？哼，等见了面，我得好好羞辱羞辱他！"

蔺相如听了这话，就故意躲着廉颇，假装生病，也不去上朝了，在大街上见到廉颇的马车,自己赶紧拐到小巷里去,不跟对方抢路。蔺相如的部属、门客人人都窝了一肚子的火,就有人跑去问蔺相如:"我们都是因为仰慕您的本领才来投靠您的,您现在位置比廉颇高,却那么怕他,到处躲他,就算平常人也会觉得羞耻呀,您难道无动于衷吗?"

蔺相如笑着问他们:"你们觉得,廉将军和秦王谁比较厉害?"部属、门客们都说:"当然是秦王厉害。"蔺相如说:"秦王那么厉害,我都敢当面顶撞他、呵斥他,难道我还会害怕廉将军吗?但我认为,秦国之所以不敢长驱入赵,是因为赵国有我和廉将军两人在,倘若我们两虎相争,则必有一伤,到那时候,赵国就危险了。我是赵臣,怎能不为国家考虑,却只计较个人的荣辱得失呢?"

这番话东传西传,终于传到了廉颇的耳朵里。廉颇觉得非常惭愧,就脱光了膀子,背着一束荆条,亲自上门去向蔺相如道歉。

这是当时的习俗,就像当年缪贤犯了罪,要脱光膀子,伏在砍头的刑具上向赵惠文王请罪,意思是:"我知道自己错了,您砍掉我的脑袋吧。"廉颇当然不必要这么做,他的意思是:"我知道自己错了,你用这些荆条狠狠地抽我一顿来出气吧。"

廉颇来到蔺府门外请罪,蔺相如赶紧出门相迎,把他搀扶起来。从此两人结为好友,同心同德,共保赵国。

冯亭的嫁祸之计

公元前 279 年,也就是秦、赵两国国君渑池相会的同一年,秦将白起大举攻楚,夺取了鄢、邓、西陵等城。晚些时候,燕惠王中了田单的反间计,用骑劫替换乐毅,导致燕军大败,齐国顺利复了国。

第二年,白起攻破了楚都郢城,楚顷襄王被迫迁都到陈——偌大一个楚国,整个被白起给征服了一半。大诗人屈原大约就是在这一年,听到这个消息,才万念俱灰,投了汨罗江自杀的。

齐国新复,燕国才败,楚国丢了一半土地,韩、魏两国早就被秦、赵给打得朝不保夕了,秦国当面的强敌,就此只剩下了一个赵国。

到了公元前263年,白起进攻韩国,夺取了太行山以南的南阳地区,第二年又夺取野王城,这么一来,是将韩国从正中心一分为二,太行山以北的上党地区和韩都新郑的交通被彻底隔绝。

韩国的上党守冯亭跟大家商量说:"和国都的通路断绝了,上党迟早会被秦军给攻下来的。咱不如把上党献给赵国,

> 上党地区位于今天山西省的东南部,它是由群山包围起来的一块高地。东部、东南部是太行山脉,与今河北、河南二省分界;西南部为王屋、中条二山,与今河南省分界;西面是太岳山脉;北面为五云山、八赋岭等山脉。上党地区地高势险,自古就是兵家必争的战略要地。

只要赵国接受,秦人必定恨赵,发兵攻打,赵国为了自保,一定会跟韩国结盟的,到时候韩赵联合起来,就有可能抵挡住秦军了。"于是派遣使者前往赵都邯郸,表示愿意献地归降。

这个时候赵惠文王已死,继承君位的是其子赵孝成王。赵孝成王在接待了上党来使以后,就召来两名同族的重臣——平阳君赵豹和平原君赵胜——商议。赵豹反对接受上党,说:"这分明是嫁祸之计。秦军隔绝上党,自以为唾手可得,咱们要是接受了上党,就是秦人劳力,咱们获利,秦王可能善罢甘休吗?"

但是赵胜却赞同接受上党,说:"上党之地十七城,咱们不费分文就能得到,这是上天所赐,怎能推拒呢?"赵孝成王也有点贪心,就采纳了赵胜的意见,由廉颇领兵进入上党地区,屯扎在长平(在今天山西省高平市西北)。

此举果然激怒了秦国,秦昭襄王就于第二年派大将王龁领兵进攻长平。这一年的四月份,两军前锋展开激战,赵军战败,裨将赵茄战死;六

史无前例的大战争
—— 战国纷争和秦的统一

月,秦军继续挺进,赵军损失了两个重要据点和四名尉(中级将领)。廉颇被迫全线收缩,转为守势,可是旋即又损失了两尉,西面的工事也被秦军攻占。

廉颇是赵国名将,一遇上秦兵就连番受挫,可见秦军有多么强大了,而且很可能数量也比赵军为多。但廉颇终究是百战老将,他很快就凭借有利地形,重新构筑起了防御工事,牢牢守备大本营,使得王龁再也难以前进一步。

秦、赵两国的主力部队在长平对峙,赵军不敢进攻,秦军想攻却找不到敌人的破绽,时间越拖越长,对双方的后勤、财政都造成了巨大压力。该怎么打破僵局才好呢?

赵国方面,赵孝成王曾想亲赴前线与秦军决战,遭到大臣楼昌的反对。楼昌建议遣使入秦,与秦和谈。虞卿也同意和谈,但却提出了更为完善的补充意见。

虞卿的本名已经不传于世了,他也是著名的纵横家,投靠赵国以后,受到赵孝成王的宠信,才见过两次面,就任命他为上卿,故此人称虞卿。虞卿说:"楼昌之所以建议和谈,是认为战争持续下去的话,赵军必败。然而,秦王愿意和谈吗?大王认为秦王是否希望通过此战彻底击垮赵军呢?"

赵孝成王点点头:"看情形,秦人不遗余力,确实是想一举摧垮我赵军主力。"

于是虞卿建议道:"请大王派人带着珍宝前去出使楚、魏两国,楚王、魏王贪图珍宝,一定会接见咱们的使者。赵使进入楚、魏,秦王一定怀疑又在商量合纵之计,心生恐惧,就有可能答应和谈了。"

这本来是个很好的主意,可惜赵孝成王听不进去,觉得太过麻烦,就直接派大臣郑朱入秦议和。

秦国方面,确实害怕关东诸国合纵救赵。因为从赵都邯郸前往长平比较近便,而从秦都咸阳前往长平,道路既遥远又崎岖,还必须通过楚、魏两国的边境,倘若楚、魏救赵,不必要发兵前往长平,只要切断秦军增援的道路，秦军就输定了。所以秦昭襄王盛情款待了赵使郑朱，表示愿意和谈罢兵。

当然，秦昭襄王的本意是不肯退兵的，正如虞卿所言、赵孝成王所料，他不遗余力地想要一战就打残赵国。于是，他听取了相国范雎的建议，故意大肆张扬郑朱入秦之事，似乎和谈马上就会成功。

这一方面是为了麻痹赵国的警惕心，削弱赵军决战到底的意志；另一方面，也是为了避免楚、魏发兵救赵，消除合纵的隐患。

就政治较量、战略部署来说，分明秦国更胜一筹，将赵国陷于孤立无援的境地。秦强赵弱，只要没有别国相助，秦昭襄王有信心凭借一己之力摧垮赵军。

可是在战术运用上，前线秦军却始终未能获得更大的进展，王龁使出吃奶的力气也打不破廉颇所构筑的防御工事。赵孝成王见秦国答应和谈，错误地认为秦人并无长平决战的实力和决心，就多次催促廉颇转守为攻——你得打几个胜仗，咱在谈判桌上才能占着便宜呀。但是廉颇坚持认为秦军强过赵军，正面对敌，胜算渺茫，只有继续坚守下去，才能使形势向好的一方面转变。

——咱们补给相对容易，秦军得经过楚、魏的边境，千里运粮，他们压力比咱大多了。咱们拖得起，秦人拖不起，时间一拖长，秦军一定会垮掉的！

秦、赵两国的主力部队在长平对峙，整整一年的时间，秦军越来越拖不起。秦昭襄王急了，赶紧召相国范雎前来商议。范雎认为，廉颇为百战老将，固守长平，坚持不战，若不能使赵国替换廉颇，这仗肯定赢不了。于是他建议派奸细前往赵都邯郸，去散布廉颇怯战的谣言。

谣言说，廉颇老了，勇气逐渐丧失，不敢与秦人交战，即将投降。秦人不怕廉颇，最怕的是勇猛无畏，而又深通兵法的马服子。

所谓"马服子"，指的是赵国名将马服君赵奢的儿子赵括。

赵孝成王听信了谣言，就亲自登门去拜访赵括，求问破敌之策。赵括

史无前例的大战争
—— 战国纷争和秦的统一

自信满满地回答说:"倘若以臣为将,定能大败王龁。倘若秦人派武安君白起前来,事情或许难办一点,王龁算什么东西了,哪里是臣的对手?"

赵孝成王闻言大喜,立刻拜赵括为上将军,要他尽快赶往长平,去接替廉颇的指挥权,然后全面出击,以败秦军。

纸上谈兵的赵括

> 赵奢可能本来就是赵国的公族,沙丘之乱后逃到燕国,后来回到赵国,凭借出色的才能而被平原君发现,并推荐给赵王。平原君虽然礼贤下士,但眼光并未突破本阶层的界限,赵奢如果不是公族,估计他也不会如此厚待。

赵括的父亲名叫赵奢,原本是赵国一个税务小官,因为平原君赵胜家不肯交租,赵奢秉公执法,连杀了赵胜家中九名管账人。赵胜怒不可遏,派人把赵奢捆到面前,就要取他性命。

赵奢凛然无惧,大声喝道:"您是赵国的贵公子,竟然纵使家人犯法!您要知道,法律被破坏,国家就会贫弱,国家贫弱,诸侯就会发兵来攻,到时候赵国就灭亡了,哪儿还有您的富贵呢?!相反,如果您能奉公守法,上行下效,国家就会富强,国家富强,社稷就会安稳,那时候您作为赵国的公子,全天下都不敢轻视呀!"

赵胜闻言,既感惭愧,又很惊讶——想不到一个小官,竟然能说出这么一套大道理来,他不是个平常人呀。于是不但原谅了赵奢,还把他推荐给赵惠文王,赵惠文王就提拔赵奢当了总税务官。

公元前269年,秦军攻打韩国,逼近赵地阏与,赵惠文王就问廉颇:"能救吗?"廉颇皱皱眉头:"道路太远,又很狭窄险要,恐怕难救呀。"又问大将乐乘,乐乘也是同样的意见。

问来问去，只有赵奢的回答与众将不同。赵奢说："阏与那地方，对赵国来说很远，可是对秦国来说也不近呐。至于狭窄险要，更对于赵、秦都是相同的。在这种地方打仗，就像两只老鼠在狭窄的地洞里当头撞见，将领勇猛的一方，将会最终获胜！"于是赵惠文王就派赵奢领兵前去救援。

赵奢离开邯郸，走了三十里地，还没到阏与就先扎下大营，深沟高垒，严密防守，似乎只是防备秦军在攻克阏与后更加深入，而根本没有前进救援的意思。他还号令三军："有人敢提打仗的，一律处死。"有个侦察兵跑来报告，说秦军正在武安一带攻城，咱们应当前去增援，赵奢立刻就砍了这小兵的脑袋。

就这么着，赵奢停步不前整整二十八天，秦将闻报大喜："赵人怯懦，看起来，阏与再也不是赵国的土地了。"就此放松了对赵军的警惕。而赵奢却趁着这个机会，突然拔寨启程，急行军两天一夜，逼近阏与，随即听取了军士许历的意见，先夺北山，居高临下猛攻秦阵，杀得秦军大败亏输。

就这样，赵奢一战成名，威震诸侯，被赵惠文王封为马服君。

长平之战的时候，赵奢已经死了，儿子赵括正当壮年。赵孝成王听信了秦相范雎派人散布的谣言，说秦人不怕廉颇，就怕赵括。赵孝成王一听对呀，当年救援阏与，廉颇、乐乘都不敢去，只有赵奢勇猛无畏，看起来这一家子论勇敢、论智谋，都比廉颇强太多了。

他打算拜赵括为将，以替换廉颇。上卿蔺相如正在病中，急忙劝谏："赵括根本没有上过阵，没有打仗的经验，他只会读父亲的兵书，不知道变通，您可千万要慎重呀。"但赵孝成王根本就听不进去。

赵括的母亲也反对儿子领兵出征。她告诉赵孝成王说，赵括从小学习兵法，自以为用兵之道天下无敌，甚至在和老爹赵奢讨论的时候，都能把赵奢驳斥得哑口无言。但赵奢却说："打仗是很危险的事情，可在赵括嘴里，却是天下最简单不过的事情了。千万别让赵括为将，否则，肯定会使所部赵军覆灭的！"

史无前例的大战争
—— 战国纷争和秦的统一

可是赵括的母亲虽然不愿意，赵括本人却立刻就接下了任命。他母亲又写信给赵孝成王，说："先夫在世为将时候，他把大王和宗室所赏赐的财物全都分给麾下兵将，自己一毫不取，而如今赵括才一受命，就立刻把大王所赐的财物搬回家来，自己也一副趾高气昂的样子，兵将都不敢仰视。父子的行为处事比较一下，大王您就知道他不合适了。"

赵孝成王不耐烦地回复道："任命已经下达了，不能更改。"赵括的母亲就请求说："如果大王不听我的话，一定要派赵括上战场，那么希望万一出了岔子，我不会因为儿子的罪过而遭到牵连。"赵孝成王立刻点头应允。

赵孝成王举办了一场隆重的拜将礼，让赵括带着援军离开邯郸，赶往长平。当时邯郸城内布满了秦国的间谍，很快就把这消息传到咸阳去了。与赵国的大张旗鼓不同，秦昭襄王秘密召见诸侯皆惧的大将、武安君白起，要他上前线去替换王龁。

白起化了妆，悄悄赶往长平。他虽然接任主将之职，却只是藏在中军大帐里发号施令，一切露面的活动仍然由王龁办理。他们还在军中传下严令："有敢泄露武安君行踪的，一律处死！"

消息封锁得很严密，赵括根本不知道白起已经到了长平，还以为对面之敌只有王龁呢。终究白起的威名太盛，就算赵括再怎么骄傲，要是听说敌手是白起，大概也会多掂量掂量，不敢贸然发起进攻的吧。

廉颇在长平守了整整一年，赵括一上任，就把廉颇的所有人事安排、规章制度全都改了，做好了全面出击，打一场大仗的准备。白起闻报，先派一支兵马去攻打赵营，在遭到反击以后，假装不敌，落荒而逃。

赵括见此情形，错误地认为反攻的时机到了，于是亲自指挥主力部队直逼秦阵。王龁指挥秦军节节败退，诱使赵军深入，然后白起派出一支两万五千人的精锐部队，以及一支五千人的骑射部队，悄悄绕到赵军背后，割断了赵括和大本营之间的联系。

就这么着，数十万赵军懵然无知地踏进了秦军早就布置好的埋伏圈，被分割包围起来——这是公元前260年八月间的事情。

第七章 战国时代·血沃长平

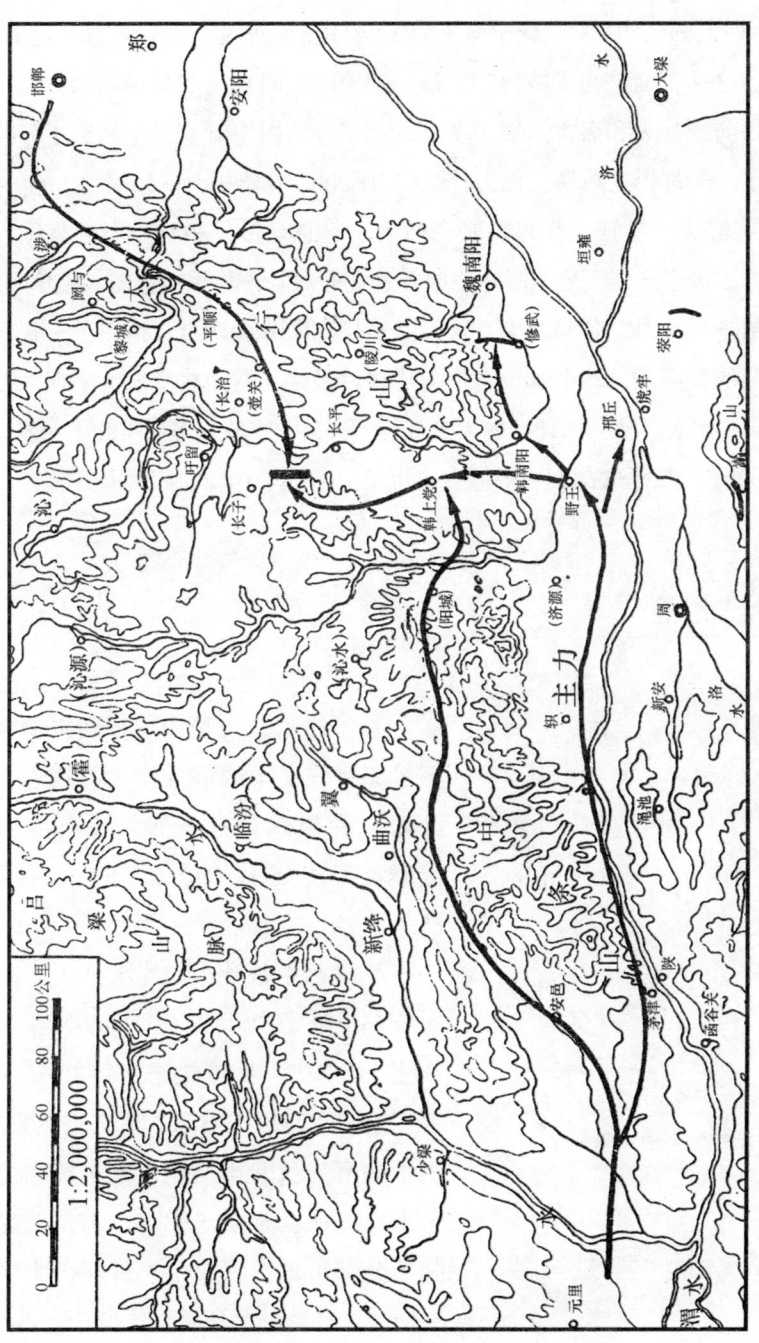

秦赵长平会战形势图

史无前例的大战争
—— 战国纷争和秦的统一

前线捷报传到咸阳，秦昭襄王急忙亲自跑到河内（在洛阳和上党中间）去坐镇。这一方面是为了威慑韩、魏、楚等国，阻止他们救援赵国；另一方面，为怕前线兵力和后方运输力不足，他下令河内十五岁以上的男丁，甚至部分女丁，全都得上战场，作为补偿，每家每户都给提升一级爵位。

秦国够大、够强，都得临时在河内发起总动员，相对小弱的赵国，可是再拿不出援军来了，只能眼睁睁地看着主力部队在长平被包围，粮草断绝。从八月被围到九月，整整四十六天，赵括把部队分为四组，组织了一轮又一轮不间断的突围战，却全都没能取得成功。最终，赵括在身先士卒朝外冲的时候，身中流矢，坠马而死，蛇无头不行，失去主将的赵军只得卸甲而降。

就这样，长平之战打了整整一年半，以秦军的全面胜利而告终。

白起之死

> 长平之战是春秋战国时期持续时间最长、规模最宏大、结果最惨烈的战争，秦军前后共计歼灭赵军数十万人，从根本上削弱了当时关东六国中最为强劲的对手赵国，也给其他关东诸侯国以极大震慑。因为这场战争是由秦国取得全胜，故由其完成统一的形势已不可逆转，标志着一个史无前例的中央集权大帝国即将诞生。

长平之战，乃是中国古代史上，甚至世界古代史上规模最宏大的战争。因为双方参战总兵数虽然并没有准确的记载，但史书上却记录了这么一段余波——

据说赵括战死，赵军大败，四十万人全都投降了白起。白起就琢磨着："这么多赵国人，喂养起来，得耗多少粮食？他们在赵国都有家有室，虽然投降，也不会真为我秦国所用，还可能闹出乱子来。不如全都杀了吧！"于是把赵军降卒全部坑杀，只放了二百四十个少年兵回去。计算前后所杀赵人四十五万。

第七章 战国时代·血沃长平

所谓"坑杀",有些人说是活埋,那是不对的。秦军应该是先搜走了赵国俘虏的武器,然后把他们一小队一小队分隔开来,到了半夜,一声令下,这才蜂拥而上,毫无怜悯地屠杀手无寸铁之人。"坑"在这里的意思是陷阱,是设下圈套来杀人。

无论是一晚上杀了四十万降卒,还是一年之战杀了四十五万赵军,数字都庞大得让人不敢相信。中国古代记史,虽然相对严谨、真实,仍然会存在不少故意的扭曲或者无意的错漏,比如很多斩将杀敌的数字都是从报告中来的,无法核实,而报告就有可能造假。把杀敌人数多报几成甚至几倍,以求得更多的赏赐,这种事情在历史上多了去了,而因此产生的数字错误,在史书中也多了去了。

那么这个四十万、四十五万,究竟有多少水分呢?咱们随便想一想,似乎水分不少——要想包围四十万赵军,就算利用地形之便,秦军的数量也不应该比四十万少,甚至可能在两到三倍,也就是说,在长平战场上秦、赵两国共投入了一百来万的军队,这真的可能吗?

然而可怕的是,这个数字很可能是真实的,或者距离真实并不太远。

根据史料记载和后世的考证、统计,咱们说过,当时中国的总人口大约两千万,七雄都有数十万常备军,尤其是强盛的秦国和还没有被秦国打残的赵国,很可能各超过了五十万兵马。赵军在长平被围以后,邯郸再也派发不出援军来,可见赵国的绝大多数部队都已投入战场,各地戍守之兵不会超过十分之一。也就是说,赵国在前线有四十多万兵,是完全可能的。

以秦国的实力来说,以秦当时对其他国家并没有发动大规模战争来看,他的主力部队也基本上都投入长平战斗了,再加上秦昭襄王在河内搞总动员,在长平的秦兵数量肯定超过赵军不少,甚至可能接近百万。

白起在长平坑杀赵国降卒以后,历朝历代都能从附近挖出很多死人坑,数量最多的,一个坑里就有数千具遗骨。到了唐朝中期,发掘数量最

史无前例的大战争
—— 战国纷争和秦的统一 ——

多,为此唐玄宗还特地下旨建庙祭祀。

所以大屠夫白起一口气杀了四十万降卒,这个令人胆战心惊的血腥数字,很可能是真实存在的。

长平之战,彻底把赵国给打残了,白起就想趁着这个机会直逼赵都邯郸,一战而灭亡赵国。

韩、赵两国都为这次致命的失败而恐惧万分,于是合谋派苏代入秦,去游说秦相范雎。苏代警告范雎说:"如果让武安君平了韩、灭了赵,那么没有人再比他功劳更大,秦王一定会任命他做相国的。您自认为功劳能够比得过武安君吗?您想长踞相国之位,有这种可能吗?"

按照秦法,战功越大,爵位越高,没有战功不可封相。就史料记载来看,范雎是没有多大战功的(按照秦法,他能当上宰相,肯定是打过仗的,但既然毫无记载,可见不算什么大仗),更别说跟白起相比了。所以范雎听了苏代的话,觉得自己的位置摇摇欲坠,赶紧跑去劝谏秦昭襄王:"长平虽胜,我军的损失也颇为惨重,还是及早收兵,别把关东各国逼急了,再合纵抵抗,我军就没有胜算啦。"

秦昭襄王听了范雎的话,就下令白起归国休养,光留下王龁平定上党郡。在外交政策上,他要求韩、赵各献出六座城池来赔罪。

赵孝成王就打算割地求和,但是遭到了虞卿的反对。虞卿说:"赵国的土地有限,秦国的贪欲无穷,今天割六城,明天割六城,请问赵国有多少六城可割呢?长此下去,就彻底连翻身的机会都没有了!"

赵赫、楼缓等大臣都怕诸侯趁此机会前来攻打,瓜分赵国,所以主张赶紧割地给秦,与秦国和谈。虞卿建议说,反正要割地,与其割给秦,不如割给齐。齐、秦之间是有仇的,赵、齐若能联合起来,就不怕秦国,更不怕其他诸侯国了。

赵孝成王虽然用错了赵括,倒还不是彻底的无脑蠢蛋,尤其是惭愧后悔之余,终于想起来虞卿在决战之初就出过与秦和谈的好主意了,只是自己没有听取而已。这回他终于听了虞卿的建议,派虞卿出使齐国,商讨合纵抗秦之策。

结果赵国不但没有把城池割让给秦国，反而趁机拉拢了齐、魏、韩、楚四国，重建合纵，打算要跟秦国继续对抗下去。

公元前259年九月，愤怒赵国不肯求和的秦昭襄王下令再次伐赵。他要白起挂帅出征，但白起却坚决不同意。秦昭襄王就问："前年仗刚打完，士卒疲惫，你偏要长驱直入去灭赵。如今终于喘息过来了，粮草也比较充足，你倒不肯去了，这是为什么？"

白起的分析是：长平之战大败赵军，赵人肝胆俱裂，沉浸在悲痛中还没有缓过劲儿来，趁机进攻，他们根本不敢还手；如今他们已经从悲痛中缓过来了，内心充满了对秦人的愤怒，君臣上下一心，又有诸侯相助，这不是攻打的好时机。

就军事上来说，收降了四十万赵卒，养活不起，又宽放不得，白起似乎除了将他们全部坑杀，没有别的法子可想。但在政治上，他这种野蛮的政策反倒使包括赵国在内的关东各国都更加恨秦，人人身上都背着血海深仇，对于秦军东进的抵抗势必更加顽强。白起认为现在不是攻赵的好时机，但这好时机究竟是范雎请求退兵丢掉的呢，还是你杀降政策丢掉的呢？

所以他的话虽然很有道理，秦昭襄王却根本听不进去，改派大将王陵率军伐赵。王陵长驱直入，一直杀到邯郸城下，但随即就遭到赵国守军的顽强抵抗，顿兵坚城下一个多月都毫无所得，秦兵反倒战死了四千多人。

秦昭襄王没有办法，又三催四请地要白起挂帅。但一方面白起恼恨君主不听自己的良言相劝；另一方面他也觉得时机不对，秦军必败，自己若在此时挂帅出征，必然有损不败的威名，因此一再称病，不肯领命。

王陵打不赢，白起不肯去，秦昭襄王只好从上党调回王龁，去替换王陵。可是王龁也一连八九个月都攻不破邯郸城。白起闻讯，随口说了句："都怪国君不肯听我的忠言呀。"这话传到秦昭襄王耳朵里，秦昭襄王勃然

史无前例的大战争
—— 战国纷争和秦的统一

大怒,再次要求白起挂帅,在遭到拒绝后,干脆把白起贬为小兵,要把他赶到边境去。

白起才出咸阳城,秦昭襄王就有点后悔,和范雎商量:"武安君本事太大了,寡人这么对待他,他会不会逃往别国,与秦国为敌呢?"于是派人追上白起,赐剑令其自裁。

白起手持宝剑,一开始还抱怨:"我有何罪,上天让我落到这般下场?"想了一会儿,他终于明白了:"长平之战,杀死降卒数十万,这般罪过,人能够宽恕,上天也不会宽恕的呀。"于是横剑自杀。

白起自杀后不久,楚、魏等国就派兵救援邯郸,大败秦军。

第七章 战国时代·血沃长平

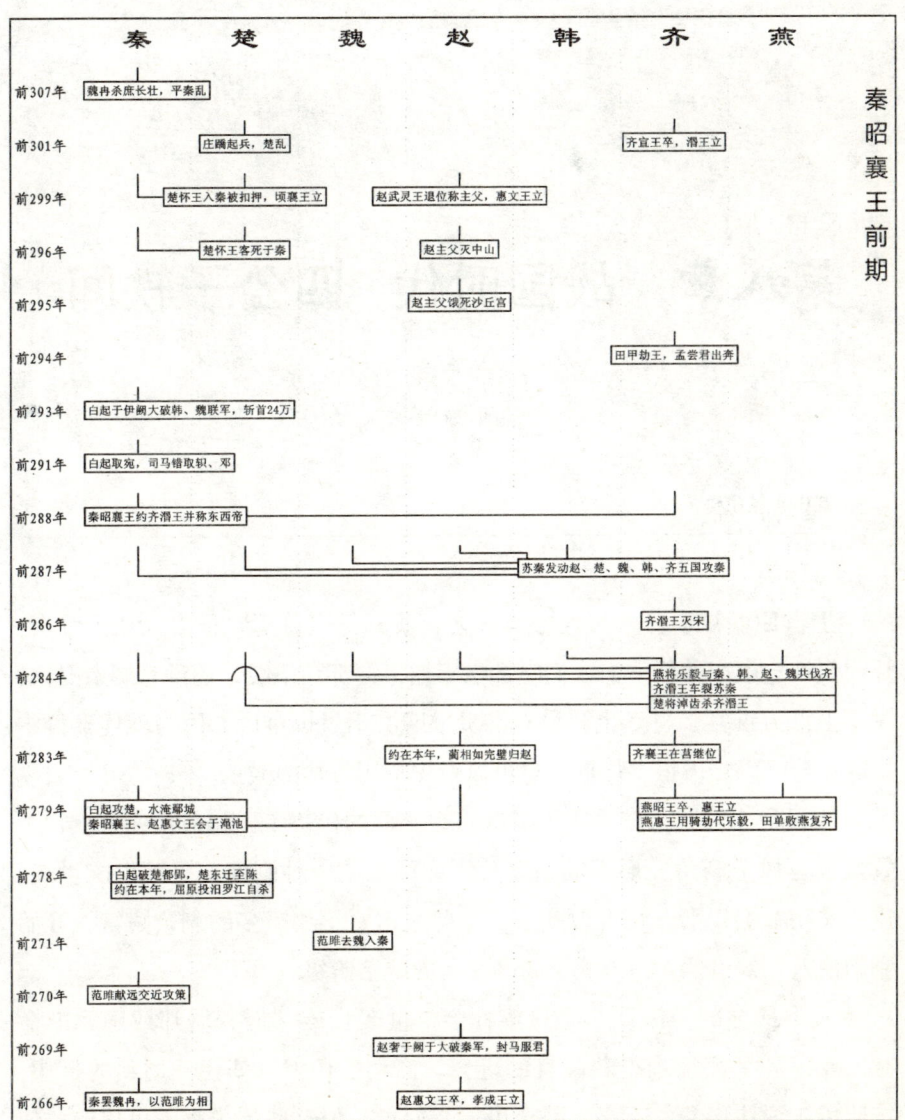

战国中期（秦昭襄王在位前期即魏冉执政时期）大事年表

第八章　战国时代·四公子轶闻

鸡鸣狗盗

上古原始社会，人与人之间有无贵贱高低之分呢？很多人认为没有，那时候社会生产力低下，人们吃都吃不饱，穿都穿不暖，还没有剩余财富，说不上谁穷谁富，自然也就没有谁贵谁贱。不过也难说，因为就连猴群中都存在着可以霸占很多母猴，也可以最先享用食物的猴王。

不过那个时代，就算有人掌握一个族群的权势（比如酋长或者巫师），数量也是凤毛麟角，形不成一个阶级，形不成一种制度，更不可能世袭。进入文明社会以后，情况改变了，某些人占有了相当多的剩余财富，开始剥削他人、奴役他人，形成了高高在上的统治阶级。

人类最早的等级社会是贵族社会，世袭贵族掌握着城邦或国家的命脉，奴隶和平民很难得着翻身的机会。商朝的伊尹、傅说，周朝的吕望，按照传统说法出身并不高，甚至可能是奴隶，但这些传说都不可尽信，他们本身应该也是统治阶级的一员，否则连学习的机会都没有，又怎能具备定国安邦之才呢？

到了春秋时代，活跃在政治舞台上的仍然是一群世袭贵族。管仲很早就做了公子纠的老师，他的出身虽然比不上高、国等家族，肯定也不会太低；跟随晋文公流亡的也多是晋国或者与晋有姻亲关系的狄人贵族；辅秦的百里奚先做过虞国大夫，他的老朋友蹇叔也不会仅仅是个平民；至于伍员、范蠡、文种之辈，他们都是楚国贵族出身。

直到进入战国时代，这种状况才有了一定程度上的改变，很多低级贵族和平民们逐渐迈上政治舞台。一方面，从孔丘主张"有教无类"以来，各地私学兴起（传说中的鬼谷子应当就是位私学老师），很多下级贵族和平民没资格上贵族学校，但可以在私学中受到教育。商鞅是卫国公族；孙膑既然是孙武的后人，也应当是贵族；但张仪、苏秦、范雎等人却很难搞清楚他们的出身，说不定原本的身份很低。

另一方面，旧的统治秩序被打破，世袭贵族纷纷落魄，也需要有比较低等级的有才之士来填补空缺。

那么，这些新贵要怎样才能得到国君的赏识，从而爬上高位、大展长才呢？咱们从商鞅、张仪等人的经历中可以很清楚地看出，投到大贵族手下当门客（也叫食客），是最为便捷的法门。只要你把大贵族伺候好了，在他面前展现出自己的才干，就有机会被大贵族推荐给国君，出仕做官。

而那些大贵族们为了巩固自己的权势，也需要有这么一群妄图钻营爬升的小人物来捧臭脚。一方面，门客多就是佣人多、私兵多，方便办事，不怕打压；另一方面，倘若推荐了很多人才，朝堂上百官都是自己门客出身，还有谁再敢摇撼你的权势呢？

所以，战国时代，大贵族们养士之风大盛，也就是说不论贵贱、出身，只要有一技之长，谁都可以跑去大贵族家里吃闲饭，等着老爷派给你活儿，或者把你推荐给国君。咱们前面提过，蔺相如的门客曾经跑去劝主公不要畏惧廉颇；赵奢曾经斩杀过为平原君赵胜管账的九个人，这些人很可能不是奴隶、佣人，而是门客；

> 孟尝君、商鞅之类的人物，都身为王室公族，不管血缘远近和地位高低，都有去他国做官的经历，可见战国之时，"家国"的概念还没有深入人心。

史无前例的大战争
—— 战国纷争和秦的统一

此外，秦相魏冉也因豢养了大群门客而享誉诸侯。

一家大贵族，能够豢养多少门客呢？数字是很惊人的，据说最多的超过三千人。战国时代，最有名的养士的大贵族，还得算各诸侯国的公族，有所谓"战国四公子"的说法。四公子里排位第一的，要算是齐相田文，他的封号是孟尝君，封地在薛。

田文的父亲名叫田婴，受封靖郭君，这父子两人先后都当过齐相，权势很盛，财富也多，所以豢养了大群门客。

田文为相多年，名声在外，也获得了别国君主的重视。后来因为牵涉到"田甲劫王"的恶性事件中去，田文被迫卸任相职，流亡国外，不久后又被齐湣王召回来，虽然不让他当宰相了，却仍然保留薛邑的封地。秦昭襄王听闻此事，就派人带着大量财宝前往薛邑，想聘请田文入秦为相。

田文一口答应下来，于是带着大群门客，浩浩荡荡地离开薛邑往秦国赶。

可是他入秦为相之事，却遭到了秦国贵族、官僚们的嫉恨，就有人在秦昭襄王面前进谗言，说："孟尝君可是齐国的公族，您怎么能信任他呢？他要是做了宰相，肯定第一考虑的还是齐国，那么秦国就危险了呀。"秦昭襄王听着有理，就把刚刚到达咸阳的孟尝君给囚禁了起来，打算找个机会宰掉算了。

田文遭此飞来横祸，吓得浑身筛糠。好在他是个聪明人，急忙派人去求见秦昭襄王的宠妃，请宠妃帮忙给说说好话，放自己归齐。宠妃说了："听说您有一件裘皮大衣，是用白狐狸皮缝的，没有一丝杂毛，非常珍贵。只要您把这件大衣送给我，我就帮您讲话。"

田文这个愁呀——他不是舍不得白狐皮大衣，但那件大衣早就已经进献给秦昭襄王了。这般至宝，天下无双，他要到哪儿再去找第二件来送给宠妃呢？

于是他召集众多门客，商议对策，大家都拿不出什么好主意来，只有身份最低的一个人突然站了出来，说："我有办法。"门客也是分三六九等的，高级门客可以住豪宅、穿绫罗、乘马车、吃酒肉，逢年过节还别有赏赐，低级门客却只能睡大通铺，只保证你吃饱穿暖就行了。

这个根本不起眼的低级门客自称能为"狗盗"之术，也就是会偷东西。当晚，他就披着一身狗皮，从狗洞里钻入秦宫，继而潜入库房，把那件白狐皮大衣给偷了出来。田文赶紧把大衣送给宠妃，于是宠妃吹了阵枕边风，秦昭襄王真的就把田文一行人给放了。

田文害怕秦昭襄王改变主意，不敢再在秦国逗留了，赶紧改换姓名，想连夜逃回齐国去。可是他跑到函谷关下的时候，天还黑着，按照秦法，只有等鸡叫了才能开关放人。

这个时候已经传来了消息，秦昭襄王果然后悔，派人从后追来。田文这个着急呀，可是关门总也等不开，万一出不了函谷关就将被重新押回咸阳，那可有多郁闷？就在这个紧要关头，又一名低级门客站出来为他解围——此人别无所长，却能够惟妙惟肖地模仿鸡叫，他一高声学鸡叫，关内关外的公鸡听了，也都应和着鸣叫起来。守函谷关的兵卒听到鸡叫，就打开关门，田文一行人这才如同丧家犬一般匆匆忙忙地逃出了秦国。

不到一顿饭的时间，秦昭襄王派来追赶的人就到了关下，就差那么一小会儿，田文早已经去得远了，追不上了。

田文的门客里，还真是什么人都有，那是因为他来者不拒，只要来投靠他的都肯收留，起码给你一碗饱饭吃。想不到鸡鸣狗盗之辈，到了关键的时候，竟然还能派上大用场啊。

给您买了义回来

田文豢养了大群门客，其实大多没什么本事，而且他们眼中只有"恩主"田文，根本不把别人放在眼里，也就是说，他们都是田文私人的部属。国内有这么一位大贵族，手下好几千只忠于他个人的门客，换了谁当君主都不会放心的。所以田文在齐国几起几落，始终遭到齐湣王的猜忌。

史无前例的大战争
—— 战国纷争和秦的统一

就说他从秦国逃出来那回吧，回归齐国薛邑，途经赵国，受到"战国四公子"中另一位、赵国平原君赵胜的款待。赵胜久闻田文的大名，但这还是第一次见面，想不到见面不如闻名，就笑着对左右说："我还以为孟尝君是个身材魁梧的大丈夫，想不到个子那么小呀。"

这话传到田文耳朵里，田文这个气呀，身旁那些门客也纷纷点火浇油，于是他们一起抄起武器，竟然攻入赵国一个县城，连杀数百人后扬长而去。

为了一句话就光这么大的火，田文真算不上是位贤士，而他那些门客助纣为虐，肆意破坏齐、赵两国间的关系，也都是一些鼠目寸光的混蛋。要说田文养士三千，真正有才能的（不是指鸡鸣狗盗那种才能），只有一个——冯谖。

> 孟尝君最为重视的不是自己的国家，他有自己的封地，有自己的家族，当冯谖为他营造好三窟之后，他就别无所求了。当齐国被燕国打得几乎灭国的时候，大多数齐国贵族正像孟尝君这样自保，使得最后复国的希望只维系在官卑职小的田单身上。

冯谖家里很穷，所以投到了田文门下。田文就问了："先生远道而来，有什么可以教导我的吗？"意思是问你有什么本事，先说来听听。冯谖是个老实人，不会吹牛皮，说我没什么本事，只是想来混口饱饭吃。于是田文就把他安排在最低级的门客当中。

田文对门客们还是挺关心的，尤其那些新来的人，隔一段时间总要问问起居情况。于是过了十天，他问管事的人："新来的那位冯君，最近在做些什么？"管事人回答说："冯先生很穷，随身只有一柄长剑，连装饰都没有，用草绳缠着剑柄。这几天他一直在把长剑当乐器弹，边弹边唱：'剑呀，剑呀，咱们回去吧，这儿伙食没有鱼呀。'"

田文听了这话，哈哈大笑，当即点头："行，行，抬高他一个等级，让他吃饭有鱼有肉。"然后又过了五天，他再问管事的："冯君过得怎样？"管事人回答说："他还在弹剑唱歌呢，歌词是：'剑呀，剑呀，咱们回去吧，这儿出门没有车呀。'"田文好人做到底,就又把冯谖抬高了一个等级,让他位列高级门客。

再过五天,田文再次探询冯谖的情况,没想到冯谖唱歌唱个没完了,这回的歌词是:"剑呀,剑呀,咱们回去吧,这儿没钱养家呀。"田文就问:"冯君家里还有什么人吗?"知道的人回答说:"有老母在堂。"于是田文就派人往冯谖家里送吃的、送穿的,让冯母得以温饱。冯谖这才终于不再唱歌了。

冯谖在田文家里连吃了一年多的闲饭,什么主意也没出过,什么差事也没干过。直到有一回,田文召集门客们来问:"最近债收不上来,该怎么办呢?"

田文家里养的吃闲饭的门客实在太多了,光靠薛邑的税收根本支撑不过来,他只好在领地上放债,可是薛邑的老百姓本来就过得很苦,借了债,到期全都还不起。眼看着府中财务状况日益窘迫,田文多少有点着急,就问门客们:"你们谁能帮我收债去?"

有人看着冯谖没啥本事,还当高级门客,一待一年多,就趁机推荐冯谖,说:"冯君看起来像是个能言善辩之人,反正他也没别的差事,不如派他去吧。"

田文听着有理,就派冯谖去薛邑收债。冯谖临行前问:"收了债,还要买点什么回来吗?"田文随口回答:"你看我这儿缺什么,就买什么好了。"

于是冯谖捧着一大摞债券,匆匆赶到薛邑,辛辛苦苦地收上来十万钱的利息,然后他就用这笔钱酿了很多酒,买了几头肥牛,把所有债务人全都叫了来——不管是付了利息的,还是付不出利息的。等大家到齐以后,冯谖就宰牛倒酒,跟大家好好宴饮了一番,直到天黑,才开始一一对照债券,看家庭状况付得起利息的,约定个偿息期限,看家庭状况连利息都还不起的,就干脆一把火把债券全都给烧了。

冯谖向大家解释自己的行为,说:"孟尝君放债,不是为了聚敛钱财,

史无前例的大战争
—— 战国纷争和秦的统一

而是提供老百姓谋生的本钱，所收那点利息，要养活门客用。所以有钱人家，你们继续付利息就行；没钱人家，债券一律作废。这真是位仁君呀，大家可不要对不起他呀！"

说完这些话，他空着两手回到田文府中。田文这个气呀，当面呵斥，但冯谖却说："您说收完债买点家里缺的东西回来，我琢磨着，您家珍宝也不缺、粮食也足够，所缺的只有义而已，所以我把义给买回来了。"

田文拍案大骂："义算啥东西？！在哪儿呢？"冯谖不慌不忙地回答道："有些人连利息都付不起，更别说还债了，您要逼债逼急了，他们都得跑路。大家都跑了，薛邑不就空了吗？您不就穷了吗？所以我烧掉债券的时候，百姓们都拜服在地，三呼'万岁'，这就是给您买回来的义呀。"

田文一听这话貌似有点道理，再加上债券已经烧了，再责骂冯谖也于事无补，于是只好摇摇头："我知道了，我知道了，先生您赶紧下去吧，别再烦我了。"

田文在齐国几起几落，终于再次被齐湣王罢黜相位，把他赶回封地。门客们一见他失势，纷纷散去，只有冯谖等少数人还跟在身边。结果他垂头丧气地到了薛邑一看，老百姓扶老携幼，都带着酒饭前来迎接，队伍排了好几里长。田文恍然大悟，对冯谖感叹道："您为我买的义，我今天终于看到了呀。"

冯谖说："都说兔子会挖三个洞（狡兔三窟），这样才能保住性命，您如今只有薛邑这一个洞是不够的，且让我为您再去凿两个洞吧。"于是田文就交给冯谖五十辆马车、五百金，让他到各诸侯国去活动。

冯谖跑去魏国，对魏王说："齐国流放其大臣孟尝君，孟尝君是贤人，哪家诸侯先招聘他，就能国富兵强。"魏王听着有理，就把相国改封为上将军，空出相位来，派使者带着千金和一百辆车，前去延聘田文为相。可是冯谖先跑回薛邑，对田文说："这是做给齐王看的，您可千万别真的答应。"

齐湣王听说魏国派人来礼聘田文,他也慌了,赶紧让人带着重礼去向田文道歉,恳请他继续留在齐国,别往别国去。冯谖再次出主意说:"您趁机向大王请来先王的祭器,安置在薛邑的宗庙里,那么您的宗庙就和齐国的太庙等同,从此齐王永远不敢进攻薛邑——这才是第三个兔子洞。"田文照此办理,果然此后数十年间,再没有遭逢什么大祸。

田文门客三千,只有这个冯谖是真正有本事,更具备大局之眼的贤才。

毛遂自荐

说完了孟尝君田文,咱们再来说说平原君赵胜。赵胜乃是赵惠文王的兄弟,先后三次出任赵相,辅佐赵惠文王和赵孝成王,封地是在东武城,他也豢养了数千门客。

据说某一次,突然有个瘸子找上门来,对赵胜说:"您家的高楼邻着大街,我出门挑水,听到楼上传来笑声,抬头一瞧,原来是您的几位美妾居高临下,在嘲笑我的残疾。"赵胜听了这话,赶紧道歉。但是瘸子不肯罢休,要求说:"素闻您有爱士之名,如今我这个士受到侮辱,希望您能砍下那几个嘲笑我的女人的脑袋来,以补偿我心灵受到的伤害。"这个要求实在太过分了,赵胜只是点头敷衍:"好,好。"当然完全不肯照办。

没想到消息传出去以后,赵胜家中的门客纷纷请辞离去。赵胜请问缘由,有门客就说:"那是因为您爱好美色,轻贱士人,所以大家都不愿意再留了。"赵胜大感惶恐,赶紧把那几名美妾给砍了,带着首级跑去向瘸子当面致歉,这才终于挽回了人心。

这个故事在今天听来,真是不可思议,因为嘲笑别人就要被砍头,"士"和"妾"之间,差别真有那么大吗?但在当时,女性毫无社会地位,尤其是非正妻的"妾",对于男性来说,不是平等的另外一个人,而是物,是自己所拥有的财产,杀掉几名妾,不过是毁掉一点财产而已。

史无前例的大战争
—— 战国纷争和秦的统一

所以为了这些所谓的"士"的脸面，为了赵胜自己好士的虚名，根本就不把女性的性命当回事。"士"最早的意思是指贵族，后来指读书人，但古代这类残忍的读书人，在今天看来，只是社会的蛀虫和渣滓而已。

如前所述，公元前258年，秦昭襄王先后派王陵和王龁攻打赵都邯郸。赵国在长平之战中损失惨重，很难再拿出多少抵抗侵略的兵马来了，被迫要向别国求救。赵胜受命前往楚国，去说服楚考烈王（楚顷襄王之子）派兵救援。

按照赵胜的意思，要从门客中挑选出二十名文武兼备的能人协同前往："要是靠言辞就能说动楚王，当然最好；倘若说不动对方，哪怕用武力威胁，也一定要与楚王歃血为盟，重定合纵，联合抗秦！"

可是挑来挑出，合适的只有十九个人，找不到第二十个。正在郁闷呢，突然有个名叫毛遂的低级门客站了出来，高喊道："算我一个！"

赵胜就问了："先生您来我家几年了？"毛遂回答说："三年了。"赵胜笑笑说："贤人处于世间，好像锥子藏在布囊里一样，藏不住，尖端肯定会破囊而出的。如今您在我家里整整三年了，没听见谁称赞您的本事、德行，可见您不算贤人，不能跟我一起去。"

毛遂也笑："您说得没错，锥子藏在布囊里，尖端肯定会破囊而出，但您还没有把我放进布囊去呀。这回前往楚国，就是把我放布囊里了，我这把锥子，将会刺穿布囊，整个儿冒出来（脱颖而出），岂止光露个尖儿呢？！"

反正凑不够人数，赵胜没有办法，也只好带上这个说大话的毛遂。

没想到一路走，毛遂和另外那十九名门客一路辩论，他巧舌如簧，把众人全都给说服了。等到了楚国宫廷，赵胜进去游说楚考烈王，从大清早一直到中午，还不见有什么结果，于是十九名门客就都怂恿毛遂："毛先生，该您出马了。"

毛遂当仁不让，手按着腰佩的长剑就朝殿上闯，同时大喝道："分说利害关系，几句话的事儿，为何长久得不出结论？！"楚考烈王大吃一惊，就问赵胜："这是谁呀？"赵胜红着脸回答说："是臣的门客。"于是楚考烈王怒斥毛遂："我和你家主人在说话呢，哪儿有你插嘴的份儿？！"

毛遂丝毫不惧，按剑而前，大声喝道："大王所以敢斥责我，是仗着楚国国大兵多，然而现在你我之间相距只有十步，再多兵马也没有用，您的命是捏在我手里呢！我家主公就在这里，哪儿轮得到您来斥责我？"

这是赤裸裸的武力要挟了，吓得楚考烈王面如土色，好一会儿说不出话来。

于是毛遂就开始冷静地分析："国大兵多有啥用？我听说商汤最早只有七十里领地，照样灭夏称王；周文王最早只有百里之地，照样臣服诸侯——他们靠的是仁德，不是靠兵马众多。如今楚国有领地五千里，百万雄兵，诸侯皆惧，却被小小的白起率领数万人就攻克了郢都。连我们赵国人都为楚国感到屈辱，大王您倒无动于衷吗？合纵抗秦，不是为了保护赵国，而是为了帮助楚国复仇哪！"

完了他还要再高喊一遍："我家主公就在这里，哪儿轮得到您来斥责我？"

楚考烈王又是害怕，又感羞愧，只好连连点头："先生您说得对，说得很对。"毛遂就问："合纵之计就此定了？"楚考烈王赶紧回答："定了，定了。"毛遂老实不客气地叫楚臣把鸡、狗、马的血都端过来，当场歃血定盟。

古人定盟发誓，要把动物的血涂在嘴唇上，这是个传统仪式。根据身份地位不同，所用来取血的动物也不同，天子用牛或者马，诸侯用狗，大夫以下用鸡。楚考烈王当然是天子（因为谁都不再理会周天子了），用马血；赵胜是赵国的公族，受封平原君，可以算是诸侯，用狗血；毛遂只是个门客，所以用鸡血。

于是先楚考烈王，然后是赵胜，第三个到毛遂，全都歃了血。最后毛遂端着装鸡血的盘子，招呼殿下自己那十九名同伴："你们也过来歃血吧。你们呀，没什么本事，所谓因人成事者是也。"

靠着楚、魏两国的援兵，赵国终于打败秦军，解了邯郸之围，毛遂实在是功不可没。不过仔细想想，虽然号称识人爱士，豢养门客无数，田文和赵胜却事实上没啥眼光，他们只是器量大点，反正家里有钱，喜欢招聚点门客而已。田文看不到冯谖的才能，赵胜看不到毛遂的才能，倘若没有合适的机会，这两位高人永远也不会露出头来。

正如毛遂所说，真正的贤才要在合适的位置上，才能脱颖而出，你不把锥子放在布囊里，又怎么知道它是锋利还是朽钝呢？

相比起来，只有魏国的信陵君，才算是真正有识人之明的天下奇才。

鲁仲连义不帝秦

信陵君名叫魏无忌，是魏昭王的儿子，魏安釐王的亲兄弟。魏安釐王的时代，魏国西部领土，包括旧都安邑在内，全都已经被秦国蚕食干净，以大梁为中心的东部领土，也只是苟延残喘而已。公元前273年，也就是魏安釐王登基的第四年，赵、魏联军攻打韩国，秦将白起救韩，大破魏军，杀死魏将芒卯，斩杀魏兵十三万，继而又打败赵军，把两万赵国俘虏投入黄河，给活活淹死了。

从此以后，魏安釐王被秦军给吓破了胆。

信陵君魏无忌无论胆子还是抱负，都比他哥哥要强过百倍，他豢养了三千多食客，把其中不少人都派到各国去打探消息，想要寻找机会重振国威。

据说某一次，魏安釐王和魏无忌兄弟两人聚在一起博戏——博是一种古老的棋类游戏，掷骰子、走棋子儿，以定输赢——突然有人前来禀报，说："赵王亲率大军，已逼近我国边境！"魏安釐王闻报大吃一惊，急忙丢下棋子，就打算召集大臣们来商议对策。但魏无忌却连头都不抬，还安慰哥哥说："那是赵王出门打猎啦，不是来进攻咱们的。"

过了一阵子，确切的消息传来，果然赵王只是离开都城邯郸，到赵、魏边境来打猎而已。魏安釐王就奇怪了，问魏无忌："你会卜算吗？你怎么知道赵王不是来攻打咱们的？"魏无忌淡淡一笑："臣有门客隐藏在赵国，赵王的一举一动，都逃不出臣的掌握呀。"

魏无忌简直是中国历史上最早的间谍头子，然而可惜的是，这个间谍头子不是国君——即魏安釐王——任命的，搞到什么情报，也不立刻向国君汇报，因此他的活动手段越高明，魏安釐王就越是担心害怕，从此光好吃好喝地养着这个兄弟，不敢让他参与国政。

——他那么厉害，啥都知道，万一哪天想篡位夺权可怎么办呀！

魏无忌就这么着在大梁城里闲住，一边指挥着他的间谍大军，一边到处请客吃饭，爱士养士，招聚了很多门客。他偶尔听说，大梁城有座城门叫做夷门，这夷门的守门小官名叫侯嬴，年已七旬，家道很贫穷，但却是个难得的贤人隐士。于是魏无忌准备了很多礼物，亲自前往拜访，但侯嬴却说："老夫修身养性许多年，不愿做大官，也不愿受人恩惠。"打了魏无忌的回票。

魏无忌不甘心，就在某次请客吃饭、宾朋云集的时候，亲自驾着马车去请侯嬴。盛情难却，侯嬴只好整理一下破旧的衣冠，大摇大摆上了车。魏无忌态度恭敬，亲自拿着马鞭，和侯嬴同乘。

走了一段路，侯嬴突然开口问："老夫有个屠夫朋友，很久不见了，您能不能载我去拜会他一下？"魏无忌二话不说，立刻驾车转向，前往侯嬴的朋友家中。侯嬴下车跟朋友聊了好一会儿天，东拉西扯的，魏无忌也不着急，也不催促，只是驾着车在旁边老老实实等着。

大街上的老百姓看到这种情况，都纷纷撇嘴："这老家伙谁呀？如此慢待公子——也只有公子这般礼贤下士的贤人，才不跟他计较。"

好不容易侯嬴聊完了，这才重新登车，前往赴宴。魏无忌把侯嬴让到上座，亲自敬酒，宾朋们都万分惊诧，不知道这老头是什么来历。

酒宴过后，侯嬴才对魏无忌说："老朽不过是一个守门小官，想不到公子如此厚待我。所以态度傲慢，跟人聊天，故意让公子等，是为了成就公

143

史无前例的大战争
——战国纷争和秦的统一

子爱士的美名呀。"魏无忌恍然大悟，非常感激，从此侯嬴就成为他的座上客，三天两头请侯嬴来喝酒。

如前所述，长平之战后的公元前258年，秦军大举攻赵，包围了邯郸城。平原君的夫人，正好是魏安釐王的妹妹、魏无忌的姐姐，一连写了好几封信，派人送到大梁来，请求救援。魏安釐王派大将晋鄙率军十万去救邯郸，可是晋鄙前脚才走，他随即就接到了秦昭襄王的来信，信中说："寡人攻赵，眼见就要成功，诸侯谁敢救赵的，灭赵之后，寡人第一个攻打他！"

魏安釐吓坏了，赶紧命令晋鄙就地停下，只作壁上观，不要去救赵。同时他还派大臣新垣衍入赵，劝赵孝成王说："秦不是真的要灭掉赵国，而是当初想与齐国并称东、西帝，因遭到诸侯抵制而作罢，所以想抖抖威风，重提前议。齐国已经衰弱了，如今天下强国，只剩下一个秦，倘若赵王愿意尊秦王为西帝的话，秦兵自然就会退去。"

这根本就是歪理，但是赵孝成王病急乱投医，听着却心动，赵相平原君赵胜虽然觉得有问题，可是也拿不出什么话来辩驳。正巧这个时候有位齐国的隐士鲁仲连来拜访赵胜，听闻此事，就要求见新垣衍一面。

> 鲁仲连的故事在《战国策》中有记载，他既是说客，又是策士，但都犹如神龙见首不见尾，参与多国政治角力而又未遭杀身之祸，最后悠游山林，成为后世大诗人李白的偶像，也是战国时期诸多不得好死的策士中的异类。

鲁仲连当场驳斥辛垣衍："秦王无道，虐使其民、侵略诸侯，这种君主倘若为帝，我宁可跳东海去死，也不肯当他的臣民！您不要以救赵为名，出这些馊主意，我可以去说服燕、楚、齐、魏各国发兵来抗秦救赵。"

新垣衍笑着说："别国我不清楚，我就是从魏国来的，魏国根本不可能发兵救赵。"鲁仲连说："那是因为魏王没有看清楚尊秦为帝的害处，他若是清楚了这些害处，就会让晋鄙进兵了。"

鲁仲连说,当年齐威王率领诸侯们觐见周天子,可谓天下仁君,然而周烈王去世,齐国奔丧的使者不过晚到了几天,周显王就勃然大怒,诅咒齐国。可见倘若不义之人为天子,他麾下的诸侯也都没有好日子过。

新垣衍就说啦:"您怎么能拿周跟秦相比呢?况且天子就是天子,就好比十个佣人伺候一个主公,不是力量不足以推翻他,而是心中畏惧他。如今诸侯们都畏惧秦国,秦国就是主公嘛,就是天子嘛。"鲁仲连冷笑道:"照您这么说起来,魏国是秦国的佣人啦。"新垣衍脸皮也真厚,竟然点头回答说:"对呀,那又怎么样?"

鲁仲连继续冷笑:"那我就去游说秦王,让秦王把魏王给千刀万剐喽!"新垣衍脸色一变:"您这话就说得太过份了,侮辱了我家大王。您有什么本事,能够说服秦王对魏王不利呢?"

鲁仲连冷哼一声:"还用我去说吗?您不记得当年商纣王杀害鄂侯、九侯,囚禁周文王的事情吗?做暴君的臣子,就是这般下场!您仔细想想,一旦秦王当了天子,他即便不能替换各国诸侯,也有资格替换诸侯们的臣子,把他认为放心的置于高位,排斥他所敌视的。您得到魏王的宠信,难道同时也得到秦王的宠信吗?您到时候又是什么下场呢?"

一番话驳得新垣衍是哑口无言,不敢再劝赵王尊秦为帝了,灰溜溜地逃回了魏国。

窃符救赵

新垣衍虽然铩羽而归,魏安釐王却仍然只是让晋鄙驻兵观望,不让魏军真的去救赵。魏无忌听到这个消息,救姐心切,心急如焚,多次前去觐见魏安釐王,请求他让晋鄙继续前进。魏无忌养了很多门客,其中不乏能言善辩之辈,也全都帮忙去劝说,然而胆怯的魏安釐王却是王八吃秤砣——铁了心了,坚决不肯下令。

魏无忌手下是没有毛遂呀,若有毛遂之类的人物在,或许就能说服(应该是压服)魏安釐王了。

魏无忌万般无奈之下,只好召集门客,集合了一百辆战车,打算纯个人行为地亲自去救赵,大不了和姐姐、姐夫死在一起算了。他从夷门离开大梁,顺道还去拜访了侯嬴一趟,把自己的困境和决心向侯嬴阐述了一番。侯嬴点着头说:"公子您就去吧,请恕老朽年迈,无法跟从。"

魏无忌走了一段路,越想越不对:"我对侯先生那么好,眼看这回去九死一生,他怎么就这么两句门面话呢?难道是我有什么做错的地方,侯先生对我不满意吗?"别人对他态度不好,他并不怨恨,倒先检讨自己的过失,这种人物才真能算得上是君子。

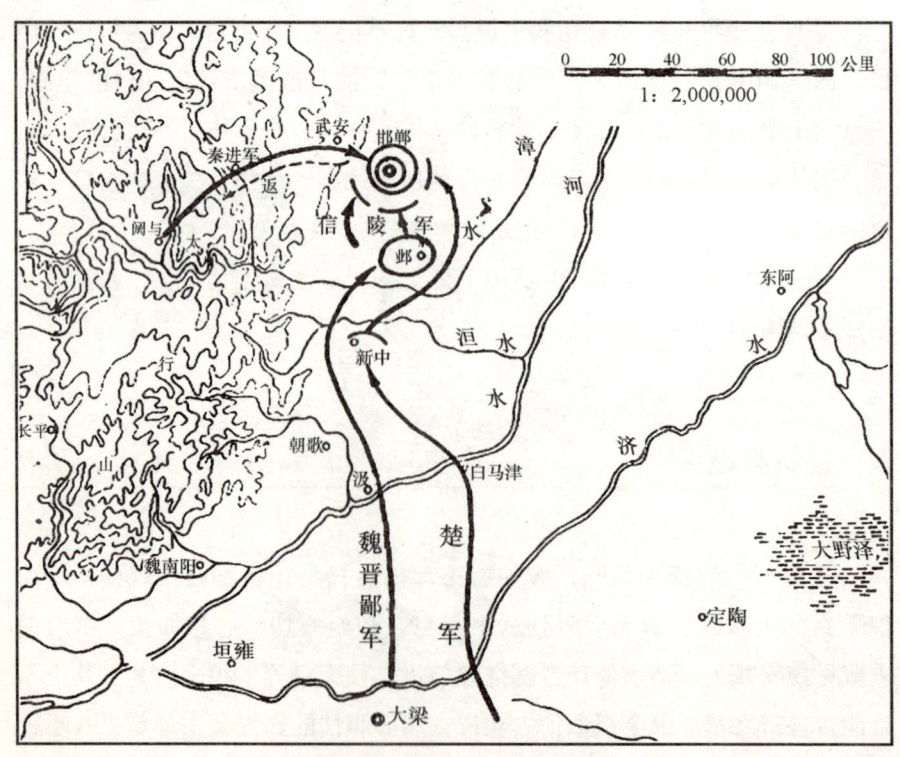

魏信陵君救赵之战经过图

此去八成是要死的，临死前总不能留下遗憾，于是魏无忌匆忙转回头，再去询问侯嬴。侯嬴笑笑说："我就知道您会回来的。您这回前去救邯郸之围，譬如把肥肉扔给饿虎，白白送了性命却于事无补。想不到您养客三千，就没一个人能出个好主意——所以我不肯跟着去。"

魏无忌赶紧作揖："莫非先生有何高见吗？"侯嬴要魏无忌屏退众人，然后悄悄地说："要救邯郸，除非带上晋鄙的十万大军，而要想让晋鄙听命，就得有虎符在手……"

虎符是古代军令的凭证，一般用竹、木或金属制成，雕成一只老虎的形状，上描花纹、刻着字，所以叫"虎符"。虎符一剖两半，一半掌握在领兵大将手中，一半掌握在君主手中，君主要下什么命令，就把半片虎符带去，领兵将领也拿出自己那一半虎符来，左右一合，看形状、纹路、文字都能合在一起，就知道是真的，不是假传的命令。

魏无忌听了侯嬴的话，皱皱眉头："虎符在大王手中，保管得很严密，我怎能拿得到呢？"侯嬴回答说："大王最宠爱的妃子名叫如姬，只有如姬能够偷到虎符。老夫听说如姬的父亲被人谋害，如姬寻访凶手，找了整整三年，最终还是公子您派门客帮她杀了仇家，如姬为报此恩，愿意为公子而死。您只要开口向如姬请求，她一定会偷来虎符的，您持此符便可率领晋鄙的军队，到时候北救赵而西抗秦，这是五霸的伟业呀！"

魏无忌听了这番话，如梦初醒，于是就悄悄地向如姬恳求，如姬也如约为他偷来了虎符。于是他带着虎符，第二次离开夷门，向侯嬴告别。侯嬴说："所谓'将在外，君命有所不受'。就算有虎符在手，老夫也怕晋鄙不肯从命，要再请示大王，那事情就麻烦了。上回老夫前去拜访的屠夫朋友，名叫朱亥，这人

> 在战国时期，兵符并不仅仅为虎符，还有鹰符、龙符等等，以虎符最为常见。随着时代演变，虎符逐渐成为身份和地位的象征。

非常勇敢，力气也大，倘若晋鄙肯于听命，当然再好不过，若是晋鄙不肯跟从公子，那就让朱亥除了他！"

听到这话，魏无忌眼眶一红，不禁流下了热泪。

侯嬴问他："公子您怕死吗？您哭啥呢？"魏无忌说："我不怕死，但想到老将晋鄙为人谨慎，他八成不肯把军队交给我，要再请示大王，到那时候，就只有杀害他的性命，真是太可怜啦。"

于是转过头去，再找到朱亥，朱亥一口答应下来。三过夷门，侯嬴终于表态说："老夫应当跟您前往，但年岁太大了，不堪山水跋涉。不过您放心，估摸着您到达晋鄙军中的时候，老夫将面朝您所在的方向，自杀谢恩！"

魏无忌一行人匆匆离开大梁，很快就到了晋鄙驻军的邺县。在验证过虎符以后，不出侯嬴所料，晋鄙还有所怀疑："臣率十万大军，驻扎在国境线上，大王就算要阵前换将，也不该让公子您单人独车前来呀？"话音才落，朱亥突然从袖中抽出一柄四十斤重的大铁锤，一锤就把晋鄙的天灵盖给打碎了。

主将既死，兵权当然就落在了魏无忌手中。于是魏无忌检阅大军，下令说："我等拼死前往救援邯郸，一去就很可能回不来了。倘若父子都在军中的，让父亲回去；兄弟都在军中的，让哥哥回去；家里是独子的，也回去奉养双亲！"就这么着，挑选了八万没有家庭拖累的士兵，浩浩荡荡直奔邯郸。

这个时候秦国大军顿兵坚城之下，已经非常疲累了，但各诸侯国救援赵国的军队——也包括毛遂请来的楚军——全都惧怕秦军，都和晋鄙一样远远望着，不敢前进。魏无忌带着八万魏军毫无畏惧地直冲秦阵，一仗就把秦军给打败了，各国兵马一看有戏，也纷纷跟随挺进。

秦国这一仗可输得太惨啦，主将王龁落荒而逃，大将郑安平被团团围困，无奈之下竟然投降了赵国。在魏无忌统帅下，魏、赵、楚等国联军一路势如破竹，再次杀到函谷关下，收复了很多失地。

可是仗虽然打赢了，魏无忌这次窃符矫诏，还杀害了大将晋鄙，按照国法，罪过太大了，所以他不敢回去魏国，就此留在邯郸，依靠着姐夫赵胜住了下来。

魏无忌听说赵国有两位隐士，一个管赌场，名叫毛公；一个卖酒为生，名叫薛公，就专程前往拜访，与两人结为好友。这件事让赵胜知道了，就对自己的妻子、魏无忌的姐姐说："我以前听说你弟弟天下无双，如今却发现他跟那些市井小民来往，真是太丢脸了。"

赵胜夫人把这话转告给魏无忌，魏无忌笑道："我以前听说平原君是位贤人，所以才会背叛魏王，要来救赵。谁想到平原君所交的都是酒肉朋友，他不是真的识才爱士。我还在大梁的时候，就听说毛公和薛公是贤人隐士，他在邯郸倒毫无所闻。这种亲戚，不理也罢。"说着话就整理行装，打算离开。

赵胜听妻子转述了魏无忌的话，万分惭愧，赶紧跑去道歉——从这件事也可以看出来，赵胜毫无眼光，比魏无忌要差得太远了。

结果魏无忌留在赵国，整整十年都不肯回去魏国，秦兵屡次伐魏，魏安釐王才终于想起这个有本事的弟弟来，多次派人前来相请。然而魏无忌坚决不肯回头，还告诫门客们："有敢劝我回国的，一律处死！"

最终还是毛公和薛公跑来劝他："您之以被赵人如此盛情款待，是因为您背后有魏国做靠山。倘若秦国把魏国给灭了，攻破大梁，毁掉魏先王、您祖宗的宗庙，您还有何面目苟活于世呢？"魏无忌这才幡然悔悟，赶紧整装归魏，被魏安釐王任命为上将军，再率齐、楚、魏、韩、赵五国兵马，大破秦兵。

秦昭襄王听说又输在魏无忌手里，赶紧派人去大梁散布谣言，说："如今魏国只知有公子，不知有大王，诸侯们畏惧公子之威，都想要联合起来，拥戴公子当魏王。"魏安釐王本来就猜忌这个兄弟，这下更害怕了，于是免去魏无忌的将军之位。

魏无忌灰心失望，从此整天沉湎于酒色之中，终于才刚壮年就重病而死了。

史无前例的大战争
—— 战国纷争和秦的统一

李园的阴谋

> 据说黄歇曾被楚王分封到吴地,《越绝书》记载他在吴地兴修水利,率先治理拓浚的河道被称为"黄歇浦",就是今天的黄浦江,于是在今天上海西南地区形成了市镇,因为黄歇被封为春申君,故而称为"申城"——这是上海市简称为申的来历。

孟尝君、平原君都以豢养门客享誉诸侯,但就他们本人来说,似乎并没有什么过人的才能,也没有建立过什么伟大的功业。信陵君魏无忌两次统率诸侯联军伐秦,威震天下,比那两个不知道强上多少倍。而"战国四公子"的最后一位,其才能、功绩虽然不如信陵君,却在孟尝君、平原君之上——那就是楚国公子春申君,本名黄歇。

公元前279年,秦将白起攻打楚国,首先挖渠引水,淹没了楚国重镇鄢城,淹死平民百姓数十万人,继而攻破邓和西陵。翌年,白起再伐楚,攻陷楚都郢城,火烧夷陵,进至竟陵,杀到洞庭湖一带,楚顷襄王被迫迁都于陈——半个楚国都被白起给攻下来了。

秦昭襄王一看形势大好,就打算联合韩、魏,一战而灭楚。

正好这个时候,春申君黄歇受命出使秦国,就急忙给秦昭襄王上书,剖析利害,说:"两虎相争,必有一伤,反倒让那些饿狗从中取利,对秦是没有好处的。大王联合韩、魏攻楚,如果借道韩、魏,兵走北线,万一韩、魏反叛,切断了后路,秦军就回不来了;倘若从南线进攻,到处都是沼泽、河流、密林,军行不便,反倒让北线的韩、魏抢先获利……

"韩、魏与秦有仇,是不会真的帮忙秦国的。想当年智瑶信任韩、魏,发兵攻赵,反被韩、魏所趁;吴王夫差信任越国,北上争雄,却被越国抄了后路。前车之鉴,您不能不提防。

第八章 战国时代·四公子轶闻

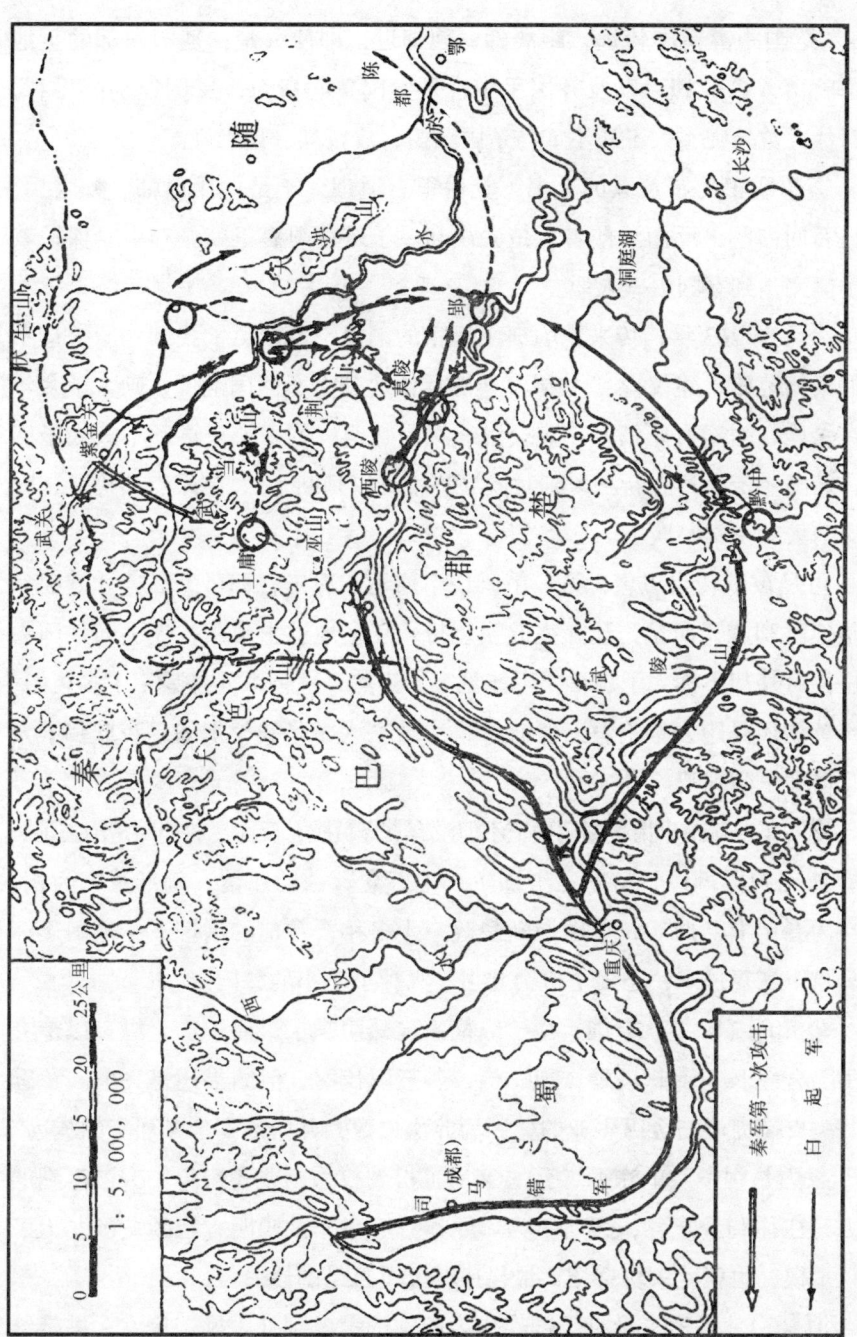

秦白起伐楚拔郢之战经过图

史无前例的大战争
——战国纷争和秦的统一

"楚国距离秦国较远，距离韩、魏却近，即便灭楚，楚国东部的土地也都将落入韩、魏，以及齐国手中，是秦国费心费力，反倒让别国得利，又有什么益处呢？大王还不如与楚国结盟，攻打韩、魏为好。"

秦昭襄王见了黄歇的上书，觉得很有道理，于是就斥退韩、魏之兵，并且召回白起，反而派使者入楚去议和。于是楚顷襄王就派春申君保护着太子熊完，到秦国去做人质。

公元前263年，传来楚顷襄王病重的消息，黄歇急忙找到一向交情不错的秦相范雎，建议说："如果秦能够尽快放楚太子回国继位，则太子多年待在秦国，对秦有感情，一定会继续秦、楚盟约的。如果秦国不放太子回国，楚国一定会另立新王，到时候局势就难以判断了。"范雎点头称是，就答应前去劝说秦昭襄王。

可是黄歇转头想想，万一范雎说不通秦昭襄王，那可怎么办才好呢？于是他就和熊完商量，让熊完改换装扮，秘密地逃出咸阳，先逃回楚国去继位，对外却声称太子病重，不能见客。当然，这种事儿是瞒不了多久的，最终黄歇还是跑去秦昭襄王驾前请罪，说："太子是我放走的，我欺骗了大王，请大王制裁吧。"

多亏了范雎给求情，秦昭襄王不但没有责怪黄歇，反而也放他回楚国去了。

熊完归国继位，就是楚考烈王，他感念黄歇的恩情，就拜黄歇为相，并封为春申君。此后，黄歇专断楚政三十多年，在他的治理下，楚国逐渐从衰败中恢复过来，还逮个机会北上，灭掉了小小的鲁国。

公元前241年，赵国重臣、纵横家庞煖组织了最后一次合纵，以楚考烈王为合纵长，率赵、楚、魏、韩、燕五国伐秦，但结果还是失败。黄歇是坚决支持庞煖与合纵事业的，因为此次失败，开始遭到楚考烈王的疏远。

权力是很危险的东西，野心家为了得到权力，或者避免失去已得到的权力，往往利令智昏，无所不为。原本看起来非常聪明睿智的黄歇，为了重新掌权，也就此大玩昏招，最终还赔上了自己的性命。

原来，楚考烈王没有子嗣，作为相国的黄歇到处去挑选美女，进献给楚考烈王，却始终不见谁能怀孕——估计问题是出在楚考烈王本人身上。他生怕楚考烈王去世后，因为没有正儿八经的继承人，会引发夺权的动乱，所以忧虑得不得了。

正在此时，有一个叫李园的门客凑了上来。李园有个妹妹，长得非常漂亮，早就想进献给楚考烈王，自己好借此机会飞黄腾达。可是楚考烈王妻妾无数，却没人生育，自己的妹妹倘若也生不下孩子，那可就竹篮打水——一场空喽。

所以李园先把妹妹献给黄歇，时隔不久，他的妹妹怀孕了，他就唆使妹妹糊弄黄歇："您为相多年，为了楚国的富强，得罪过不少权贵，其中也包括大王的兄弟们。大王并无子嗣，他死后肯定由兄弟继位，到时候还能善待您吗？贱妾身怀有孕，您不如隐瞒此事，把我献给大王，万一我生下男孩，定能继位，您作为孩子的亲生父亲，以后就是实际上的楚王了呀！"

这实在是一个馊主意，或者不如说，是彻底无耻的大阴谋，然而生怕丧失权柄的黄歇竟然头脑发昏，点头同意了。倒是天从人愿（其实是从了李园的愿），李园之妹入宫后，果然生下一个男孩，楚考烈王大感快慰，即刻立李园的妹妹为王后，还提拔大舅子李园当了大官。

李园兄妹生怕黄歇会泄露阴谋，也怕黄歇将来以此为要挟，所以暗中豢养了很多刺客，想找机会杀死黄歇——当时很多人都察觉到了此事，当局者迷，黄歇反倒一直被蒙在鼓里。

公元前238年，楚考烈王病重，召唤黄歇托付后事。黄歇的门客朱英告诫他："李园一直想要谋害您，您还是别着急动身，派我前去王宫，先把李园给宰了吧。"黄歇不听忠言，还笑着撇撇嘴："李园算什么东西，他哪有胆子和本事伤害我呢？"

于是毫无防备地进入王宫，却被李园早就埋伏下的刺客轻易取了性命——"战国四公子"中，死得最惨，也最不值得的，就是这位春申君黄歇了。

从此，李园把持了楚国国政，他妹妹所生的那位王子（实际上是黄歇的儿子）熊悍也顺利登基，史称楚幽王。

第九章　战国时代·奇货可居

远交近攻之策

从商鞅开始，有多位别国之人入秦为相，辅佐秦王成就霸业甚至是王业。咱们已经介绍过商鞅、张仪和魏冉，如今再来说说第四位了不起的人物，也就是前面多次提起过的范雎。

范雎字叔，本是魏国人，素怀大志，为了找机会觐见魏昭王（魏惠王之孙、魏襄王之子），一展抱负，就先投靠到魏昭王宠信的中大夫须贾门下。

某次须贾奉命出使齐国，范雎也跟同前往。在接触过程中，齐襄王发觉这位魏使的从人能言善辩，颇有才干，就派人赏赐范雎十金、牛肉和美酒，想要拉拢他。范雎生怕被人误会为里通外国，不敢擅自接受，赶紧先跑去向上级须贾请示。

须贾说："你一毫不受，就是不给齐王面子呀，不如退还金，留下酒、肉吧。"他嘴里虽然这样说，内心也怀疑范雎暗通齐国，泄露了什么国家机密——要不然，齐王干嘛不赏赐我这位使节，倒要赏赐我的门客范雎？

回到魏国以后，须贾就把这件事向相国魏齐汇报，魏齐拍案大怒："不用调查都知道，此人定然里通外国！"立刻下令把范雎逮捕起来，狠狠地拷问，打得范雎这叫惨呀，连肋骨都给打断了，牙齿也给打掉了好几个。

第九章 战国时代·奇货可居

虽然差点给活活打死，范雎是咬紧牙关，坚决不肯招认自己没有干过的事情。于是魏齐下令，把这个半死的家伙用苇席卷巴卷巴，扔到厕所里去，让大家都朝着他撒尿——看吧，这就是里通外国的下场，大家伙儿都要以此为戒。

范雎哀告看厕所的，说你放了我吧，日后定有重谢。于是看厕所的就跑去禀报魏齐："那家伙已经死了，还是抬出去埋了吧。"正赶上魏齐喝多了，也就点头同意。范雎这才逃得活命，又怕魏齐酒醒以后还要追查此事，要检查"尸体"，他只好躲到好朋友郑安平的家里去，改名"张禄"，苟且偷生。

过了一段时间，秦昭襄王派王稽出使魏国，郑安平跑去伺候王稽。王稽就问了："魏国有没有什么贤人，愿意跟我回秦国去发展吗？"郑安平回答说："臣的同乡有一位张禄先生，很有本事，想跟您谈一谈。但他害怕仇人，不敢白天来。"于是当晚，就悄悄地带着范雎去见王稽。

两人才交谈了一小会儿，王稽就看出对方才能卓越，并非凡俗，于是约定："等我回国的时候，先生您在国境上等着我。"就这么着，偷偷地把范雎带到秦国去了。

才入秦境，远远地就望见有很多华丽的马车迤逦行来。范雎问是谁，王稽回答说："是穰侯回封地去。"穰侯就是威震秦国的秦相魏冉，他的封地在陶，也就是五国联军打败齐湣王以后，秦国在关东所占领的飞地。

范雎闻言，赶紧说："我听说穰侯专权跋扈，就讨厌别国之人到秦国去，大概怕被别人抢夺他的权柄。您还是赶紧把我藏在车里吧，要是让穰侯看见，肯定会羞辱我的。"

他才藏好，魏冉的马车就到了近前。王稽站在车上躬身行礼，魏冉问："关东有什么大事发生吗？"王稽回答说："没有。"又问："你有从关东召来什么人吗？"王稽还是回答："没有。"两人相对行礼，然后分开。

眼看着魏冉走远了，范雎才从车里探出头来，对王稽说："穰侯是个聪明人，但是反应有点迟钝，他肯定怀疑车内有人，等会就会派人来搜

史无前例的大战争
—— 战国纷争和秦的统一

的。"他猜想得一点也没有错，果然没过多久，魏冉就派人赶回来搜查王稽的马车——但这个时候，范雎早就已经跳下车来，装没事人一样混在队列里面了。

你看范雎这家伙，可有多么的精明。

范雎初到秦国，并没能立刻得着重用，待了整整一年的时间，之后靠着连写几篇上书，分析国际情势，终于得到了秦昭襄王的关注。秦昭襄王在离宫召见范雎，范雎梗着脖子，也不瞧路，直愣愣地往宫里闯，甚至差点撞到了秦昭襄王的车驾。

侍卫大喝道："大王在此，赶紧退避！"范雎笑着说："大王？秦国也有大王吗？我只听说秦国有穰侯和太后，没听过啥大王。"当时宣太后和她弟弟穰侯魏冉一内一外掌控朝政，秦昭襄王都老大不小的人了，还不能说话算话，自己心里也感到窝火，这回听了范雎的话，大吃一惊，急忙把他召至近前，屏退众人，虚心求教。

范雎对秦昭襄王说："以秦国的实力，足可威震天下，但却数次三番被诸侯联军杀到函谷关下，可见穰侯的政策是根本错误的。穰侯为了扩大自己的封地，总是怂恿大王去攻打齐国，齐国那么遥远，派兵少了打不赢，派兵多了伤损国力，攻下土地来，都是穰侯所有，对秦国有啥益处呢？"

他提出了著名的"远交近攻"之策，也就是说与远方的齐国交好，腾出手来攻打近处的韩、魏，韩、魏之地，拿下一尺一寸来，都对秦国有直接的好处。等到打残了韩、魏，还怕楚、赵不服吗？楚、赵一旦臣服，齐国还敢叁毛吗？如此一来，则秦国的霸业就自然成就了。

秦昭襄王非常赞同范雎的见解，立刻任命他为客卿，"客"指的是外国人，是临时来秦国当官的，卿是指给予卿士的待遇。在范雎的谋划下，秦昭襄王逐渐夺回了本该属于自己的权柄，公元前266年，他罢免魏冉，拜范雎为相，封为应侯，第二年又把魏冉和华阳君（宣太后同父弟）、高陵君、泾阳君（这两个都是宣太后之子，秦昭襄王的亲兄弟）全都赶回到封地上去，不让他们再参与国政。

曾经四次出任秦相、威震诸侯的穰侯魏冉，后来就病死在了自己的封地上。

须贾赠袍

范雎当上秦相的时候，仍然使用假名张禄，别国没人知道他究竟是谁。过了不久，因为害怕秦军攻打，魏国就派须贾出使秦国，实际上是来求情告饶的。范雎听说老主人须贾来了，故意换上破衣烂衫，也不乘车，走着路就去馆舍拜见。须贾见了他的面大吃一惊："你竟然还活着呀！"

当年因为自己的告密，使得魏相魏齐严刑拷打范雎，须贾心中也一直有点懊悔和不忍，这回看到范雎还好好活着，他不禁又惊又喜，赶紧摆设宴席来款待范雎，诉说别情。范雎就编了一套瞎话，说自己逃离魏国，来到秦国，既没有觐见秦王的门路，过往的雄心壮志也都消磨殆尽了，全靠给人帮佣才勉强维生。

须贾连声叹息："想不到你都穷成这样啦。"越看范雎，越感不忍，就取来自己一件旧袍子——虽是旧袍，也比范雎现在穿的要干净、阔气——帮他披在身上。

两人聊着聊着，就说到须贾这次到秦国来的使命来了。须贾顺口问道："秦相张禄张君，你知道吗？我听说秦王最为宠信张君，大事小情全都言听计从，我此来想要达成使命，非得拜托张君不可。你认识的人中间，有没有谁可以帮忙介绍的呢？"

范雎回答道："我家主人和张君相识，交情貌似还不错，我去请求一下，让他介绍你们认识吧。"须贾轻轻叹气："我拉车的马病了，马车的车轴也断了，没有漂亮马车，我哪有脸去拜会张君呀？"范雎笑笑说："没关系，我家主人有漂亮马车，我去说说，让他借您一用吧。"

史无前例的大战争
—— 战国纷争和秦的统一

　　于是第二天，范雎就从自己府中挑选出一套马车来借给须贾，然后他还是那身寒碜装束，亲自驾车，把须贾送到了相府门前。相府前很多人都认识范雎，看到是他在驾车，纷纷躬身退避，看得须贾一头雾水。

　　到了门口，范雎跳下马车，对须贾说："我先进去通报，您在这儿等着吧。"说着话就进入相府，好一会儿都不见出来。

　　须贾左等不见人，右等不见人，有点急了，就问门房："为何不见范叔（范雎字叔）出来呢？"门房摇摇头："什么范叔？我不认识。"须贾说："就是刚才进去的那位呀。"门房笑了："那是我们相国张君，不是什么范叔。"

　　这一下如同五雷轰顶，吓得须贾目瞪口呆，差点没一跟头栽倒在地上。好不容易反应过来，他赶紧脱光了膀子，倒缚双手，跪在地下，一步一磕头地爬入相府，去向范雎请罪。

　　这时候范雎已经换好了衣服，高坐堂上，面沉似水。他怒斥须贾道："你有三项大罪，你自己知道吗？我是魏国人，祖宗坟墓都在魏国，你却认为我会私通齐王，去向魏齐打小报告——此罪一也；魏齐拷打我，还把我扔在厕所里，你不知道劝阻——此罪二也；他喝醉了，让别人朝我撒尿，你忍心旁观——此罪三也！"可是话说到这里，他突然面色一变："然而，你还有点故人的情份，看我贫穷，知道以袍相赠。算了，旧事不论，暂且放你一马吧。"

　　反正戏弄须贾也戏弄够了，范雎要表现自己宰相的大肚量，也就不跟他一般见识。其后他把须贾引见给秦昭襄王，让须贾进行自己的使命——当然，秦昭襄王并没有答应不发兵攻魏。

　　任务虽然失败，形式终究算是完成了，须贾回国前先去向范雎辞行。于是范雎大宴宾朋，却让须贾坐在堂下，让两个遭受过黥刑（在脸上刺字的刑罚）的罪犯服侍他吃煮豆子——那本是马的饲料——以羞辱须贾。同时，范雎还正告须贾："你回去告诉魏王，让他赶紧把魏齐的脑袋送过来，倘若不然，我就发兵攻破大梁，杀光全城百姓！"

　　史书上说，范雎这个人发达以后，"一饭之德必偿，睚眦之怨必报"，也就是说，别人给过他一碗饭吃，那么小的恩情，他一定会报答；别人瞪过他几眼，那么小的仇怨，也一定要讨还。

他最大的仇人，当然就是魏相魏齐。且说须贾狼狈地回到魏国，把范雎之事告诉魏齐，魏齐大惊，吓得连夜弃官出走，逃到赵国去依附平原君赵胜。于是范雎就怂恿秦昭襄王请赵胜入秦饮宴，然后写信给赵惠文王："你不把魏齐的脑袋送来，我就不放你兄弟回去。"

魏齐吓得又逃离赵国，想去魏国投奔信陵君魏无忌。魏无忌不太清楚其中的根由，只听说秦相在搜捕此人，犹豫了一下，魏齐就认定自己无路可逃了，愤而自杀。于是赵惠文王赶紧把魏齐的脑袋送入咸阳，赵胜才得以平安归国。

> "睚眦"指发怒时瞪眼睛；"睚眦必报"指瞪一下眼睛那样极小的怨仇也要报复，比喻心胸极为狭窄。这个成语就来自范雎，后世与他事迹相仿但行事相左的是韩信，司马迁《史记》中评价韩信说："一饭之德必偿。"

范雎和魏齐，一在秦，一在魏，两人都是宰相，可是秦相要你的脑袋，魏相到处逃亡，终究还是难逃厄运——秦国有多么嚣张，关东各国有多么怕秦，从这件事上也可以看得出来了。

至于范雎的恩人，当然首推收留过他的好朋友郑安平，以及带他来秦国的使者王稽。于是他向秦昭襄王推荐这两个人，让他们都做了大官。可惜好景不长，公元前257年，信陵君魏无忌窃符救赵，大败秦军，郑安平被诸侯联军包围，被迫降赵。两年以后，担任河东守的王稽因为"私通诸侯"的罪过被杀。

秦法有连坐之罪——在民，亲戚、邻居犯罪，没有事先告发的，一律同罪；在军，一人后退，全队处死；在官，官员犯法，他的推荐者也同样要遭到处罚。郑安平和王稽都是范雎推荐的，结果一个降敌，一个被杀，范雎受到牵连，被迫以生病为借口辞去了相国之位，然后没过多久就又气又恨，真的病死了。

大商人吕不韦

范雎做秦国宰相的时代，秦国灭掉了西周，范雎死后不久，又灭掉了东周。

——当时不是东周朝吗？又哪儿来的西周呢？

原来，这儿所谓的东、西周，并不是指王朝，而是指诸侯。

春秋战国之交的公元前440年到公元前426年，在位的周天子乃是周考王。周天子居住在成周洛邑（在今天河南省洛阳市东郊白马寺一带），周考王曾经把洛邑以西的王城河南（在今天河南省洛阳市王城公园一带）分封给其弟周揭，继承周公的爵位——所以这个小诸侯国的国号同样是周，史称西周，周揭就是西周桓公。

周天子的直辖领地本来就不多了，再这么一分封，没几年就变成了光杆司令。

西周桓公死后，其子周代继位，就是西周威公。公元前367年，西周威公去世，其子周朝和周根争位，虽然最终周朝取得胜利，周根却在韩、赵两国的支持下，在巩城（今天河南省巩县）自立，史称东周，周根就是东周惠公。

所以到了战国中后期，同时出现了东周和西周两个小诸侯国，而周天子的直辖地只剩下洛邑一城，得靠西周君的接济才能存活。据说当周赧王在位时候，曾经因为躲债而逃到一座高台上，一连数月都不肯露面——周人遂称此台为"逃债台"。

公元前256年，秦昭襄王发兵攻打韩、赵，先杀韩卒四万，又杀赵卒九万，诸侯震恐。西周君恐怕秦国会顺道灭了自己，就与诸侯合纵，发兵抗秦，结果反而真的招来了秦国的讨伐大军。小小的西周就这么着灭亡了，而依附于西周存在的周天子也终于宣告完蛋。

第九章 战国时代·奇货可居

九鼎宝器,最终还是落到了秦人手中,被绳拖索拽,送去了咸阳。

东周君并没有趁机继承周天子之位,七年以后,也被秦军所灭——周朝八百多年的历史,至此彻底终结。

范雎卸任以后,继为秦相的乃是蔡泽。

蔡泽是燕国人,口舌灵巧,能言善辩。他听说因为郑安平降敌、王稽被处死,范雎的地位朝不保夕,就赶紧跑去咸阳,劝说范雎急流勇退,赶紧辞官。

一见面,蔡泽先举了商鞅、吴起和文种的例子,说做臣子的,即便本领再强、功劳再大,要是不知道见好就收,迟早会兔死狗烹、鸟尽弓藏。范雎明白蔡泽是想把自己当垫脚石,就故意装糊涂:"若能成就商君、吴子、文大夫一般的功业,就算死,又有什么遗憾呢?"

蔡泽笑着说:"臣子再能干,对国家不一定有益——比干是贤臣,不能保住殷商;伍子胥是能将,不能保住吴国;申生是孝子,不能消除晋国的动乱。这种忠臣孝子,对国家社稷有什么好处呢?当年闳夭辅佐周文王,周公辅佐周武王,既能光大国家,又能得享天年,你不去争取做这种臣子,干嘛要学商君、吴子和文大夫?"

他劝范雎及时放弃宰相之位,退回到封地上去,既能得着善终,又能世代荣华,人生就不圆满了吗?

范雎也知道自己受郑安平和王稽的牵连,迟早会被人赶下台的,不妨就趁这个机会主动辞职,面子上也好看一点。于是他接受了蔡泽的建议,还把蔡泽推荐给秦昭襄王,秦昭襄王就任命蔡泽当了客卿。

过了不久,范雎辞去宰相之位,蔡泽顺理成章地接任。

然而蔡泽全靠一张嘴皮子,对于治国安邦,本事比范雎可要差得远了,他也明白自己其实并非宰相之才,于是只当了几个月的秦相,就及时收篷,也告病辞职。秦昭襄王封蔡泽为刚成君,当成高级顾问一般供养了起来。

蔡泽辞职数年以后,秦国又出了一位才华绝代、威震诸侯的宰相。但与此前的宰相不同,这位宰相的出身更低,不是贵族,不是士大夫,甚而

史无前例的大战争
—— 战国纷争和秦的统一

已不是平民百姓,而只是一个小小的商人。

周朝和商朝不同,以农业为本,不大瞧得起商人,作为商人,即便赚再多的钱,社会地位也是很低的。张仪、范雎等都是所谓的"士",这个字眼所代表的阶层,最初指贵族,后来指读书人——战国时代的读书人,都是各级贵族和少量平民;商业是贱业,就算读了再多书,也算不上"士"。

春秋战国时代,在历史上留下姓名的商人只有两个,一个是假冒使者犒劳秦军的郑国商人弦高,还有一个就是竟然一步登天当上秦相的吕不韦(范蠡改名陶朱公去经商,终究只是传说而已)。

吕不韦是阳翟(今天的河南省禹县)人,这地方在战国时代属于韩国的领土。他继承家族事业,往来各国,买贱卖贵,发了很大的财——通过经商的经历,对于各国政情,他也逐渐摸了个透。

某一次,吕不韦运货来到赵都邯郸,偶然撞见了在邯郸当人质的秦国公子异人。秦、赵两国仇怨很深,再加上秦异人身份很低——只是秦昭襄王的孙子而已,还是偏妃所生的庶子,把他送到赵国来当人质,只是装装样子罢了,秦国根本不关心这个人质的死活——所以生活贫困,有上顿没下顿的。

> 据说战国时期有个猗顿,在生计艰难时听说了范蠡弃官经商并很快致富的故事。于是前去请教。此后他到西河定居,大畜牛羊,又兼营盐业,只用了十年的时间,就成为与范蠡(陶朱公)齐名的巨富,史称"陶猗之富"。

吕不韦一时兴起,打听了一下秦异人的来历和生活状况,突发奇想,回到阳翟以后,就问他老爹:"一个农民种一年的地,可得几倍的利润?"他老爹回答:"如果风调雨顺的话,可得十倍利润。"吕不韦又问:"那么,在两地间贩卖珠宝,可得几倍的利润?"他老爹回答:"如果顺利,可得百倍的利润。"

吕不韦三问:"倘若拥立一位国君,又可得几倍的利润呢?"他老爹闻言大吃一惊:"那可就算都算不过来啦!"

第九章　战国时代·奇货可居

　　吕不韦就此下定了决心，要靠着帮助秦异人，拥戴他做秦国的君主，来获取自己算都算不过来的莫大的利润。就他商人的眼光看来，秦异人并非一个人质、一个落魄的公子，他是一件"奇货"，只要投资得当，就能不停地升值，总有一天，会让他吕某人赚翻了的！

从异人到子楚

　　再次来到邯郸，吕不韦就靠着商人的手段，到处撒钱，终于得以面见秦异人。他直截了当地对秦异人说："我可以光大公子您的门庭。"

　　秦异人"哈哈"大笑："你只是一个商人，虽富却贱，你要真有本事，就先去光大自己的门庭，混成一个士大夫再说吧。"吕不韦摇摇头："您不明白呀，只有先光大您的门庭，我的门庭才能随之光大呢。"

　　秦异人是个聪明人，听吕不韦话里有话，就屏退众人，虚心诚意地向他请教。于是吕不韦就开始为秦异人详细地分析此时此刻秦国的政治形势——

　　秦昭襄王年纪已经很老了，他最喜欢的儿子名叫秦柱，受封安国君，不久前刚被立为太子——安国君迟早都会继位称尊的。可是安国君死后，又该把王位传给谁才好呢？

　　安国君就是秦异人的老爹，但是安国君有二十多个儿子，也就是说秦异人有二十多个兄弟，和他一样都是庶出，并非正妻所生，也都得不着安国君的喜爱。吕不韦想拥戴秦异人做秦王，前提就先得把他推上王太孙的宝座，让他成为安国君的继承人，秦异人虽然如同没用的废物一般被抛弃到赵国来当人质，但就血缘和身份来说，他和那二十几个兄弟，现在还站在同一条起跑线上——穷困，但还有机会，这就是吕不韦看中他的理由。

　　安国君的正妻早已去世，他最喜欢的妾是华阳夫人，大家都知道华阳夫人总有一天会被扶正的，或许就在安国君登基之日，华阳夫人就会变成

史无前例的大战争
—— 战国纷争和秦的统一

秦国的王后。倘若华阳夫人有儿子，那不用再争了，这儿子肯定是安国君的继承人，是未来的秦国君主，好在华阳夫人目前还并没有生下儿子来。

吕不韦对秦异人说："您在二十几个兄弟里面，年龄既不是最大的，也不是最小的，位列中游，很难冒出头来。您想要当安国君的继承人，最好的办法就是去讨华阳夫人的欢心，只要华阳夫人喜欢你，在安国君面前一提，您就能平步青云啦。"

秦异人就问了："我这位庶母，连见都没有见过面，我要怎么去讨她欢心呢？"吕不韦一拍胸脯："包在小人身上！"

吕不韦身份低微，没什么社会资源，但他有钱，只要有头脑，靠金钱可以买到很多东西。于是他先拿出五百金来送给秦异人，让秦异人用这笔钱去广交朋友，大养门客；然后吕不韦再拿出五百金来，购买了很多奇珍异宝，打着秦异人使者的旗号，大摇大摆地前往秦都咸阳。

即便不是商人的身份，而是某位公子的门客、使者，也无法轻易就见着华阳夫人。好在吕不韦早就已经把华阳夫人的情况摸得一清二楚了，他知道要怎样才能打通门路。

华阳夫人的出身非常高贵，她很可能是华阳君的孙女，所以继承祖父的名号，被称为华阳夫人。咱们前面提到过华阳君，乃是秦昭襄王的舅舅、宣太后和魏冉的兄弟，所以华阳夫人能够嫁给安国君，还最得安国君的宠爱，不能否认，也有一定政治因素存在吧。

华阳夫人排行老二，上面还有一个姐姐，下面还有一个弟弟，受封阳泉君，也是秦国重臣。所以吕不韦到了咸阳以后，就先用珍珠财宝去结交华阳君的姐姐和阳泉君，先跟他们打好关系，再请他们牵线搭桥，这才终于见到了华阳夫人。

吕不韦对华阳夫人说："您虽然深得安国君的宠爱，却可惜没有亲生儿子，倘若将来安国君去世，与您毫无关系的某位公子继位，您和您家族的权势就会一落千丈了。何不预作准备，领养一位公子，推荐他做安国君的继承人呢？"

第九章 战国时代·奇货可居

吕不韦早就通过华阳夫人的姐姐和阳泉君吹过很多风了,说在赵国当人质的秦异人如何如何贤明,又如何如何孝顺,每天思念安国君和华阳夫人,哭得眼泪都快流干了。所以华阳夫人一听吕不韦的话,立刻就明白他是什么意思了。

吕不韦反复帮秦异人说好话:"公子异人并非安国君的长男,原本没有机会当继承人,倘若能够靠着夫人的帮助,让他平步青云的话,他肯定会诚心诚意地感激夫人,把夫人当亲生母亲一般伺候。从此夫人和夫人的家族,就丝毫也不用担心权势会衰弱了。"

华阳夫人被吕不韦一番话给说动了,赶紧跑去央告安国君,要把秦异人收为养子,并且确定为继承人。安国君从来最听华阳夫人的话,满口答应,反过来送了大量财宝给秦异人,还派吕不韦去邯郸辅佐秦异人。

秦异人为了表示自己是一心一意地敬爱华阳夫人,干脆连自己的名字都给改了,改叫"子楚"——因为华阳夫人是宣太后一系,都出身楚国贵族。

吕不韦回到邯郸,向秦异人——如今改名叫秦子楚——汇报成果,秦子楚大喜过望,从此对吕不韦是言听计从,他还承诺说,一旦自己真的当了秦王,就拜吕不韦为秦相。

公元前260年,秦、赵长平大战,白起大破赵军;两年后,王陵、王龁先后领兵包围了邯郸城。邯郸老百姓对秦国人是切齿痛恨,纷纷要求诛杀人质秦子楚。赵孝成王害怕杀了秦子楚,会使秦王更为愤怒,使秦军更加疯狂地攻城,还在犹豫,吕不韦听到风声,赶紧劝秦子楚逃出城去。

> 服饰文化的发展水平,取决于纺织业以及与服饰生产相关的手工业的发展程度。楚地适于种麻植桑,有着悠久的纺织历史,楚墓出土的麻织品和丝织品,质地都相当精良,特别是丝织品,是迄今所见的先秦丝织中质量最好、耗费人工也最多的。但异人换上楚服却不是因为这种服装质量好,而是因为华阳夫人来自楚国。

史无前例的大战争
—— 战国纷争和秦的统一

于是秦子楚就抛弃了妻儿老小,只和吕不韦两个人,靠着重金贿赂,悄悄地潜出邯郸城,逃到城外的秦军军营中去了。秦将不敢怠慢,赶紧把他们护送去了咸阳。

七年以后,秦昭襄王终于去世,传位给太子安国君秦柱,史称秦孝文王。秦孝文王封华阳夫人为王后,并且立刻兑现承诺,立秦子楚为太子。于是秦子楚就派使者到赵国去,要求赵国交还自己的妻儿。赵人哪敢不答应,赶紧找到秦子楚的妻子赵姬和儿子秦政,派兵护送,回归咸阳。

这个秦政,就是后来削平六国、一统天下的秦始皇。

赵姬的私情

有一则传说,说秦政并非秦子楚的亲生儿子,却是吕不韦的私生子。

据说,吕不韦在邯郸纳过一名能歌善舞的赵女为妾(赵姬),某次他和秦子楚一起喝酒,喝高兴了,就叫自己这名小妾出来献舞。秦子楚一看到这个女人,立刻就给迷住了,于是央告吕不韦:"你把她送给我吧。"

妾不是正妻,在当时的男性看来,妾就如同物品一般,是可以随心所欲地杀掉、抛弃,也可以随时送人的,所以秦子楚的要求并不算过分。吕不韦有点舍不得赵姬,可是他正要攀附着秦子楚,妄图青云直上,当然不敢拒绝秦子楚并不过分的要求。

况且,这个时候赵姬已经身怀有孕,怀了吕不韦的骨肉了,吕不韦就妄想道:"秦子楚还没有子嗣,倘若将此妾送给他,而又能够生下一个男孩的话,将来定能继承秦国的王位——那不就是我的孩子当上秦王了吗?"

于是他犹豫了一阵子,还是把赵姬送给秦子楚了,果然十月怀胎,一朝分娩,生下一个男孩,就是秦政。

这个传说,很可能只是为了污蔑秦政是私生子,并且不具备秦王室的

第九章 战国时代·奇货可居

血统。事实上，史书明确记载，秦政是父母成婚以后，母亲怀孕，足月所生的。

再从人情世故上来分析，吕不韦若想把自己的私生子硬塞入秦王室，就是犯了欺君之罪，一旦阴谋败露，别说靠着和秦子楚的关系平步青云了，连小命都保不住，他有必要这么冒险吗？

大概，这个故事是从春申君黄歇把李园的妹妹献给楚考烈王附会过来的吧。但黄歇当时是楚相，权势熏天，他有本事巧妙地隐瞒阴谋，还仅仅是人质秦子楚辅佐官的吕不韦是没有这种能力的。古代贵族婚娶，倘若新娘不是头婚，都是要先"谨室"，也即先单独安置下来，隔一段时间检查确实没有身孕后，才能进门。倘若赵姬已经身怀有孕，是很难瞒得过去的。

所以赵姬所生的秦政，应该的的确确是秦子楚的儿子，是秦王室的血裔。

拉回来再说，当秦子楚与吕不韦二人逃出围城以后，邯郸的老百姓就鼓噪着要杀死赵姬和年仅三岁的秦政，好在赵姬的娘家比较有钱有势，费劲心机把他们母子藏了起来，这才勉强逃过一劫。

七年以后，秦子楚终于当上了秦国太子，就派使者到邯郸来迎接赵姬和秦政，赵国不敢拒绝，赶紧把他们母子送到咸阳去了。

秦昭襄王活得很长，在位五十六年，所以当秦孝文王继位的时候，已经是位白发老人了，在位不到一年就咽了气。于是秦子楚就登上了秦国王位，史称秦庄襄王，他尊华阳夫人为华阳太后，又尊自己的亲生母亲夏姬为夏太后，封赵姬为王后，儿子秦政为太子。

秦庄襄王的寿命很短，在位仅仅三年。公元前247年，秦庄襄王去世，太子秦政继位，年仅十三岁。

咱们说过，男子称氏，女子才称姓，所以传统称呼秦政为嬴政，是根本错误的。身在赵都邯郸的时候，可以叫他秦政（秦国人）或者公子政、赵政（出身地是在赵国，并且父亲不在，依靠母亲赵姬生活）；到咸阳被立为太子以后，可以叫他秦政或太子政；继位登基以后，就得称呼他为秦王政了。

史无前例的大战争
—— 战国纷争和秦的统一

秦庄襄王是个守信用的人，他在登基以后，立刻就封吕不韦为文信侯，拜为宰相。吕不韦的封地是在洛邑（周朝灭亡以后，改名洛阳），有十万户居民，比起当年当商人的时候，他的家产又有了成倍的增长。

吕不韦就考虑啦，齐有孟尝君、赵有平原君、魏有信陵君、楚有春申君，都因为爱士养士而享誉诸侯，堂堂的秦国，竟然没出过一位类似人物，实在太羞耻啦，不如我来吧。于是他也大招门客，靠着金钱的魔力，以及他身份地位之高，很快就聚拢了三千多人。

吕不韦是商人出身，虽然一朝爬到秦相的高位，仍然有很多人瞧不起他，当他是个暴发户。为了抬高自己的声望，吕不韦就组织门客们写书，不管你是哪门哪派，有什么学问，主张什么学说，只要能写下来，一律都有重赏。最后，他把所有文章都集中起来，也起名叫《春秋》，署上自己吕不韦的大名。

这就是中国历史上汇集了各门各派学说，可谓"杂家"之大成的《吕氏春秋》，包括八览、八论、十二纪等部分，一共二十多万字。古代文言用词俭省，还没有标点，二十万字一部书，放到今天不算什么，在那个时代，已经是罕见罕闻的鸿篇巨著了。

> 杂家的出现，代表着诸子百家之间相互融合的趋向。杂家的著作多有散佚，以《吕氏春秋》和《淮南子》为代表，还有后人辑佚的《尸子》一书。

吕不韦还把这部巨著抄在竹简上，在咸阳市场门前公布，过往人等都可以来读，都可以提意见，谁能够改动一个字，就赏赐他千金。

由此可见，吕不韦对这部集合众人智慧的书充满了多大的信心了，也可想见，他当时的财富有多么惊人了。

古往今来，再没有一个商人比吕不韦更成功。

秦庄襄王去世的时候，王后赵姬还很年轻，太子秦政年纪幼小，靠他们是很难撑起那么大一个国家的，于是秦庄襄王就把国政都托付给了自己的大恩人吕不韦，要吕不韦像父亲一样养育和帮助秦政。

所以秦王政登基以后，按照父亲所说的，就尊吕不韦为"仲父"。伯、仲、叔、季，仲代表老二，所以仲父的原意就是叔父，用在这里，有干爹的意思。

从此吕不韦权倾满朝，从商鞅开始，没有一位秦相有他那么大权力、有他那么威风。而以当时的政治形势来看，只要权倾秦国，就相当于威震诸侯，说一不二了。

赵姬年轻守寡，难耐寂寞，据说想要重拾前情，又去勾搭吕不韦。吕不韦如今爬得太高，他很怕一个不慎，跌得更重，这种私通太后的事情，杀了他头也是不敢干的。可是又怕因此遭到赵姬的嫉恨，那可该怎么办才好呢？

想来想去，他从自己门客里挑选出一位既英俊又健壮的男子，把他送进宫中，去当赵姬的姘夫。这名男子名叫嫪毐，为了能够经常出入后宫与太后幽会，他干脆把胡子给拔了，假冒阉人——不能叫他是宦官，当时还并没有完善的宦官制度。

这一男一女搞来搞去的，太后赵姬竟然身怀有孕了，为了避人耳目，赵姬就以养病为由，离开咸阳，去往旧都雍城居住。在那里，她和嫪毐更是每天都混在一起，跟夫妻毫无两样，两人一连生下两个儿子，都偷偷地养在宫中。嫪毐靠着赵姬的关系，受封长信侯，他也大养门客，逐渐的，无论权势还是声望，都凌驾到了吕不韦之上。

吕不韦这可算是开门揖盗了。可让他头疼的事情还没有完，眼看着秦王政即将成年，要举行冠礼，亲掌政务了……

嫪毐谋叛

初登王位的时候，秦王政还只有十三岁，年幼识浅，无法治理国家，

史无前例的大战争
—— 战国纷争和秦的统一

举凡大政小情，都交给宰相吕不韦负责，此外，其母赵姬作为他的监护人，也具有相当大的权力。

按照传统，男子尚未行过冠礼，就是没有成年，是不能治家治国的，得靠长辈扶持，吕不韦既是宰相，又被称为"仲父"，秦国基本上由他一个人说了算。至于赵姬，国君年幼的时候，由其母辅政，在秦国也是有先例的，比如秦昭襄王的母亲宣太后。

一开始，吕不韦和赵姬两人还算合作无间，但后来吕不韦把自己的门客嫪毐介绍给赵姬当姘头，本打算趁机控制赵姬的，却想不到那嫪毐也是个野心家，反而借助赵姬的支持，受封长信侯，豢养无数门客、私兵，逐渐压过吕不韦一头。

在吕不韦执政时期，继承范雎"远交近攻"之策，多次派大将蒙骜攻打韩国和魏国，赵国的压力减轻，开始与燕国厮杀不休。公元前241年，赵将庞煖组织起最后一次合纵行动，率领赵、楚、魏、燕、韩五国兵马攻秦，一度攻破了函谷关，但杀到距离咸阳不到四十公里的蕞（在今天陕西省西安市临潼区东北方），终于变成了强弩之末，大败而归。

这个时候的秦国，其疆域北到陕西北部，东到河南中部，西到甘肃，西南面包括巴、蜀，直抵云、贵，东南面夺取了楚国的郢都，无论地力、人力还是物力，都比关东六国加起来差不了多少，所以即便六国合纵，只要不是真的拧成一股绳，而还是照惯例在勾心斗角，是根本动不了秦国分毫的。

更别说庞煖才组织了五国合纵而已——东方的齐国在君王后（齐襄王的王后太史氏）、齐王建母子的统治下，与秦友好，根本不愿去蹚这趟浑水。

在这段时间内，除了五国伐秦，攻破函谷关杀到蕞以外，秦国还打过一个大败仗。那是因为赵国在实力略微恢复以后，重新攻入上党地区，于是在公元前239年，秦派长安君成蟜攻赵，但是成蟜临阵反叛，归降了赵国。

成蟜乃是秦王政同父异母的兄弟，既是兄弟，年龄当然比秦王政要小,秦王政当时二十一岁,成蟜最多也就二十岁——考虑到秦政三岁的时候,其父秦子楚也就是秦庄襄王抛妻弃子,逃离邯郸,成蟜应该是他回到咸阳后娶妻所生的,所以很可能比秦王政小三到四岁,只有十七八岁。

因为是位王子,所以年纪轻轻就带兵打仗,倒也合乎情理,但年纪轻轻就起意造反,问题就比较复杂了。这很可能是一场争夺王位的斗争,应当是在很多不满吕不韦专权的秦国大臣怂恿下,成蟜才铤而走险的,但在吕不韦的铁腕镇压下,叛乱很快就失败了,成蟜流亡去了赵国。

然而,吕不韦也很快就失了势,因为就在同一年,嫪毐被封长信侯。

秦王政就是在这般风雨飘摇的政治漩涡中,逐渐成长了起来。

公元前238年,也就是成蟜降赵和嫪毐被封侯的第二年,秦王政终于举行冠礼,开始亲政了。这个时候秦王政二十二岁,是虚岁,实岁二十一,按照周礼,男子二十岁行冠礼,但实际上日期不断提前,基本上贵族男子十六七岁甚至更早就算成年,不乏前例。秦王政不但没能提前加冠,反而延后了整整两年,这大概是母亲赵姬和吕不韦阻挠的结果吧。

> 冠礼是成年礼,为古人一项非常重要的礼仪,行了冠礼的男人代表已经成年,具备进入社会的能力和资格了。冠礼一般在20岁时举行,也有特殊情况提前举行的。我们常说的"弱冠",就是指刚刚行过冠礼、进入社会的青年。

因为一旦成年就必须亲政,赵姬和吕不韦的权势就自然会下跌。

这一年的四月份,秦王政在大批护卫的簇拥下,浩浩荡荡离开咸阳,前往雍城。雍城是秦国的旧都,历代先君的陵墓和宗庙都建在雍城,按照惯例,秦王得在雍城举行冠礼。

这个时候的雍城,被控制在嫪毐手中。数年前,为了遮掩偷情和产子的丑闻,赵姬迁往雍城,并在那里继续与嫪毐勾搭不休。嫪毐也生怕在秦王政亲政以后,自己的权势会有所下降,更可怕的是,倘若自己与太后的

史无前例的大战争
—— 战国纷争和秦的统一

私情被秦王政发现，那就死路一条了。于是他铤而走险，趁着秦王政到雍城来举行冠礼的机会，悍然发动了政变。

据说对于这场政变，赵姬是预先听到过风声的，但嫪毐说服了她，说在杀死秦王政以后，就拥戴两人所生的儿子继承秦王之位，赵姬在犹豫中，终于决定睁一只眼闭一只眼。

嫪毐私刻了秦王和太后的印章，假造诏书，调动周边部队，和自己那数千名门客一起，手持武器攻打王宫。这么大阵仗，消息不可能不泄露，于是秦王政连夜逃回咸阳，然后下令吕不韦与另两名重臣昌平君、昌文君领兵抵御。双方在咸阳城内展开激战，嫪毐战败，落荒而逃。

秦王政亲自下令，国人凡能生擒嫪毐的，赏百万钱；能杀死他的，也赏五十万钱。重赏之下，必有勇夫，乱党很快就全都遭到了逮捕，包括嫪毐在内，主谋二十八人全部斩首，还把他们的尸体在咸阳大街上车裂，把他们的家族全部杀光。

就算不是主谋，只是协从，也都一律抄家，流放到蜀地去，据说先后遭此惩罚的，超过了四千户人家。

嫪毐就这么着掉了脑袋，受他牵连的并不仅仅那二十七人和四千多家而已，还包括与其私通的太后赵姬，以及推荐嫪毐当官的宰相吕不韦。已经亲政的秦王政下令杀死了赵姬和嫪毐的那两个私生子，把赵姬软禁起来，并于次年罢免了吕不韦的宰相之职。

虽被罢职，吕不韦脑袋上仍然覆盖着秦国文信侯的帽子，以及与战国四公子一般识人爱士的光环，所以当他离开咸阳城的时候，各国诸侯纷纷遣使来迎，请他去做宰相。秦王政害怕吕不韦去辅佐别国君主，就写信严厉斥责，说："你对秦国有何功劳，秦要封你在河南地，食邑十万户？你与秦国宗室有何关系，敢号称'仲父'？你休想安安稳稳回去养老，还是跟那些罪人一起，都到蜀地去吧！"

公元前235年，吕不韦这个古往今来排第一的大商人，也是权倾一时的秦国宰相，终于在流放地服毒自尽，结束了他多姿多彩的一生。

第九章　战国时代·奇货可居

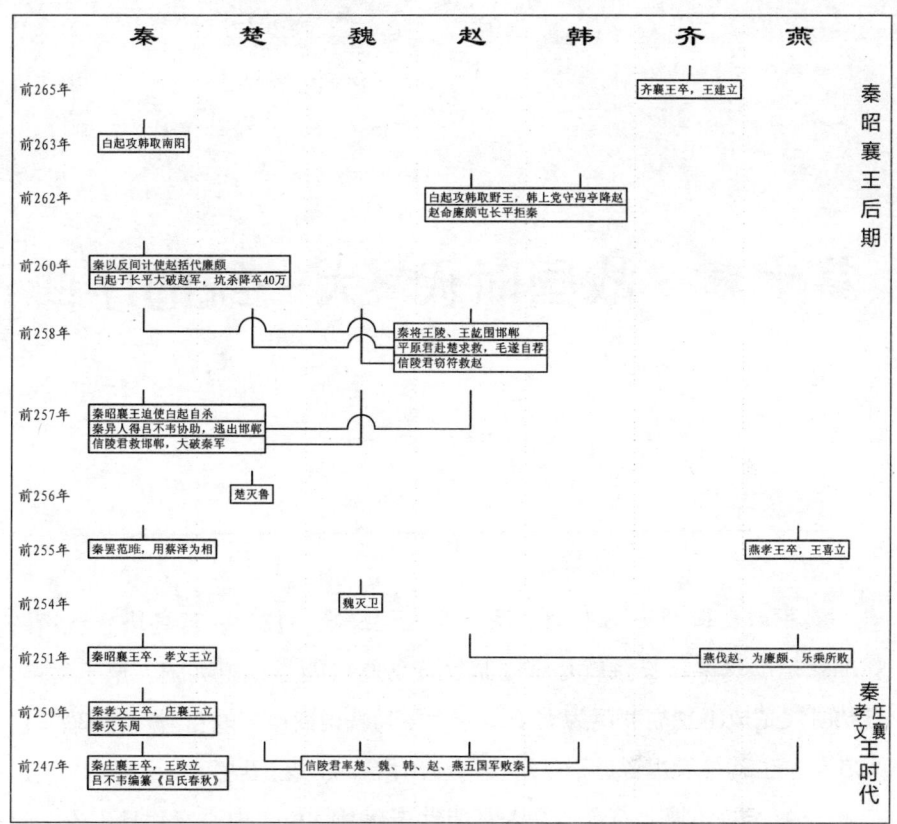

战国晚期（秦昭襄王在位后期及庄襄王、孝文王时期）大事年表

第十章　战国时代·大一统的序曲

谏逐客书

秦王政，按照史书上的说法，此人"蜂准、长目、鸷鸟膺、豺声"，蜂准就是高鼻梁，长目就是细眼睛，鸷鸟膺可能是指鸡胸脯。至于豺声，春秋时代楚成王想立商臣为太子，令尹斗勃就说商臣"蜂目豺声"，恐非仁义之主，也就是说声音过于低沉，彰显出内心的残忍丑恶。

一个人的外貌、声音，是否真能够表现其性格、内心，暂且不论，除了鸡胸脯有点难看外，秦王政的外表倒还算正常。

亲政以后，秦王政很快就从赵姬、吕不韦的阴影中走了出来，大事小情，全都他一个人说了算。秦王政非常勤政，每天要看大臣们的奏议和各地的报告很多，当时没有纸，文字都是写在竹简上的，据说各种公文加起来足有好几百斤重，得装在筐子里，由专人抬去给秦王政过目。

顺便一提，传说秦朝大将蒙恬（蒙骜之孙）发明了毛笔，在此之前，文字不是靠写的，而是用刻的，用小刀契刻在竹简上，再涂上漆。

传说终究只是传说而已，事实上很多科技发明都是自然产生于民间，最早的发明人早就湮没无闻了，大家只好把重要的改良者抬出来，把这一功劳安在他的头上。所谓"蔡伦造纸"也是如此，纸在蔡伦之前很久就被

第十章 战国时代·大一统的序曲

发明出来了,只不过质量很差,很难用来写字,蔡伦加以改进以后,才逐渐变成了最为广泛的文字承载工具。

其实早在五六千年以前,在新石器时代,中国人就已经知道使用毛笔了。湖南长沙左家公山和河南信阳长台关两处战国楚墓里,曾经分别出土过一支竹管毛笔,乃是目前发现最早的毛笔实物。"蒙恬制笔",大概是指蒙恬曾经对毛笔进行过重要的改良吧。

最早的毛笔,是蘸着漆来写字的,大约西周时代发明了墨,到战国以后开始普及。无论蘸漆还是蘸墨,在纸张发明之前,文字都被写在木板(牍)、竹片(简)或者丝织品上。丝织品太过昂贵,木板携带不方便,最常见的是竹简。

所谓竹简,就是把竹杆剖开,削成长条,磨平,烤干去水以后使用。但是这样的竹简很窄,一条上最多写两列字(古代写字是纵列,从上到下,先右后左),只能当便签用,不能写文章。所以人们逐渐习惯把很多竹简排列起来,用两或三道皮索编缀,然后卷成一大捆——这种竹简捆,就叫做"册",也叫做"卷"。

拉回来再说秦王政,他自十三岁登基,二十二岁才举行冠礼,亲掌朝政,在这九年间,想必受了吕不韦很多气,所以一朝权在手,立刻就罢免了吕不韦的宰相之职,把他赶到蜀地去。

吕不韦一倒台,秦国的宗室大臣们纷纷跳了出来,向秦王政建议:"如文信侯这般的外国人,都不是真心为秦国考虑,重用他们只会闹出事端,危害国家,请大王下令逐客。"

"客"是指外国人,逐客就是把所有外国出身的秦国官员全都免职,赶回他们的老家去。

宗室大臣建议逐客,秦王政还在犹豫,突然又接到奏报,说经过严密的调查,正在奉命开渠的郑国竟然是个奸细。

这郑国乃是韩国的水利专家,前些年由韩入秦,怂恿秦王政开挖河渠,引泾水灌溉农田,并且得到了批准,被任命为开渠的"总工程师"。可

史无前例的大战争
——战国纷争和秦的统一

是经过调查，原来郑国是奉了韩王之命前来的，真正目的是让秦国把人力物力都浪费在水利工程上，那就没有时间和精力再去攻打韩国了。

郑国的间谍案一败露，宗室大臣们更有话说了："您看，外国人都不是好东西，甚至绝大多数都是间谍，要阴谋削弱和颠覆我国。您还不肯逐客吗？等到他们的阴谋一一实施，再想驱赶那就晚了呀！"

于是秦王政终于被说服，当即颁布了"逐客令"。这时候的秦国官员，恐怕将近半数都是外国人，接令后无法可想，只好辞去官职、上缴印信，然后收拾包袱准备走人。当然，不是人人都心甘情愿认怂，让自己在秦国的多年努力全都化为泡影的，陆续有人上奏秦王政，请他收回成命。

其中有一份名叫《谏逐客书》的上奏引起了秦王政的注意。上奏首先陈述往事，说秦国之所以能够发展起来，虎视天下，很大程度上是靠着外籍官员的谋划、工作——"当年先君穆公从戎族请来由余，从宛地招来百里奚，从宋国迎来蹇叔，还从晋国得到丕豹、公孙支，所以才能称霸西戎。后来孝公派商鞅变法，惠文王用张仪之计，昭襄王得范雎之谋，所以秦国才能逐步富强……"

然后又譬喻说："大王您今天所享用的珍宝、所宠爱的妃妾、所喜欢的音乐，大多也都不产于秦国，是从别国来的，难道也一律要把它们全都舍弃掉吗？"在上奏的结尾，铿锵有力地指出："泰山不肯放弃随风而来的任何一点土壤，所以才能如此高大；黄河和大海不肯放弃所注入的再小的支流，所以才能如此深广；同理可证，君王不肯放弃任何国家前来投效之人，才能德被四方。倘若您真要逐客，四方的人才再不会到秦国来，全都回去侍奉他们本国的君主，这等于把武器交到敌人手上，把粮食交到盗贼手上，真是太不明智了！"

看完这篇上奏，秦王政陷入了深深

> 李斯的文学和文字的造诣很深，鲁迅曾称赞李斯："秦之文章，李斯一人而已。"他的书法"小篆入神，大篆入妙"，被尊为书法之祖。

的思索。也赶巧，就在这个时候，郑国间谍案又有了新的发展——郑国对于他受韩王指使一事供认不讳，但同时辩解说："水渠已经修了一半，就此停工，实在太可惜了。虽然修渠要耗费大量的人力物力，但一旦修成，给秦国所带来的利益要超过损害好几百倍！"

经过秦国本国的水利专家开会研讨，证明了郑国所言确实很有道理，他没在设计方案上动手脚，水渠开成了，确实对秦国有利。

于是秦王政幡然醒悟，急忙废除"逐客令"，把就快要离开秦国的那些外国官僚全都好言好语给请回来，还释放郑国，要他戴罪立功，继续开渠去。

这道水渠，后来就以总设计师郑国的名字命名，被称为"郑国渠"。郑国渠完工以后，主渠西起泾阳，引泾水向东，下注入洛水，全长300余里（灌溉面积号称4万顷），使得关中干旱平原一跃成为千里沃野，粮食产量大增，直接支持了其后秦国统一六国的战争。

至于那位写上奏打动秦王政的官员，秦王政也没有忘记他，立刻把他找来，当面考问。一谈之下，秦王政大喜过望："果不出寡人所料，这是个人才呀！"立刻任命他当廷尉，也就是大法官。

这位新廷尉，就是历史上大名鼎鼎的李斯。

> 郑国渠修成后，使秦国从经济上完成了统一中国的战争准备。此外，郑国渠的作用不仅在于它发挥灌溉效益的百余年，而且还在于首开引泾灌溉之先河。秦以后，历代继续在这里完善其水利设施，包括汉代的白公渠、唐代的三白渠、宋代的丰利渠、元代的王御史渠、明代的广惠渠和通济渠、清代的龙洞渠等等。

厕所老鼠和官仓老鼠

李斯的老家在上蔡，这地方原本是蔡国首都，后来蔡国被楚军所灭，

史无前例的大战争
—— 战国纷争和秦的统一

所以李斯算是楚国人。他出身不高，本事有限，没能在楚国出人头地，年轻的时候，只是在郡里当一名小小的办事员而已，工作很乏味，生活很困苦。

李斯住在官衙的集体宿舍里，条件很差，厕所尤其不干净，到处都有老鼠在蹿。同僚们看到老鼠，顶多咒骂两声，或者向上打报告要求改善生活而已，只有李斯，竟然就从这些老鼠身上，悟到了做人的大道理。

李斯琢磨着："这些老鼠多可怜呀，只能在厕所里觅食，看到有人来，或者有狗来（那时候猫还没有进口，捉老鼠是狗的专职），就吓得魂飞天外，得赶紧仓遑逃蹿。我时常去官仓里清点粮食，那里也有老鼠，个个吃得脑满肠肥，狗不能进仓库，他们连天敌都没有，见了人还大摇大摆地竟敢不躲。同样都是老鼠，生活状况怎么差那么多呢？！"

对比厕所老鼠和仓库老鼠的遭遇，李斯得出了最终的结论："其实人和老鼠一样，生活待遇的好坏，得看处在什么环境下。在优裕的环境中就能施展报负、锦衣玉食；在糟糕的环境中就只能一辈子抬不起头来，靠吃别人施舍的食物过活。"

李斯本人所处的环境，不过是楚国上蔡郡的集体宿舍而已，所以他也只能做一名小小的办事员，别想能有更大的发展。

想通了这一点，李斯立刻辞职，跑去拜儒学大师荀况为师，学习辅佐君王、平定天下的本事。出师以后，他没有再回故乡——整天被秦军逼着打，楚国还有什么前途吗，做楚国的臣子，能有多大的发展——而是跑去秦国，想要在秦国出人头地。

当然，以他毫无名望、毫无根底的年轻外国人的身份，是见不到秦王政的，况且他刚到秦国的时候，秦王政还没有亲政，说话也都不算。那时候秦国大权都捏在吕不韦手中，于是李斯就投到吕不韦府里当了门客。

吕不韦挺器重李斯，推荐他当了郎官（宫廷办事员或者侍卫），后来又提升为客卿——好在李斯抽身得早，当吕不韦下台之时，倘若他还在做门客的话，大概早就一并被赶到蜀地去了。

第十章 战国时代·大一统的序曲

客卿当了没两年，赶上秦王政下逐客令，李斯这个着急呀——我多年来的努力，难道要就此破灭吗？难道要被迫再回到楚国去，一辈子就当郡里的小办事员吗？于是他急忙写下那篇流传千古的《谏逐客书》，请秦王政收回成命。就是因为这篇文章，使得李斯一跃成为秦王政的宠臣，大摇大摆地进入了秦国的决策中枢。

这只楚国来的"大老鼠"，终于从厕所跑到官仓里去了。

秦国对关东六国的进攻，原先是毫无章法的，今天咬你一口，明天打它一下，领地虽然日益扩展，却最终谁都灭不掉。这种局面从范雎向秦昭襄王献上"远交近攻"之策开始有所改变，也就是联齐、压楚，拼全力攻打三晋（燕国太遥远了，暂且不论）。从秦昭襄王往下传三代，到了秦王政的时候，这一策略终于收到成效，秦王政可以悠哉游哉地下山摘果子吃了。

当然，收获胜利果实也不是那么容易的事情，秦王政得以完成这一伟业，还得靠许多人才的支持和辅佐，其中中枢决策层最重要的两位，一个就是李斯，还有一个名叫尉缭。

战国时代，先后出现过两个尉缭，某些人将其并合为一，恐怕是不靠谱的。第一个尉缭主要活动在战国前中期，曾经拜见过魏惠王，陈述治国之策和用兵之法，还留下一部名叫《尉缭子》的军事著作——当然，这只是传说而已，《尉缭子》虽然确实是在战国时代成书，却遭到汉以后很多人的修订和篡改，连它的原作者是不是叫尉缭，都要打上一个大大的问号。

第二个尉缭，传说是魏国大梁人，大约就在秦王政收回逐客令以后不久入秦，得到秦王政的重用，拜为国尉也就相当于国防部长。此人原氏失传，单名一个缭字，当了秦的国尉以后，就以尉为氏，所以被称作尉缭。

魏惠王死在公元前319年，秦王政收回逐客令是在公元前237年，隔着整整72年，倘若把两个尉缭合并为一的话，那不是个百岁上下的老妖怪吗？这种可能性不是完全没有，但无限接近于零。

第二个尉缭当了秦的国防部长以后，一方面帮助训练秦国军队，制定攻打关东各国的计划；另一方面，他也负责情报工作，建议秦王政往关东撒出大批间谍去。这些间谍去做啥呢？除了搜集政治、军事各方面情报外，还用重金贿赂各国当权的官员，要他们说服国君，向秦国朝贡。

——秦国日益强大，倘若与秦为敌的话，定会遭到讨伐，到时候国家灭亡，你们的功名利禄也全都化为泡影。为了保全自己的官位和身家性命，就只有向秦低头。因为你们的劝说，国君服从秦国，秦国就会感激你们，支持你们，有了秦国的支持，还怕会失势吗？还怕会丢官吗？

间谍们这一套歪理，再加上大笔贿赂，果然说动了关东各国的很多重臣，让各国全都低声下气地服从秦国，这么一来，合纵就再也组织不起来了。可是，只要甘心低头，秦军就真的不会来打吗？事情并没有那么美好。

秦国的目的，一是要你害怕，二是要你不设防。只要你将惧兵恐，又不设防，仗就好打了，就不再是今天割一块地，明天攻一座城了，而是要一口气把你打趴下，再也爬不起来。

尉缭的策略，开启了秦王政统一六国、扫平天下的征程。

柿子先挑软的捏，关东六国中，这时候最软的（似乎从来也没有硬过）乃是韩国，所以秦国首先把进攻矛头指向了韩国。韩国自从战国早期由法家大师申不害主持变法以来，本来是有机会振作的，但韩法太过严苛，并且与秦法不同，这种严苛不是指向所有臣民，而主要指向贵族、官员，贵族、官员们犯一点小过错就很可能丢了脑袋。因此韩国的人才纷纷外流，不肯走的大多没有好下场，官员人人自危，人力资源日益匮乏，夹在秦、楚、魏、赵中间，被打得头破血流。

你看吧，为了避免遭到秦国攻打，或者不如说，延缓秦国的攻势，他们连派郑国去修渠这种下策都想出来了——表面上要弱秦，实际上反而是资助了秦国——可见已经山穷水尽，无路可走了。

这回知道秦王政要先挑韩国来灭，韩国君臣会聚一堂，筹谋对策，可是完全谋划不出来。最终，他们只好挑选了一个人入秦去劝说秦王政，请秦王政先去攻楚或者攻魏，我韩国甘心臣服，就放我们一条活路吧。

其实这个馊主意和修郑国渠一样，虽然有可能延缓秦军的进攻，却也很可能使秦国变得更为强大……

韩非入秦

秦王政非常好学，每天除了批示好几大筐公文外，还要阅读各种书籍——当然，他对文学没什么爱好，所看的都是历史、哲学、政治学及其相关作品。

他最喜欢的文章，其中有一篇叫《孤愤》，指出臣子的行为必须被限定在法律框架内，否则就会成为"重人"，欺蒙君主、肆意妄为，最终导致国家崩溃。还有一篇文章叫《五蠹》，蠹就是蛀虫，这篇文章认为儒士、纵横家、游侠、贵族门客，以及工商业者，就是社会的五种蛀虫，君主必须疏远这些家伙，才能治理好国家。

这两篇文章条理清晰、文采斐然，而且很对秦王政的胃口。秦自商鞅变法以来，彻底打破了贵族社会那一套老规矩，以法治国，突出君权、压抑臣下的权力，这和《孤愤》的观点是相同的。此外，秦国吃够了合纵的苦头，又向来重农抑商，也与《五蠹》的说法一脉相承。秦王政的政治思想是商鞅思想的延续，所以他才会非常喜欢这两篇文章，反复读了很多遍，总也舍不得放下。

某次他向李斯介绍这两篇文章，并且慨叹说："文章作者不知道是什么时代的人呀，倘若他还活着，寡人能够见他一面，甚至和他一起研究问题，那真是死而无憾！"

李斯笑着回答说："臣知道这两篇文章的作者，作者名叫韩非，并非古代人，而是荀子的门生——是臣的同学。"

秦王政闻言大喜，就叫李斯赶紧把韩非给请来相见。李斯皱皱眉头："这个……有点困难。韩非乃是韩国的公子，恐怕不是那么容易请到的，韩

史无前例的大战争
—— 战国纷争和秦的统一

国不会放他到咱们秦国来。"

秦王政哈哈大笑，说，"这有何难？"于是就派兵猛攻韩国，要韩国把韩非给交出来。韩王安没有办法，只好找来韩非，派他出使秦国，并且关照他："你去劝说秦王，不要再打咱们韩国了，把矛头转向魏、楚，岂不是好？"

说起这位韩非，乃是法家的大宗师，现在提到战国时代的法家，第一是商鞅，第二是韩非，可谓妇孺皆知，吴起、申不害等人，知道的人就有限了。然而韩非虽然满腹经纶，却有一个天生的缺陷，他说话不利索，是个结巴，所以不像其他各门各派的宗师那样奔走天下，游说诸侯，只好自己闷在家里写文章。除了《孤愤》和《五蠹》外，他还写过《内外储》、《说林》、《说难》等很多鸿文，名传天下。

可是韩国虽然有韩非这样的人才，并且这位人才还就是韩国宗室，是位公子，韩王安和他老子韩桓惠王就从来没想过要重用他。如今秦军攻韩，前来索要韩非，也并没有使韩王安的脑子清醒一点——连秦王都这么看重的人，定是韩国的擎天玉柱，怎能拱手送人呢？

对于韩非来说，他本身并没有那么强的爱国思想，他迫切希望寻找到一位肯重用自己的明君，好实践理想，施展抱负。所以得到韩王安的允许，他立刻就打点行装，乘马车跑到咸阳去了。

秦王政一听韩非来了，急忙亲自出迎。他本想跟韩非好好谈谈，研究一下天下大势、治国之策的，但没想到韩非下笔千言，开口却说不出一句完整的话来，结结巴巴的，前言不搭后语，这使秦王政大感失望。于是只好安排韩非暂且在馆舍住下，不肯立刻授予其官职，交付他重任。

在秦国内部，有很多人瞧不起韩非，甚至有点讨厌韩非，如今一见秦王政并没有重用韩非的意思，立刻纷纷上奏，说韩非的坏话。都有哪些人讨厌韩

> 韩非和李斯的老师是荀子，他作为战国后期儒家学派的代表人物，却教出了两个法家的集大成者，也从一个侧面反映出儒、法本为一家。

非呢?最主要的,一个是李斯,一个是姚贾。

李斯和韩非同为法家学派的矫矫者,虽然是同学,但同性相斥,总也说不到一块去。韩非认为李斯太善于钻营,将来一定会变成自己《孤愤》中所说的"重人",祸害国家;李斯则认定秦王政一旦重用韩非,肯定会疏远自己——两雄不并立,秦国的朝堂上,怎能同时站着两位大法家呢?

至于姚贾,他是纵横家,而韩非在《五蠹》中直指纵横家是蛀虫,甚至是"诡言欺诈,借助外力来谋求私欲"的大骗子——姚贾怎么可能喜欢韩非?

于是他们对秦王政说:"韩非并非普通的外国人,他是韩国的公子,秦国想要吞并韩国,韩非怎可能高兴呢?他肯定会首先考虑韩国的利益,不会真心为秦国谋划。况且,大王您不立刻重用韩非,必然遭到他的忌恨,倘若放他回韩国去,他肯定会为韩王设计来抵抗秦国的。"

秦王政问:"此人不可重用,也不能放他回国,那要怎么对待他呢?就一直把他留在馆舍里吗?"

李斯、姚贾等人就趁着秦王政犹豫的机会,建议说不如找个借口,指证韩非犯法,把他宰了算了。秦王政一时听信了谗言,果然找个由头把韩非给逮捕下狱了,但还没下定决心要杀他。

李斯看到这种情况,一不做,二不休,干脆带着毒药去见韩非,劝他自杀。韩非在狱中写了好几篇文章,想要呈递给秦王政,为自己辨冤,但都被李斯给扣了下来,秦王政压根就没能见着。韩非等呀等呀,文章递上去已经很长时间了,还不见赦书颁下,认定秦王政再也不会重用自己了,一时想不开,也就接受了李斯的提议,就在牢里服毒自杀了。

倘若不到咸阳来,大概韩非会一辈子窝在家乡写书,也不会想不开而自杀吧。秦王政的召见,仿佛为他的人生开启了一扇光明的大门,使他幻想着很快就能得到重用,施展抱负了。幻想瞬间破灭,突然从顶峰滑入低谷,这种精神打击是韩非所难以承受的,他除了自杀以外,似乎已经没有第二条道路可走了。

而就在韩非自杀后不久，秦王政重新翻看《孤愤》《五蠹》等书，突然明白过来，赶紧派人去牢里释放韩非，只可惜晚了一步。官吏回来禀报，说韩非已死，秦王政这个懊恼呀，但人死不能复生，再懊悔也没有用了。

韩非入秦和自杀都是在公元前233年，三年以后，也就是公元前230年，秦王政派内史（首都市长兼卫戍司令）腾领兵攻打韩国，终于把韩国给灭掉了。

廉颇老矣

韩国的首都在新郑，也就是今天河南省郑州市下辖的新郑市，战国早期、刚刚成为诸侯的时候，领地南起河南中部，北到山西南部，东为新郑，西抵渑池，后来还伐楚成功，夺取了南阳郡。可是夹在秦、魏、赵、楚等国中间，韩国越打越小，领土日缩，等秦王政继位的时候，也就剩下新郑和从楚国手里抢来的南阳了。

公元前231年，也就是韩非自杀的两年以后，在秦军的猛攻下，韩国被迫把残存的南阳郡割让给秦国。从此以后，韩国只剩下新郑一城，说什么"战国七雄"，这时候的韩国，还没有诸侯国分封的重臣领地大。

为了保住性命，韩王安什么都不要了，甘心向秦称臣，只求秦国保留新郑城和韩国的宗庙，让他能够有口安生饭吃。然而秦王政连这点小幻想都不肯留给他，第二年就派内史腾进入新郑，俘虏韩王安，把韩国给彻底灭亡了。

灭亡韩国，正式擂响了秦王政扫荡群雄、一统天下的战鼓。

都说最早确定中国中原王朝疆域的是秦朝，在此之前的夏、商领地还都很小，周朝领地虽大，到处分封诸侯，实际控制区域非常有限。但"中原"这个词汇得以产生，黄河、长江流域绝大多数老百姓都心存统一的概念，秦王政扫平六国所以顺风顺水，终究还得算是周朝的功劳。

第十章 战国时代·大一统的序曲

因为周天子把王族和重臣们都分封出去了，北到燕地，西到秦地，东南到淮河下游，甚至可能真的包括长江下游的吴国，而南方第一强权楚国虽是蛮夷，却早就是周文王、周武王两代的同盟，并且很早就起码名义上接受了周天子的领导。那么大一块土地，总得有个统一的领导，得有个天子立在顶端，这种思潮，是周朝开始培养起来的。

这和西欧有根本性的不同，疆域比周朝不小的罗马帝国基本上可以算是被蛮族给推平了的，东罗马彻底地希腊化，西罗马旧土上兴起的大大小小国家，全都是蛮族，没有谁真正继承了罗马文化，所以分裂是常态，统一只是过眼烟云。

中国不一样，起码中原地区不一样。从地理上来说，黄河、长江两条大河及其支流横亘中原大地，居住在这两大水系周边的政权，为了农业灌溉和治理水患，都不可能忽视别国——上游的治水和用水，总会影响到下游，倘若没有统一的政权来统一管理，大家见天闹矛盾，三天两头得打架。所以当年齐桓公在葵丘盟会诸侯，誓约里相当重要一条就是"不可随意筑堤"。

从文化传统上来看，那就是周朝的功劳了，使得整个中原地区都逐渐弥散开一种求统一的氛围。这种氛围从战国前期开始泛滥，通过孟轲、荀况等人的宣扬而更为甚嚣尘上。秦国想要吞并列国，统一中原，不是拍脑门灵光一现，而完全是顺应了人心所向。

秦王政是在公元前230年灭韩的，随即就把原属韩国的土地改为颍川郡，不再分封，而收归中央政府直辖。下一个目标，按照秦王政和李斯、尉缭等人商议的结果，锁定为赵国。

赵国自从长平之战以后，实力大损，不但三天两头被秦国欺负，竟然连一直关系很好的燕国也想来趁火打劫。当时燕国的君主名字叫喜，他派相国栗腹以送礼为名去赵都邯郸探听情况，栗腹回来报告说："赵国的青壮年都死在长平了，小孩子还都没能成长起来，趁此机会发动进攻，定能大获全胜。"

史无前例的大战争
—— 战国纷争和秦的统一

燕王喜利令智昏，不顾群臣的反对，于公元前251年，也就是秦昭襄王去世的那一年，发兵攻赵，结果被赵将廉颇、乐乘杀得大败，差点连都城蓟都让赵军给端了。由此可见，赵国虽弱，廉颇等老将尚在，逼急了还能反咬人一口；同时也可知燕昭王去世以后，燕国的实力大为衰退，当年能够打败全盛时期的齐国，现在却连徘徊在灭亡边缘的赵国都打不赢了。

> 战国后期，赵国之所以能够与秦国长期抗衡，不仅因为屡有廉颇、蔺相如、乐乘、李牧这样的勇将贤臣，更是因为赵惠文王、赵孝成王这类虽然不算千古明君，但仍然听得进去谏言的君主。正因如此，赵国才能在相当长的时期内与强秦抗衡，并且还打败燕国和匈奴族。

可是赵国随即就自毁长城——公元前245年，赵孝成王去世，传位给其子赵悼襄王，这个时候廉颇正率领大军在攻打魏国，赵悼襄王不大信任廉颇，就派大将乐乘去代替廉颇的职务。

廉颇虽老，脾气还是很暴躁，一怒之下，抄起兵器，带上亲兵，就去攻打乐乘，乐乘吓得连滚带爬逃归邯郸。等到头脑冷静下来以后，廉颇越想越后悔："我在做什么？我这是违抗君命，攻击同僚，与叛国无异呀！"于是匆匆离开赵国，逃亡到魏国去了。

过了几年，赵国被秦国打得是捉襟见肘，赵悼襄王终于怀念起廉颇来，就派人去见廉颇。但这家伙留了个鬼心眼——廉颇那么大岁数了，还能上阵打仗吗？别花费大量金银财宝，低声下气地把他接回来，却派不上什么大用场。于是关照使者："你先去看看，看廉将军的身体情况如何，回来向寡人禀报。"

廉颇听说赵国派人前来，立刻就明白了赵悼襄王的用意，赶紧招待赵使吃饭。酒席宴间，廉颇一口气吃了一斗（古代容积单位，一斗等于十升）米饭、十斤肉，吃饱喝足了就披甲上马，连兜好几个圈子。廉颇的意思是：您好好看看吧，老夫能吃能喝能骑马，身体还壮着呐！

然而料想不到的是，他有个仇人名叫郭开，早就给赵使送了重礼，要赵使回来以后在赵悼襄王面前说廉颇的坏话,别召廉颇归赵。于是赵使回邯郸禀报的时候,严重歪曲事实,说:"廉将军年纪已经很老了,还吃得下饭,只是———一顿饭的功夫,他就连上了三回厕所(一饭三遗矢)。"

赵悼襄王一听,那就是肠胃功能已经退化了呀,就这种身子骨儿,还怎么可能上阵去打仗呢?于是长叹一声,打消了召廉颇回来的念头。

可怜的老将廉颇,赵王不召他,魏王也不肯重用他,隔了两年又投奔楚国,最后就老死在楚地,再也没能回故乡去,也再没能得着上阵打仗的机会。

那么,廉颇以后,赵国还有能够抵御秦兵进攻的名将吗?有倒是有,此人名叫李牧。

李牧和匈奴

李牧是赵国北部边疆的守将,长年领兵在外,抵御匈奴的进攻。

匈奴乃是居住在蒙古草原上的游牧部族,大约在战国中后期强大起来,征服了周边很多北狄、西戎部族,逐渐演化成一个大帝国。

古书上说,匈奴在唐尧的时代被叫做荤粥,周代被叫做猃狁,匈奴之名,乃是秦以后的叫法,这种说法恐怕不大确切。关于匈奴的来源,现在谁都说不清,咱们必须记住一点,那就是上古部族并没有一成不变的名字,往往会根据居住地的改变和形势的转变,连名字都给改了。

打个比方说,所谓周,在商代不过是西方的小国而已,可到了周武王灭商以后,却变成了中央政权的名字,包括周所分封的诸侯,也包括荆楚等臣服周天子的诸侯,全都可以说自己是周人。匈奴也是如此,原本可能只是小小一个游牧部族,等他征服和吞并的周边部族越来越多,这些部族的百姓,在中原人眼中,也都跟匈奴没啥两样了。

所以赵武灵王胡服骑射,当时所攻击的北狄各部,史书上只记载着

史无前例的大战争
—— 战国纷争和秦的统一

楼烦、林胡等名字，等到赵孝成王和赵悼襄王时代，北方强敌却变成了匈奴——未必是匈奴人离中原越杀越近，而只是很多原本不算匈奴的北狄部族，全都服从了匈奴，成为匈奴的一部分而已。

当时北方最强大的游牧民族共有三支，西方是月氏（读音为 ròu zhī），东方是东胡，中部就是匈奴，也可以称为"胡"。为了抵御这些游牧部族的入侵，北方各国，包括秦、赵、魏、燕，全都修建了长城。

所谓长城，就是在边境线上修一道城墙，城墙上可以跑马，隔一段还修一座烽火台，便于防守和传递信息。其实最早的长城并不一定修在抵御北方游牧民族入侵的最前线，中原各诸侯国之间也修过好几道长城，只是后来天下统一了，中原的长城已经没用了，逐渐废弃，只有北方的长城保留了下来。

当然，战国时代的长城都是土垒的，保存年代有限，咱们现在引为历史遗产、国家名胜的长城，基本上都是明代的砖砌长城。

拉回来说，李牧就是防守代郡、雁门一带赵长城沿线的将领，他训练了一千三百辆战车、一万五千骑兵和十五万步兵，曾经打破匈奴和东胡联军十余万，威震北边。据说经过那一仗，匈奴连续十多年都不敢靠近赵长城。

赵悼襄王元年，也就是公元前244年，赵悼襄王把李牧从北线调到东线，去攻打燕国，夺取了武遂和方城。两年后，燕王喜派大将剧辛领兵伐赵报仇，结果被赵将庞煖击败，而且被庞煖给宰了。

公元前241年，咱们前面说过，庞煖组织了最后一次关东五国合纵，攻打秦国，一直杀到蕞地——原本以为会一蹶不振的赵国，似乎又找到了翻盘的机会，这可让秦国君臣担忧不已。

于是公元前234年，秦将桓齮领兵伐赵，杀死包括大将扈辄在内的赵国兵将十万人。赵王迁（赵悼襄王之子）闻讯大惊失色，急忙再次把李牧从北线调回来，任命他当大将军，去抵御桓齮的进攻。

第二年，两军在肥地交锋，李牧大获全胜，桓齮竟然给杀成了个光杆司令,不敢再回秦国了,凄凄惶惶地逃去了燕国。赵王迁这才长舒一口气,立刻加封李牧为武安君——竟然和秦国名将白起称号相同。

看起来,这位李牧真是赵国的擎天玉柱,有李牧在,秦王政想要灭赵,难度系数是相当大的。

公元前229年,也就是灭韩的第二年,秦王政派大将王翦、杨端和攻赵,兵锋直指赵都邯郸,赵王迁赶紧派李牧、司马尚前往抵御。一听说李牧又来了,秦王政这个愁呀,急忙召集群臣商议:"王翦虽为百战老将,不怕李牧,但也未必就一定能打得赢他,万一有个闪失,灭赵的计划就要破产。这可该怎么办才好呢?"

> "君"是对贵族的一种尊称,礼法中称"天子、诸侯及卿、大夫有地者皆曰君"。被尊为"武安君"的,在战国时代一共有四位:白起、李牧、项燕、苏秦,都是威名赫赫的人物。

尉缭站出来说:"大王不必担忧,臣不是早就请您派人去贿赂各国的重臣,作为内应吗?现在正好派得上用场了。"

赵国国内,早就接受了贿赂,跟秦人暗中勾勾搭搭的重臣是谁呢?正是曾经买通赵使讲廉颇坏话的那个郭开,此时位高权重,当上了赵王迁的宠臣。于是秦王政就暗中派人又送了大批财宝给郭开,要他在赵王迁面前进谗言,说李牧、司马尚有谋反的企图。

糊涂的赵王迁竟然听信谗言,大惊失色,急忙派同族的赵葱和齐国人颜聚到前线去,接替李牧、司马尚的职务。李牧一开始不肯从命:"大战在即,临阵换将,肯定会导致人心动摇,那这仗咱们就输定了。"然而他这种态度,似乎更坐实了造反的谣言,于是赵王迁干脆下令逮捕李牧,就在阵前处斩。

长平之战,以赵括替换廉颇,赵国已经吃过很大的苦头了,可是赵王根本就不接受教训,如今再次中了反间计,杀死国家栋梁、名将李牧——历史总是惊人的相似,同时也惊人的可悲。

史无前例的大战争
—— 战国纷争和秦的统一

李牧被杀，短短三个月以后，王翦就大破赵军，杀死赵葱，俘虏颜聚，随即秦兵长驱直入挺进邯郸。赵王迁后悔不迭，但已经彻底无计可施了，只得自缚出降。

不过邯郸城虽被攻陷，赵王迁虽被俘虏，赵国倒还没有彻底灭亡。

赵王迁是赵悼襄王的小儿子，在他上面还有一个哥哥，名叫公子嘉。原本公子嘉是名正言顺的继承人，但赵悼襄王喜欢小儿子迁，就把公子嘉给废了，传位给赵迁。等到邯郸城落在秦人手中，公子嘉和大群赵国贵族一直向北跑，逃去了代地，随即贵族们就拥戴公子嘉为王。

可是看起来，这位公子嘉也不算什么厉害角色，起码胸无大志，只要能够当上国君，他就心满意足了，根本没有操练兵马、收复失地的意愿。为了避免秦军乘胜进攻，他干脆连赵这个国号都不要了，自称代王——秦之灭赵，为的是恨赵，如今赵已不存，我只是小小的代王，秦军或许就不会再打过来了吧。

这种想法完全是掩耳盗铃，自欺欺人，秦灭关东各国，不是恨谁，只是为了扩张和统一而已。世人都传说，秦庄襄王、秦王政父子在邯郸当人质的时候，受尽了赵人的欺压，所以痛恨赵国，一定要灭赵而后快，可你仔细想想，秦和韩可没有丝毫仇怨呀，为啥还要把韩国给灭了呢？

结果公子嘉——现在该叫他代王嘉了——在代地只做了短短六年的王，公元前222年，王翦的儿子王贲奉命伐燕，然后捎带手的杀入代地，就把这位代王嘉给俘虏了。

曾经无比强大的赵国，至此彻底灭亡。

第十一章 战国时代·秦王扫六合

少年英才

公元前228年,秦军兵锋直指邯郸,灭亡了赵国。就在同一年的晚些时候,魏景湣王和楚幽王先后去世,传位给魏王假和楚王郝,不久后,楚王郝的兄弟负刍杀郝自立,就是楚王负刍。

大家会发现,列国君主都有谥号,记史的时候,往往用他们的谥号来称呼,比如前一段所写的魏景湣王和楚幽王。那么,赵王迁、代王嘉、魏王假、楚王负刍等人,为什么没有谥号呢?那是因为就在他们当政的时代,国家被灭亡了,王位传承到此终结,后世子孙给他们上谥号,得按普通贵族的规矩来,而不能再按君主的规矩来——只是一家普通贵族,谥号自然不传于世,没人知道啦。

至于楚王郝,因为被兄弟负刍给篡了位,负刍不把他当前代君主来看,所以死后也没有谥号,或者仅仅没有王谥,史书不记。

这个时候的秦国已经吞韩灭赵,势力直伸入中原腹地,与齐相接,魏国整个被秦给包了起来,风雨飘摇,迟早会被一口吞掉。秦之灭魏,那是顺理成章的事情,那么等到灭魏以后,又会去攻打哪一个国家呢?

这时候齐国的君主是齐王建,咱们前面说过,一方面本着远交近攻的

史无前例的大战争
—— 战国纷争和秦的统一

策略，秦国始终对齐表示友好；另一方面，齐王建也上紧着巴结秦国，当年庞煖组织最后一次合纵，齐国就坚决不肯参加，所以秦大概是不会先去打齐的。

剩下只有燕、楚，秦军在灭魏以后，不是北上伐燕，就是南下攻楚。楚国疆域仍然相当广大，兵马众多，不是个软柿子，所以秦军攻打的第一目标，有九成九是燕国了。

这可把燕王喜愁得不行，整天在后宫里转磨，却想不出任何抵御秦兵的好办法来。

据说此时秦军已经前进到了易水南岸。易水这条河，现在已经不存在了，其位置大概是在今天河北省易县南面，由西向东注入渤海。从易水到燕都蓟城，直线距离才一百多里，那不是一天一夜就能杀到的吗？

燕王喜想来想去，只有割地求和，向秦称臣这一条道路可走了。可是他这种毫无气节的投降策略，却彻底激怒了一个人，此人正是燕王喜的太子，名叫燕丹。

燕丹是见过秦王政的，他知道秦王政野心很大，一心扫平六国，统一中原，根本不可能因为燕国低声下气地割地称臣，就放过燕国。时势如此，想要使燕国重新富强，尽快训练出一支能够抵御秦国虎狼之师的军队来，那是不切实际的。想要保全燕国，为今之计，只有想办法弱秦。

要怎么弱秦呢？燕太子丹认为，只有派刺客出马了，只要能刺杀秦王政，自然秦国大乱，燕国就能得着苟延残喘的机会。

燕太子丹是在燕王喜继位三年以后，也即公元前252年，因为秦国刚成君蔡泽的劝说，被送到咸阳去当人质的。一年以后，秦昭襄王去世，秦孝文王继位，立秦子楚为太子，子楚立刻从邯郸接回了赵姬、秦政母子——所以，燕太子丹在咸阳城中见过秦政，也就是后来的秦王政。

秦王政亲政以前，执掌秦政的乃是相国、文信侯吕不韦，吕不韦想要联燕伐赵，就派大臣张唐去燕国当宰相——这也是当时的惯例，堂堂秦国派人来当官，即便是当最大的官，燕王敢不答应吗？但是张唐不肯从命，苦着脸告饶："当年昭襄王还在的时候，我曾经奉命伐赵，赵人都恨我。如今要去燕国，肯定要经过赵国，那还不送狼入虎口呀？"

吕不韦听了这话，很不高兴，可是又不好勉强。正当他发愁的时候，突然有个小孩子凑了上来："让我去劝劝张大人吧，我能说服他到燕国去。"

吕不韦转头一看，原来是前代宰相甘茂的孙子，名叫甘罗，年仅十二岁。他当即把脸一板："去，去，我自己都说不动他，你一个小孩子管啥用？"

想不到甘罗把脖子一梗："小孩子怎么啦？传说项橐七岁就当孔子的老师了，我都十二岁啦，您又怎能小看呢？您不相信我的口才，可以试验一下，还没试验，干嘛就撇嘴哄我走？"

所谓项橐，乃是个传说中的人物，据说他七岁的时候，某次在大街上堆土造城玩儿，正巧孔丘驾车路过，要他避开，他却一翻白眼："从来只有车避城，哪儿有城避车的道理？"孔丘听了这话非常惊奇，就下车跟这个小孩子攀谈起来，结果问一答十，无所不知。不仅

> 《三字经》为国学启蒙读物，它琅琅上口，内容涵盖了历史、天文、地理、道德以及一些民间传说，其中有一句"昔仲尼，师项橐"，说的正是甘罗讲给吕不韦听的故事。

如此，项橐随口提了几个问题，反倒把孔丘给难住了。于是孔丘长叹一声："学无高下，达者为先，果然学问大小和年龄无关呀。"竟然以对待老师的崇高礼节来对待项橐。

关于项橐的传说暂且不论，且说吕不韦听了甘罗的话，也感到非常惊异——这小子很能说会道嘛，那不妨派他去试试看？

于是甘罗跑去见张唐，开口就问："您的功劳，和武安君白起比，哪个更大？"张唐当然回答："武安君功盖天下，我怎么敢比呀？"甘罗又问："那么文信侯和当年的应侯范雎比，谁的权势更大呢？"张唐想了一想："如今文信侯被尊称为仲父，他的权势，应侯即便在生，应该也比不上吧。"

甘罗微微一笑："想当年应侯想要攻赵，武安君不肯听从，结果应侯陷害他，把他赶出咸阳，然后给逼死了。如今权势比应侯还大的文信侯要功劳不如武安君的您前往燕国，您也不肯听从——您的下场又会如何呢？"

这话实在太狠了，吓得张唐当即出了一身的冷汗，赶紧拱手作揖："你说的有道理，我这就赶紧收拾行装到燕国去！"

甘罗回来向吕不韦一禀报，吕不韦大喜过望，连声称赞。于是甘罗说："您这回相信我的本事了吧？为了不使张大人在赴燕途中遭到赵人的扣押，请您派我出使赵国，给他打前站。"吕不韦毫不犹豫，一口答应下来。

甘罗到了赵国，拜见赵悼襄王，也是先设问："您听说燕太子丹到秦国去当人质的事了吧？"赵悼襄王点点头："听说啦。""那么，您听说秦国派张唐去当燕相的事情了么？"赵悼襄王继续点头："也听说啦。"

甘罗胸有成竹地侃侃而谈："燕太子入秦为质，说明燕国不会背弃秦国；秦派张唐赴燕为相，说明秦国不会背弃燕国。秦、燕联合起来，夹击赵国，赵国就危险了。为今之计，您不如献出五座城池来给秦王，请秦王送回燕太子，放弃与燕国的盟约，从此秦、赵合力，攻打燕国。"

赵悼襄王满口应允，立刻照办，于是燕太子丹这才得以归国。其后赵国伐燕，夺取了上谷地区的三十座城池，还把其中十一座献给了秦国。等于说小甘罗靠着自己三寸不烂之舌，没动秦国一兵一卒，就白得了五加十一，前后一共十六座城池。

吕不韦和秦王政商量，立刻加封年仅十二岁的甘罗当了秦国的上卿。

太子丹的计划

甘罗成为秦国上卿是十二岁，古人习惯按虚岁记年，论起实际岁数来，他可能只有十一，放在今天，小学还没毕业。

第十一章　战国时代·秦王扫六合

有些小学生很聪明，而且问出某些问题，大人都回答不上来，即便真有七岁的项橐难倒大宗师孔丘的事情，倒也不奇怪。问题是甘罗不是光嘴皮子厉害而已，他一个小孩子竟然能在风云激荡的外交战场上纵横捭阖，平白为秦国挣到十六座城池——千古神童，当以甘罗为第一了。

当然，甘罗出使赵国，提出秦、赵联合以攻燕的策略，并不是为赵国考虑，而完全是站在秦国的立场上。从张仪当秦相的时代开始，秦国就不遗余力地破坏关东各国的关系，以便自己个个击破，这本是既定国策。关东六国，唇亡齿寒，赵、燕相攻，双方都只能是越打越弱，却被秦国一一吞并。

所以灭赵以后，秦是一定会挥师攻燕的，从咸阳回来的燕太子丹深信这一天很快就会到来。为了保全自己的国家，

> 作者不详的《燕丹子》，鲁迅在《中国小说史略》中说是"汉前"作品，相传为太子丹的门客所写。全书记燕太子丹之事，以反抗暴秦为基本思想，长于叙事，娴于辞令，塑造了不同类型的人物，可说是古代小说的雏形。

他老早就打算派个刺客到秦国去，刺杀秦王政，倘若计划成功，即便不能彻底阻止秦军的进攻，也能为燕国多赢得一段喘息的时间吧。

太子丹跟老师鞠武商议，鞠武向他推荐了一位贤人，名叫田光。于是太子丹秘密召见田光，把自己谋刺秦王政的计划和盘托出。田光轻轻摇头："我年岁大啦，这种危险事情，恐怕难以效命。不过，我有一位姓荆的好友，胆气过人，或许可当此大任。"

太子丹闻言大喜，就请田光介绍，让他跟这位荆先生见一面。田光连连点头，告辞离去，太子丹一直把他送到大门口，还压低声音关照："这可是关乎国家前途的大事，请先生千万千万别泄露出去呀。"

田光一边闷着头沉思，一边佝偻着身子，蹒跚而去，去找那位荆先生。荆先生正想做一番大事业，听说有机会见着燕太子丹，表面虽然不动声色，心里倒是挺高兴的，立刻一口答应下来。然而，田光在把事情的来

史无前例的大战争
——战国纷争和秦的统一

龙去脉都说清楚以后，却突然长叹一声："听说长者的行为，不应当遭到别人怀疑。然而我那么一大把年岁了，太子丹还要反复叮咛关照，说事关重大，叫我别泄露出去。可见太子丹并不真的信任我，这实在太让我羞愧了，活着还有什么意思呢？"说完话，竟然横剑自刎了。

田光和太子丹初次见面，太子丹就把那么重要的计划和盘托出，倘若真的心存疑虑，他会这么干吗？临分手前多嘱咐几句别泄密，这也是人之常情。为了这么点小事儿，田光竟然羞愧自杀，实在是太奇怪了。所以后人猜测说，田光以死明志，主要目的是激励那位荆先生，请他一定要接下当刺客的重任。

因为不管怎么说，田光是燕国人，为了燕国而死是理所当然的，但荆先生却并非燕人，不给点动力，他凭什么要为了燕国去赴汤蹈火，行此险计呢？

说起这位荆先生，单名一个轲字，原籍齐国，祖上迁徙到卫国居住。荆轲从小就怀有大志，读书练剑，想要在乱世中干一番大事业，留芳千古，但他前去拜见卫元君，卫元君却不肯重用。

小小的卫国，早就已经变成秦的附庸了，一度被灭，后来还是吕不韦突发善心，将其社稷、宗庙迁徙到野王，允其复国。所以卫的君主不称王，不称侯，只能称君。时势如此，难以转变，卫元君能够拥有最后一块封地，非常满足，不再考虑什么发展问题，所以他不肯重用雄心万丈的荆轲。

——苟延残喘的小公司里，要是突然招收了一个想谋求大发展的职员，只会把公司搞乱，还可能让上头的母公司（秦国）怀疑你想搞独立、想要造反。

荆轲得不到卫元君的重用，一气之下离开卫国，浪迹天下，去寻找志同道合的伙伴。他听说榆次这地方有位大剑客名叫盖聂，就撞上门去，提出跟盖聂比剑。然而盖聂不大瞧得起荆轲，也不说话，也不拔剑，光拿眼睛瞪他。荆轲见到这种眼神，明白盖聂无意比剑，就悻悻然离开了榆次。

此后他还去过邯郸，跟一位名叫鲁句践的勇士发生了冲突，鲁句践怒

第十一章 战国时代·秦王扫六合

目圆睁，破口大骂，荆轲倒是打不还手、骂不还口，嘿嘿一笑就逃走了。

看起来，他并不想把自己有限的人生和精力，浪费在这些无意义的事情上面。

不过倘若荆轲不肯离开榆次，坚决要跟盖聂比剑，或者和鲁句践对骂甚至对打，不管是输是赢，都会声名雀起的吧。他遇事便逃，大家都认为他胆怯，没人真把他当勇士看待，名望也始终不高。

一直等荆轲跑到燕国，才终于结交了几位志同道合的好朋友，一位就是田光先生，还有一位名叫高渐离，弹得一手好筑（古代乐器）。他整天和高渐离在一起饮酒恳谈，旁若无人地引吭高歌，感情好得不得了。

拉回来再说，田光以死相激，请荆轲去见一见燕太子丹。于是荆轲跑去对太子丹陈述前事，太子丹不禁流下两行热泪："都是我行事有亏，害死了田先生呀！"

太子丹看荆轲仪表堂堂、身强力壮，像是个能干大事的人，就再次提出谋刺计划——"倘若您能够像当年曹沫劫持齐桓公那样，劫持秦王，逼他把侵占各国的土地都吐出来，那是最好；实在不行，就一剑宰了他，秦王一死，秦必大乱，诸侯们再次合纵相攻，局势就会有所改观了。"

太子丹反复劝说，荆轲终于点头应允。于是太子丹就请父亲燕王喜拜荆轲为上卿，好吃好喝地伺候着，以等待入秦谋刺的良机。

公元前 228 年，秦将王翦攻克邯郸，俘虏赵王迁，随即挥师北上，一直杀到易水南岸。太子丹闻讯匆忙跑去找荆轲，问他："您打算什么时候启程往咸阳去？眼看着秦军就要渡过易水，杀到燕国腹地来了，再不动手，恐怕就来不及了呀！"

荆轲沉着冷静地回答道："我也正在考虑这个问题。然而听说秦王为人多疑，倘若我不带着什么贵重的东西前往咸阳，引发他的贪欲，怕是很难靠近他。"太子丹急忙说："父王想要把督亢之地割让给秦国，这份大礼足够吗？"荆轲轻轻摇头："恐怕不够，还得多加上樊於期（读音为 fán wū jī）的人头！"

风萧萧，易水寒

樊於期本是秦将，因为得罪了秦王政，被迫抛妻弃子，逃往燕国，投靠在燕太子丹门下。据说秦王政恨透了这个樊於期，悬出重赏，有谁能割下樊於期的人头来献，就赐千金，封万户侯。

这赏格实在是太重了，即便樊於期犯下叛国大罪，你说堂堂秦王政有必要这么恨他吗？因此后人猜测，樊於期有可能参与了当年秦王政异母兄弟公子成蟜的叛乱，更有可能到处散布秦王政并非秦庄襄王之子，而是吕不韦私生子的谣言，所以秦王政恨他是恨得牙痒痒的。

荆轲为了刺杀秦王政，就向太子丹建议："倘若能够得到樊将军的人头，就一定可以取信于秦王，得着机会接近他了。"太子丹连连摇头："樊将军走投无路才来投奔我，我怎么忍心伤害他呢？还是再想别的办法吧。"

荆轲见太子丹不忍心下手，就自己偷偷跑去见樊於期，对他说："秦王杀了将军全家，还高悬重赏要你的人头，你有啥打算没有？想不想报仇？"樊於期仰天长叹："我当然想报仇啦，只是想来想去，想不出办法来呀。"

荆轲说："办法倒是有一个。倘若我能够得到将军的人头，献给秦王，秦王一定非常高兴，愿意接近我，到那时候，我左手扯住他的衣袖，右手持剑，直刺他的心脏——如此一来，将军的大仇得报，燕国的政局也可稳定了。不知将军意下如何？"

樊於期闻言，大喜过望："只要能够杀死秦王，报我全家的血海深仇，这条性命又算得了什么？！"于是当即横剑自刎。

太子丹听说此事，匆匆跑来，趴在樊於期的尸体上放声大哭。可是人死不能复生，总不能白白浪费樊於期壮烈的牺牲，于是只得割下他的首级，装在木匣里。然后太子丹又多方访求，得到一柄匕首，乃是赵国名匠徐夫人所制，见血封喉，锋利无比，他往匕首上淬了毒药，和装樊於期首级的木匣一并交给荆轲。

眼看着万事具备，然而荆轲似乎仍然没有动身的意思。太子丹就有点疑心——荆先生不是事到临头害怕了吧？他跑去试探荆轲："您要是不急着动身，我就先派副使秦舞阳到秦国去吧。"

荆轲闻言大怒："我将提一柄匕首，深入不测之强秦，行谋刺大计。如果我去得了，却回不来，那只是一勇之夫，不算英雄好汉，所以才计划万全，想等个好朋友来帮忙。可惜那位好朋友住得太远，总也不到，引起了您的怀疑。好吧，您既然等不及了，那我这就动身，一勇之夫就一勇之夫，回不来就回不来吧！"

公元前227年的某一天，荆轲整理好行装，乘坐马车离开燕都蓟城，一路南下。燕太子丹、太子丹的门客们，也包括荆轲的好朋友高渐离，凡是知道他赴秦真实使命的，全都身穿白衣，到易水边来送行——白衣乃是丧服，荆轲此去，凶多吉少，很难活着回来，所以他们身穿丧服，如同吊孝一般，来和荆轲做永远的告别。

高渐离敲打起了筑，乐声慷慨悲凉——筑是一种竹制的乐器，上系丝弦，演奏者单手持握，有点像是今天的大提琴，但和大提琴不同，不是用琴弓拉响，而是敲响，是所谓的"击弦乐器"。

应和着高渐离悲凉的筑声，荆轲高唱道："风萧萧啊易水寒，壮士一去啊不复还。"歌罢飞身上车，头也不回地就离去了。

一路无话，来到咸阳，荆轲先用带来的活动经费，贿赂秦王政的宠臣蒙嘉，请蒙嘉帮忙进言，说燕国派使者送来了督亢地图和樊於期的首级，希望秦王政可以召见。

秦王政闻奏自然大喜，于是摆设下隆重的仪式，就在大殿上召见燕使。荆轲亲手捧着盛装樊於期首级的木匣，让副使秦舞阳捧着督亢地图，一前一后迈入大殿。

秦王的排场实在是太大啦，殿门外全都挺立着手持长戈、腰佩铜剑，雄纠纠、气昂昂的武士，殿内群臣分两班站立，表情严肃，气氛庄严。看

史无前例的大战争
—— 战国纷争和秦的统一

到这种情景，荆轲倒没什么反应，秦舞阳却突然间哆嗦了起来。

要说这个秦舞阳，也算是燕国数一数二的勇士，据说力大无穷，才十三岁就敢当街杀人，整个蓟城内，谁都不敢惹他。可说到底，秦舞阳终究只是一个乡下小子，没见过什么大世面，从来只在市井中斗狠，像这种国家级外交活动，大概听都没听说过。人们从来就最害怕自己所不了解、不熟悉的事物，更何况肩上还担负着刺杀秦王政、振兴燕国的重任呢？秦舞阳越想越紧张，就忍不住哆嗦了起来。

秦国的武士、大臣们都盯着秦舞阳，心说这人怎么了？干嘛那么害怕？难道是心里有鬼？

荆轲转回头去望一眼秦舞阳，微微一笑，赶紧解释："北方偏远处的野蛮人，从来没见过天子的威仪，所以吓得哆嗦，还请各位莫怪。"

> 1986年从甘肃天水放马滩秦墓出土的七幅地图，成图年代被确认为秦始皇八年（公元前239年），为迄今中国最早的实物地图。这些地图绘制在四块大小基本相同的松木板上，图形比较清晰，今天渭水支流以及该地区的许多峡谷在木板地图上都可以找到。

真正的刺客，不见得武艺要多么高强，最重要的是胆子得大，泰山崩于前而色不变，这样才有可能不被人怀疑地接近刺杀目标。田光和燕太子丹之所以看中荆轲，很大程度上也是因为荆轲这种超强的心理素质，什么时候都沉稳如水，毫无惧色，看着就不像要耍什么阴谋的人。要都像秦舞阳那样，即便武艺再高，恐怕还没进大殿就暴露了。

可是不管荆轲怎么解释，多疑的秦王政还是皱起了眉头，呵斥一声："这个秦舞阳，就不要让他进殿了，你把督亢地图接过来。"

荆轲连声答应，就把手中木匣转交给秦国侍卫，自己从秦舞阳手中接过督亢地图。

侍卫把木匣放到秦王政面前的书案上，秦王政打开来一看，里面果然装着是自己最切齿痛恨的樊於期的人头，不禁双眉舒展开来，大感快慰。

第十一章 战国时代·秦王扫六合

这么一来，他对燕使的好感也增强了几分，荆轲趁机捧着地图，一步步靠近："燕王献上督亢的肥沃土地——请让臣指给大王看。"

于是就在书案上缓缓展开地图。既然是地图，当然不方便画在竹简上，很可能是画在丝织品上的，卷成一个卷。只见画卷展开，督亢的山水地形一点点显露出来，秦王政低垂着头，注目地图，似乎全副精神都放在荆轲手中的地图上。荆轲心说：好呀，时机到了！

图穷匕见

燕太子丹为荆轲准备的刺杀武器，如前所述，乃是淬毒的徐夫人匕首。匕首很短小，便于携带，也便于隐藏。

战国时代，列国相争，外交中充满了尔虞我诈，甚至是公开欺骗和威胁，从来都弥漫着相当不友好的气氛，况且秦王政生性多疑，所以使者前来觐见，进大殿前按规矩是要搜身的，就怕你带着武器想来行刺。这柄徐夫人匕首虽小，荆轲也不可能藏在身上。

> 徐夫人的名字太让人误会了，他并非姓徐的女性，而是姓徐名夫人的堂堂男子汉。历史上，这位徐夫人并非独一个以"夫人"为名的男人，《汉书》上就记载有过一位名叫"丁夫人"的术士。

那么，他究竟把匕首藏在哪里了呢？其实就正藏在督亢地图之内——地图卷成一卷，最中心就是匕首。无论樊於期的首级也好，还是督亢地图也罢，那都是要进献给秦王政的，秦王政还没有过目之前，谁都无权查看，所以利用地图，就可以逃避安检，把匕首一直带到秦王政的面前。

荆轲在接近了秦王政以后，缓缓打开地图，终于，匕首露出来了。于是他遵照当日索取人头的时候对樊於期说过的话，左手一探，牢牢抓住了秦王政的衣袖，右手握紧匕首，直刺秦王政的胸口！

史无前例的大战争
——战国纷争和秦的统一

秦王政大吃一惊，本能地朝后抽身。他身为君主，身上穿的都是最好的丝绸衣服，而不是当时最常见的麻布衣服，丝绸又轻又滑，穿在身上很舒服，但有一个弱点，就是不结实——有钱人穿衣服何必要结实呢？穿破了，再换一身就好了嘛。

如今丝绸衣服的不结实，倒在危急之中救了秦王政一命。他朝后一抽袖子，荆轲紧捏不放，双方用力之下，衣袖立刻就被撕碎了——秦王政就这么着在千钧一发之际，堪堪躲过直刺自己前胸的匕首。

既然躲过了荆轲的第一刺，秦王政立刻站起身来，抬手拔剑。剑是当时最常用的近身搏斗武器，同时也是贵族身份的象征，贵族们就算不上阵打仗，平常腰间也都挂着剑。朝堂之上，臣子是不允许带剑的，害怕他们谋刺君主，进大殿前先得把佩剑解下来，交给守门的卫士，但君主就没有这种忌讳，始终佩着长剑。

可是这剑实在是太长了。本来用于击刺的武器，越长则威力越强，你剑短，我剑长，较量之下，我的赢面肯定要更大。西周的剑很短，那是因为铸造技术还不发达，太长的剑容易折断，等到了战国晚期，随着技术和工艺的进步，剑是越造越长。近年来出土了很多秦剑，剑身普遍长度都在80公分以上，加上剑柄要超过一米。这么长的剑佩在腰间，上端接近腋下，末端快要沾着地面了，仓促间怎么可能拔得出来？

秦王政一边逃跑，一边拔剑，可是连拔几下也拔不出来，急得他是满头大汗。荆轲一刺不中，挺着匕首猛追，秦王政只好用连鞘剑来格挡，根本就没有还手之力。

秦王政那么危险、窘迫，为什么就没有人上来救他呢？原来按照秦法，除了君主所佩的宝剑外，大殿上是不能有武器的，大臣们都得摘了剑才能进来，而手持戈、矛等兵器的卫士，只能守在门口，不得召唤，不能近前。秦王政惶急之下，竟然忘了叫人，只好围着柱子乱转，躲避荆轲的追击。而秦国大臣们个个赤手空拳，看那荆轲气势汹汹，手中匕首寒光逼人，谁都不敢来挡。

这么追来追去，秦王政始终无法还手，迟早是会被荆轲给伤到的。就在这万分危急的关头，侍立在旁的御医夏无且急中生智，匆忙解下随身携带的药囊，朝着荆轲的面门狠狠掷去。荆轲低头躲避，就这么缓了一缓，他和秦王政之间立刻就拉开了一段距离。

大臣们看到这种情景，略微缓过一口气，终于从猝不及防中逐渐镇定下来，随即就有人高喊着提醒秦王政："大王背剑！大王背剑！"

秦王政听人喊他背剑，恍然大悟，赶紧就把连鞘剑从肋下斜移到后背去，然后右手从肩头握住剑柄，"当啷"一声，终于把长剑给抽出来了。拔剑在手，秦王政不再逃跑了，转身就迎战荆轲。

一方面受周礼等传统的影响，另一方面正当乱世，贵族们人人习武，秦王政也不是养尊处优、手无缚鸡之力的白面书生，多少练过一点剑法。相比起来，荆轲手里只握着柄短短的匕首，又怎么打得过一米多长的秦剑呢？

于是才交了几招，秦王政一剑砍下，就把荆轲的左腿给砍断了。荆轲跌倒在地，还不肯罢休，匕首脱手飞出，直掷向秦王政的面门。秦王政把脑袋一歪，匕首擦着他的脸颊飞过，插在身后的柱子上。好险呐，就差那么一点，中国的历史就要改写了。

荆轲武器脱手，却未能伤到对手分毫，他知道自己已经彻底失败了。于是背倚柱子，叉着两条腿，边笑边喘气，大声喝道："我一心想要活捉你，劫持你，逼你退还侵夺诸侯们的土地，以报答太子大恩。倘若一上来就下狠手，你早就完蛋了呀！"

秦王政这才想起来召唤卫士，当场把荆轲给乱剑分尸了——当然，那个等在外面的秦舞阳，也早就变成了剑下之鬼。

燕太子丹派荆轲去刺杀秦王政，乃是下策中的下策，但没有办法，当时燕国已经没有啥上策、中策可用了。

秦国的富强，并非秦王政一人的功劳，乃是靠了从秦孝公以来多少代人的积累；而关东六国的衰弱，也不是一朝一夕的事情，早就积习难改，很难重新振作了。即便杀掉秦王政，顶多延缓燕国遭难的时间，却无法改变燕国终将灭亡的命运。

可是这一谋刺不成，却反倒加速了燕国灭亡的进程。荆轲死后，秦王政大怒如狂，即刻给驻守易水南岸的大将王翦增派兵马，要他火速北上攻燕，短短几个月后就攻陷了燕都蓟城。

那个荆轲的好朋友高渐离，在都城陷落后就隐姓埋名，去给别家当佣人。高渐离本是屠夫，专管杀狗——狗是中国最早的肉用牲畜之一，老百姓吃不起猪肉、羊肉，平常唯一能沾到的荤腥就是狗肉，所以市井中的屠夫，主要宰的就是狗。堂堂音乐家，本业竟然是个屠夫，由此也可见燕国的政治是多么腐败了，燕王是多么不识人爱才了。

虽然改换姓名给人帮佣，但高渐离的音乐才能却终究隐瞒不了，很快就被人发现了，最终他的名声一直传到了秦王政耳朵里——这个时候秦王政已经统一六国，自称皇帝了，就是秦始皇。秦始皇召见高渐离，要听他击筑，有人认出了高渐离，提醒秦始皇说："这人是荆轲的朋友，您可得当心点儿。"

秦始皇爱惜高渐离高超的演奏技巧，不忍杀他，就毒瞎了他的眼睛，留在宫中。一方面，这是为了防备高渐离谋害自己，另一方面，中国古代的宫廷乐师往往由盲人担任，所以要让高渐离呆在宫里，他最好是个瞎子。

高渐离靠着击筑，得以接近秦始皇，于是他偷偷地在竹子做的筑里填上铅块，增加份量，然后找准一个机会，突然把筑当成暗器，朝秦始皇的面门狠狠掷了过去。只可惜眼睛瞎了看不见，准头有点差，秦始皇再次躲过一劫。

秦始皇恼怒万分，立刻处死了高渐离。但荆轲、高渐离这对好友不畏强权，不怕牺牲，前仆后继地刺杀秦君的事迹，却从此流传千古，万世仰望。

说六十万就是六十万

秦法严苛，秦军残暴，在秦王政统一中原的进程中，不仅仅在战场上杀死了关东六国很多军人，也直接或间接害死了很多无辜的平民百姓，所以关东的人民是个个恨秦。

先不管扫平六国、统一中原，是不是适应历史发展的需要，是不是符合百姓们的长远利益；也不管刺客行为本身是不是合乎道义，但在人人恨秦的背景下，荆轲士为知己者死，高渐离想为祖国和朋友报仇，他们的精神总是值得后人颂扬的。

> 王氏家族可以说在秦国威名赫赫，自王翦开始，其子王贲、孙王离都为大将。而后来在中国历史上占有重要地位的王氏宗族——琅邪王氏和太原王氏，往上追溯，都称自己的始祖是王翦。

只是这么一来，反倒促使秦国加紧伐燕。这一年，也就是公元前227年的十月份，秦将王翦攻克燕都蓟城，燕王喜和太子丹带着残兵败将逃往辽东。王翦派副将李信穷追不舍，燕王喜这个愁呀，可是根本无计可施。

就在这个时候，毫无雄图壮志，也毫无政治眼光，光想着苟延残喘的代王嘉写信来了，提醒燕王喜说："都怪太子丹派人去刺杀秦王，才使秦王恨燕入骨。只要您杀掉太子丹，把他的首级献给秦王，秦兵自然就会退去了。"

从古到今，哪有劝别人杀儿子的道理呢？都只为代地和辽东太过接近了，代王嘉生怕秦军灭燕以后，掉过头来就打自己，所以昧着良心给出此下策。已经走投无路的燕王喜病急乱投医，还真的就把自己亲生儿子给宰了。

辽东太过遥远，旁边还有代地，此外秦国之侧还有魏国存在，秦军实在不宜追击太远，所以秦王政在收到了燕太子丹的首级以后，就装模作样地下令退兵，让燕王喜又多苟活了几年。到了公元前222年，王翦之子王贲率军北上，还是把辽东给端掉了，随即又转道灭代，燕王喜、代王嘉这一对昏君，全都做了俘虏。

在此之前的公元前225年，王贲受命进攻魏都大梁，掘开河堤，放水

史无前例的大战争
—— 战国纷争和秦的统一

灌城，在围困了整整三个月以后，魏王假再也扛不下去了，被迫出降。于是，曾经首霸战国时代的魏国，终于结束了他两百年的历史。

燕、赵已经残破，韩、魏已经灭亡，秦王政的下一个目标，理所当然地指向楚国。他首先召来年轻猛将李信询问："寡人想要发兵灭楚，你估算一下，得动用多少兵马？"

李信回答道："二十万就足够了。"

秦王政又召见老将王翦，提出同样的问题。王翦心算了好一会儿，才犹犹豫豫地回答说："大概得六十万。"

六十万不是个小数目，对照长平之战秦国的出兵数目来看，那大概就是八到九成常备兵的数量了。秦王政对这个数字很不满意，撇一撇嘴："老将军年纪大了，太过慎重了。还是李将军年轻有为，胆气过人。"

于是他就任命李信为伐楚主将，蒙武为副将，交给他们二十万大军，命其南下灭楚。王翦一看秦王政已经不信任自己了，干脆告病还乡，回家养老。

李信、蒙武率领大军，分两路杀入楚地，连战连胜。这个时候楚国西部的土地已经全都被秦国占领，只剩下东方的半壁江山，都城也早从郢、陈，一路迁到了寿春（在今天安徽省六安市寿县）。按道理，秦军就应当由西向东扫荡，直逼寿春，但是奇怪的事情突然发生了，就在李信、蒙武两将南下先后攻克平舆、寝城和鄢后，没有一路东进，而是突然转道向西北方向会师。

楚将项燕就趁着这个机会，率军从后面猛追秦军，连追了三天三夜，终于与秦军交锋。战斗的结果是李信大败，麾下都尉战死七人，碉堡营垒被楚军占领了两座。消息传回咸阳，秦王政大感愤怒。

传统史家都没有仔细考究这一仗的曲折原委，只是认为李信经验不足，又过于轻敌，所以才会吃这么大一个败仗——那是秦灭六国过程中最大的败仗。可是李信率领秦军，不向东进，反而西走，行军路线实在太奇怪了，肯定另有隐情。

根据近年来的考古发掘,某些专家揪出了这一历史谜团的部分蛛丝马迹,或许具有一定程度的准确性。他们认为,就在李信伐楚的时候,在秦、楚交界处的陈地发动过一次叛乱,因为陈地很可能是李信伐楚的后方基地,所以他才被迫回师平叛,结果被楚将项燕找准了破绽,从后追赶,杀得大败。

陈,即今天的河南省周口市淮阳县,原本是陈国的都城,春秋末期被楚国占领,战国中期又落入秦人手中。据说煽动这次叛乱的,很可能是楚国公子,曾经当过秦国重臣,协助镇压过嫪毐叛乱的昌平君。

当然,不管是什么原因,有没有这场叛乱,总之李信是吃了个大败仗。秦王政闻报,又惊又怒,急忙喝令侍从驾车,他要亲自去拜访已经告老还乡的老将王翦。

王翦的老家在频阳,位置大概在今天陕西省富平市的东北方,距离咸阳倒不算远。秦王政快马加鞭,很快就赶到了王翦家中。王翦出门相迎,秦王政拉着他的手,诚恳地道歉:"寡人不听将军的话,以李信为将,率二十万兵马攻打楚国,果然吃了败仗了。如今楚军趁胜追击,扫荡西来,形势非常危急。寡人知道老将军身体不好,可您难道忍心抛弃寡人和秦国吗?您就不能振作一下,重新辅佐寡人吗?"

王翦连声推辞:"臣年纪大了,满身是病,恐怕再上不了战场了,还是请大王另选贤能吧。"秦王政不肯罢休,继续央告,王翦没有办法,这才突然把脸一板,严肃地回答道:"大王一定要臣披挂上阵、攻打楚国,那就得听臣的话,说六十万就是六十万,一兵一卒都不能少!"

秦王政就问了:"这个庞大的数字您是怎么算出来的?先分析给寡人听听吧。"王翦回答道:"楚国与别国不同,疆域实在是太广大了,虽然南方很多地区地广人稀,但咱们攻占以后是不可能不留兵守备的。正面与楚军对敌,或许用不了六十万人,但要想一举灭亡楚国,六十万是下限,不可能再少了。"

秦王政吃一堑、长一智,连连点头:"寡人全都应从将军,还请将军即刻动身。"

史无前例的大战争
——战国纷争和秦的统一

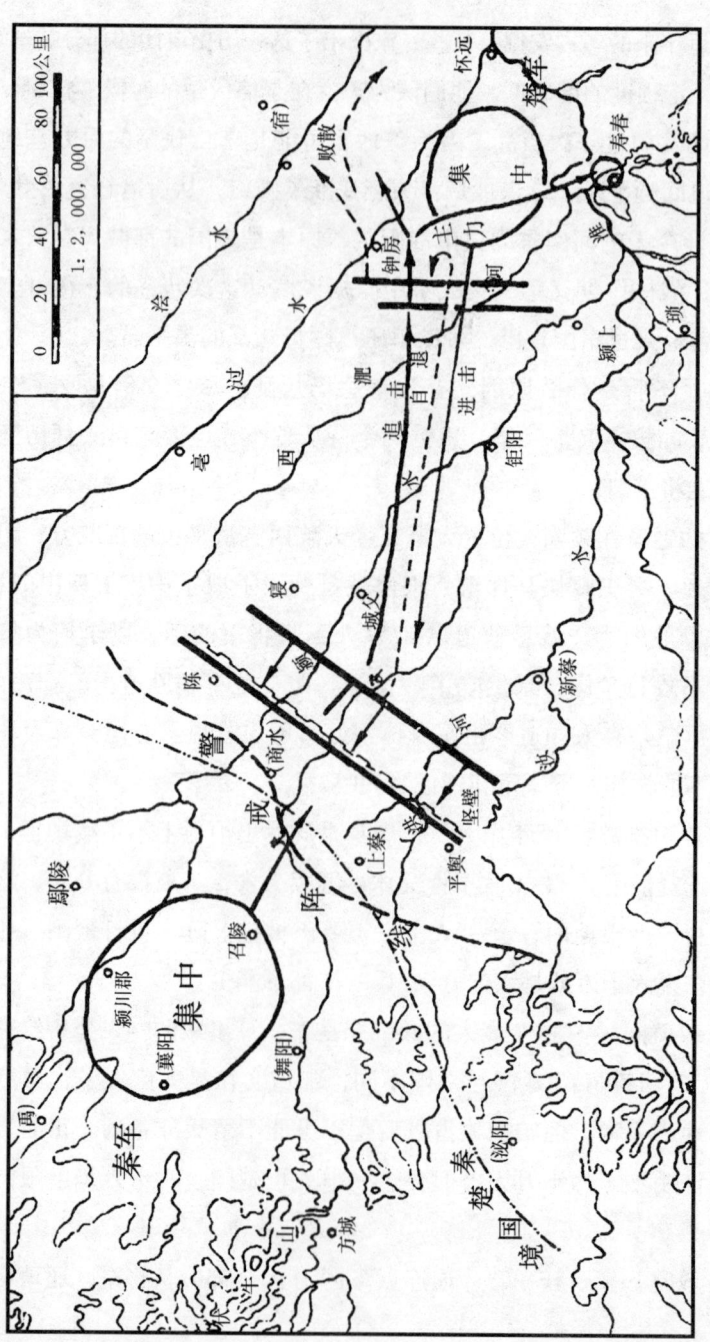

王翦灭楚作战经过图

于是他真的整备了六十万大军，交给王翦，还亲自送到咸阳东门外的军事要地灞上。临行前，王翦突然提出请求，要秦王政多多赏赐他良田美宅，说只有这样，他才有动力好好打仗。秦王政哈哈大笑："您是秦国的老将，寡人爱信不疑，难道您还怕自己会贫穷吗？"王翦回答道："臣不是为自己考虑，而是为子孙后辈考虑，还请大王恩准。"秦王政点头首肯。

可是分手以后，王翦一路行军，一路继续写信邀赏，还指定说哪儿哪儿的田地很肥沃，希望大王能够赏赐给臣家。将领们都跑去劝他："您一再要求赏赐，可别太过分，惹恼了大王呀。"

王翦轻轻摇头，解释说："大王生性多疑，如今几乎把秦国所有兵马都交到我手上了，他心里能不发虚吗？所以我一再为子孙后辈请求赏赐，目的是使大王相信，我并没有什么野心。他贵为秦君，有什么赏赐给不了我呢？只要我不造反，不夺他的江山，打赏越多，他心里反而越踏实呀。"

王翦果然不愧百战老将，更难得的是，他深通人心政情，不是除了打仗以外两眼一抹黑的莽夫。因为君王怀疑大将有谋反的企图，临阵换将，导致惨败的故事，咱们也听得多了，比如乐毅、李牧，等等。秦王政虽非昏庸之君，可是疑心病太重，很容易使谣言、谗言趁虚而入，所以王翦要先通过请求赏赐，来给他吃几颗定心丸。

耕、战中的秦人

公元前225年，王翦率领六十万大军来到伐楚前线，与李信、蒙武的残部会合。楚国听说秦发倾国之兵来攻，也急忙把所有军队都调来了，想要和秦军来一场总决战。

然而王翦深沟高垒，光是防守，不肯出战。对峙了整整一年以后，楚军终于耐不住性子了，拔寨东归，王翦趁机率军追赶，大破楚军，杀死了楚国大将项燕。于是一路势如破竹，直入寿春，俘虏了楚王负刍，随即转

史无前例的大战争
—— 战国纷争和秦的统一

道南下，陆续平定依附于楚国的百越各部。

王翦灭楚，是在公元前 223 年。到了第二年也即公元前 222 年，其子王贲攻灭燕、代，随即率得胜之师直指齐都临淄。

齐王建一直坚持和秦国友好的政策，当秦攻灭其他诸侯的时候，他从来都不发兵救援，连物资上甚至道义上的援助都不肯给。可是等到秦灭五国，全关东就剩下他一个齐国了，齐王建左右望望，突然感觉到万分的懊悔与凄凉。他在位的这些年，不但没有援助过别的国家，也没有攻打过别的国家，齐军多年不上阵，已经毫无战斗力了，就算突然明白过来，想要抗秦，也根本没有了动武的力量。

所以王贲几乎是兵不血刃地就进入了临淄城，在位整整四十四年的老齐王建，就此做了亡国之君。而随着齐国的灭亡，秦王政也终于扫平六国、统一了中原。

> 齐国一直坐观其他五国被灭，未必是不知道唇亡齿寒的道理，而是被当年五国联军灭齐的事情给气惨了。在秦亡之后诸侯纷纷复国的时候，齐人依然最为被动，坚决不愿与其他诸侯国相联合，可见当初之事留下了多深的阴影。

春秋末期、战国初期，七雄争霸，秦国并不是最强大的一个，为何用不了几年功夫就威震天下，传到秦王政的时代竟能水到渠成地完成统一呢？秦国究竟靠了什么法宝，才能傲立于诸侯的顶点呢？

当然，秦国第一个法宝，就是商鞅的变法。咱们前面说过，从魏国的李悝开始，韩有申不害、楚有吴起、赵有赵武灵王，各国都纷纷革新变法，但只有商鞅在秦国的变法最彻底，收效也最大。

但这并非商鞅一个人的功劳，从某种意义上来说，是秦国成就了商鞅，而非商鞅成就了秦国。换一片土地，换一个国家，即便同样重用商鞅，最终所达成的效果恐怕也会截然不同。

在战国七雄中，秦国僻处西陲，治下大多数不是中原人，而是西戎和

第十一章 战国时代·秦王扫六合

北狄，社会文化相对落后。但落后也有落后的好处，传统贵族的势力，以及传统贵族社会的风尚，相较其他诸侯国来都弱，变法的阻力相对要小。秦人贫穷，只要能保证他们种上地、吃饱饭，更有机会出人头地，他们就愿意忍受枷锁一般的苛法约束，所以商鞅在秦的变法，是符合秦国社会发展方向的，这就是他虽然被旧贵族反攻倒算丢了性命，他所制定的法规仍然能够延续下去的重要原因。

商鞅变法的根源，其实得往前推，一直推到春秋时代的齐臣管仲，他们变法的根本原则，都不外乎"耕"、"战"两字。老百姓受各种严苛法规的约束，不必关心国家大事，不能追求自由发展，而只能被牢牢约束在土地上，专心耕种。想要出人头地，也行，那就得在逢有战事的时候拼死作战，只要立功，就能受赏。

这是一种彻头彻尾的愚民政策，彻头彻尾把老百姓只当成生产和打仗的工具，而不把他们当人看。但在当时那种混乱的时局下，只有这样才能

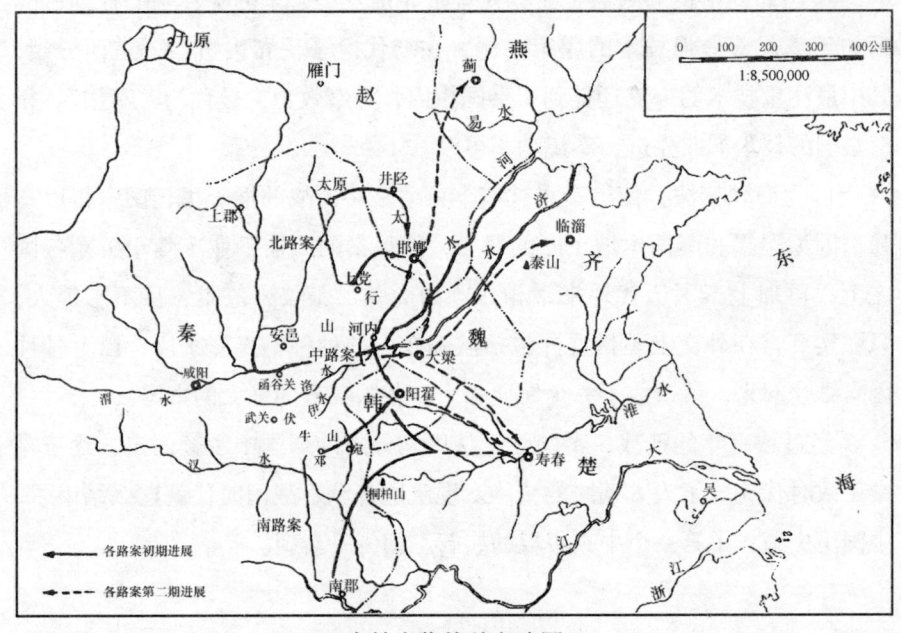

秦始皇作战总方略图

史无前例的大战争
—— 战国纷争和秦的统一

使社会稳定，国家富强，才能提升军队的战斗力。

从某种意义上来说，秦国本身就是一台巨大的战争机器。

秦人不重礼仪，而重实效，非常重视社会的组织性和科学技术的发展。秦军的装备并不算精良，但很实用，所以在和关东各国的交战中才屡屡占据上风。

根据考古发掘，秦国的兵器都是统一制式的，若有破损，随时都可以更换。兵器上都刻有制造者的姓名，包括匠人、执行官和当朝宰相的名字，发现什么问题，可以层层盘查，纠出蛀虫、填补漏洞。

当时关东各国都开始大力发展铁制兵器，秦人却仍然在用老旧的铜兵。铜兵虽是铜兵，秦人却把青铜技术推上了一个崭新的高度，秦的铜剑比起关东各国的铁剑来只长不短，锋利程度、坚固程度也丝毫都不逊色。

咱们说过，春秋时代的铜剑都很短，比如越王勾践剑的剑身只有55.7厘米，而近年来发掘出大量秦代铜剑，剑身普遍超过了80厘米，竟和关东各国的铁剑一样长！

秦国如此精良的武器工业，究竟是靠谁发展起来的呢？咱们提到过战国初年掌握着最强技术的墨家一派，在初代巨子墨翟去世后，东西分裂，其中最注重技术的一支迁徙到了秦国境内，为秦效力，被称为"秦墨"。相信秦国的技术如此先进，秦墨功不可没。

因为商鞅变法，使得秦人被牢牢束缚在耕、战的框子里，国家得以富强；因为秦墨和秦国本地工匠的努力，使得秦的武器工业凌驾于关东各国之上；再加上秦国历代外来宰相，比如商鞅、张仪、范雎、吕不韦等人，只顾实利，在外交上不惜耍弄包括欺骗在内的种种不光彩手段；以上种种因素结合起来，就造成了一个无比强大、各国莫敌的强大的秦国。

经过数百年的征战，秦国终于从周朝分封的列国中脱颖而出，终于在秦王政时代完成了人人期盼的统一。混乱的春秋、战国时代就这么结束了，中国历史迈入了第一个中央集权的崭新王朝——秦朝。

第十一章 战国时代·秦王扫六合

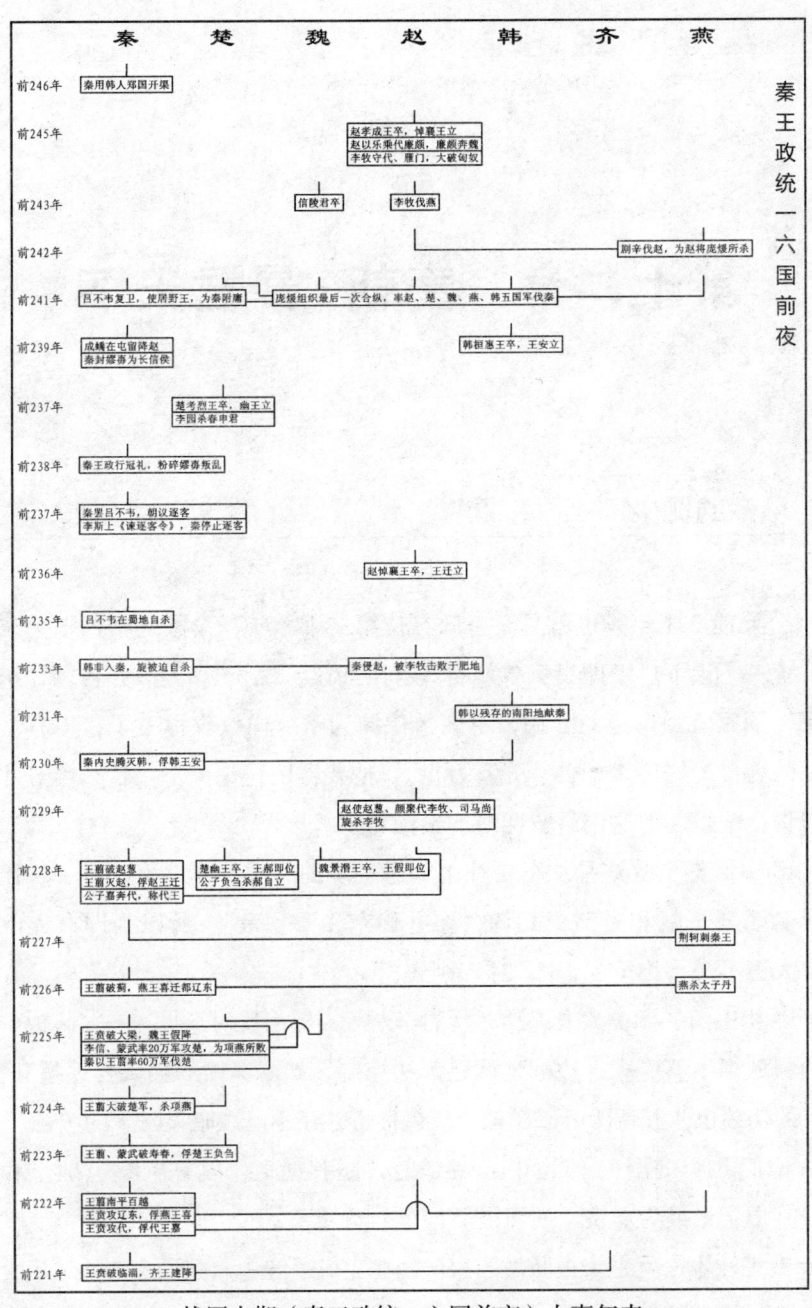

战国末期（秦王政统一六国前夜）大事年表

第十二章 秦朝·暴君天下

皇帝的诞生

公元前221年,也就是秦王政在位第二十六年,秦国终于扫平关东六国,统一了天下。随即秦王政就召集群臣商议,说,"寡人兼并各国,统一天下,国家之强远迈商、周,不能再像周天子那样仅仅称王了,得有个更宏伟的名号,好传之子孙、光辉万世。"他要群臣讨论一下,什么名号才足够尊贵,配得起他这位驾驭四海的秦国君主。

其实像秦王政这种从王更往上迈进一步的想法,早就出现过了,比如当年秦昭襄王就和齐湣王相约,要并称东、西"帝"。所以当即有大臣提出,大王不想再称王了,不如称帝吧。

丞相王绾、御史大夫冯劫、廷尉李斯等人提出反对意见——"传说中五帝的疆域都不够广大,边远地区还无法控制,如今秦国的疆域要远超五帝,陛下的功绩也非五帝所可以比拟,仅仅称帝,还不足以昭显陛下的威德。"

他们几个提出:"传说中五帝之前,还有三皇,就是天皇、地皇和泰皇,其中泰皇最为尊贵,所以陛下应该自称泰皇。"

秦王政本来就是个很骄傲的家伙,在完成了统一六国的宏伟业绩后,更是连鼻子都翘到天上去了,再尊贵的名号,只要还有先例,他就觉得不够帅,

第十二章 秦朝·暴君天下

他要起一个前无古人的超级名号。于是在综合了上述两种意见以后，他最终拍板决定："寡人取泰皇的皇字，和五帝的帝字，从此以后，称为皇帝！"

并且他还在皇帝这个名号上附加了很多新规定，包括皇帝所下的命令称为"制"、"诏"，皇帝的自称不再是寡人、孤啥的，而改为"朕"，这几个字为皇帝独享，他人不得使用，等等。

朕，其实是古代的一种第一人称谦称，和余、吾、我，没啥区别，自打秦王政颁下命令以后，普通人，不管是贵族还是百姓，就都不准用了，只有皇帝可以用。

秦王政还认为，儿孙评价父亲、臣子评价君主，都是很不应该的，所以废除了周代的谥法制度。他自称"始皇帝"（史称秦始皇），他的儿孙则称二世皇帝、三世皇帝、四世皇帝……子子孙孙无穷尽也，直到千秋万世。

他想得倒是挺美，但历史上又哪有千年不灭的王朝呢？周朝存在时间够长了，东、西周加起来足有八百年，但最后三四百年间天下大乱，周天子完全变成了傀儡。秦朝，可能比周朝存在时间更长吗？

秦始皇本人是想不到的，或者想到了也偏要掩耳盗铃，假装不相信——辉煌庞大的秦朝，竟然只传了三代，而他家皇帝的名号，也仅仅传到二世，就瞬间灭亡了。

英语中的"国王"是 King，"皇帝"是 Emperor。Emperor 最初只指罗马帝国和自称继其正统的拜占庭或神圣罗马帝国的君主，比普通的 King 要大上一级。而在中国，自从秦始皇称了皇帝以后，此后各个朝代的君主就都纷纷称起皇帝来，也不管疆域有多大，都自称继承前朝的正统。跟英文中那两个名词相比，只有一点是相同的，那就是皇帝比王大，普天之下，数到头就是皇帝，人世间没有比皇帝更神圣的称号了。

秦始皇的宫廷里，人才济济，哪门哪派都有。咱们提到过，秦国有秦墨，李斯算法家，此外还有很多儒家、阴阳家在秦国当官。就有阴阳家提出来："为了显示始皇陛下的尊贵，古来所无，咱得规定一套颜色制度才成。"

史无前例的大战争
—— 战国纷争和秦的统一

阴阳家是研究什么的呢？顾名思义，他们研究的是阴阳。

阴阳学说是古代一套淳朴而绝不简单的世界观，认为万事万物都可以分为阴、阳两种，阴就代表下，代表女性、代表柔弱、代表月（也即太阴）；而阳则代表上，代表男性、代表刚强、代表日（也即太阳）。继而他们认为万事万物也都由阴阳组成，阴中有阳，阳中有阴，阴阳相生相化，生成了整个宇宙。

除阴阳外，世界是由五种元素所组成的，就是金、木、水、火、土五行（阿拉伯和欧洲的传统，则分为地、水、火、风四种基本元素）。这五种元素中所蕴含的阴阳数量各不相同，五种元素相生相克，造成了天空、大地和万物。

继而，他们又把五行学说从物质界推演到意识界，认为人类社会的发展也和五行相关，称为"五德"，五德是代代相生、代代轮替的。也不知道怎么一算，他们认定周朝代表了火德，所以在颜色上，以红色最为尊贵（天晓得）；秦朝代周而兴，是因为水能克火，所以秦朝就是水德。

金相应西方、白色；木相应东方、青色；水相应北方、黑色；火相应南方、红色；土相应中央、黄色。既然秦是水德，那么自然要把黑色当作最尊贵的颜色，皇帝和大臣们，上朝或者祭祀时都应该穿黑色的礼服。

秦始皇觉得这一套花样挺有趣，也就欣然接受，承认秦是水德，大家都得穿黑衣服。此外，他还规定全天下都通行秦国的历法，把每年十月当作一年之始。

请注意，并非从古至今，正月都是元月，正月一日都是元旦的。传说夏朝就把十月一日当作一年的开端，商朝则定为十二月一日，周朝定为十一月一日，秦朝又拉回来，定为十月一日。

顺便一提，咱们现在普通使用的是

> "元"有开始之意，"旦"是天明的意思，因此"元旦"便是新一年开始的第一天，随着历法的变迁，元旦也随之改变，到今天，元旦就是每一年公历的1月1日。

公历，因为是从欧洲传过来的，所以也叫西历。公历是太阳历，也就是把地球绕太阳一周当成一年，一年有12个月，365天多一点，大月31天，小月30天（二月特殊，只有28或29天）。此外在人类历史上还产生过太阴历，也就是把月亮绕地球一周当成一个月，虽然一年也是12个月，但更关注的是月而非年。

现在中国人还使用农历，也称阴历，但并非真正意义上的太阴历，而是一种阴阳合历，既关注月，也关注年。农历一年12个月，一年364天多，大月30天，小月29天。农历虽然误差大，但因为对耕种很有帮助，所以没有彻底被公历所打垮。

秦始皇那时候，中国人使用的就是农历，当然，是比较粗糙、错误很多的一种老农历。

大统一

秦始皇统一天下以后，不再仅仅治理一个秦国了，因应原有领土和新占领土间的种种差异、种种矛盾，他进行了一系列制度上的变革，而不仅仅是给自己改个名号，按阴阳家所说的确定水德、黑色，那么简单。

这位始皇帝的脾气是很暴躁的，性情也非常急，数百上千年来的传统制度，他希望一天之内全部改变。他的改革不是渐进性的（虽然事先积累了一定的社会基础），而是急进性的。统一六国的同一年，他就颁布了许多道诏书：从朝廷官制到地方行政区划，都做了全面的改革；从度量衡到法律，也都做了全面的统一。

春秋战国时代，各诸侯国实行的基本是世袭卿、大夫制度，商鞅变更秦法，以军功论名爵，没有军功的人，即便世代贵族也不能做高官，更不能当宰相。秦始皇就在商鞅新法的基础上，制定了崭新的三公九卿制。皇帝以下，中央设丞相（宰相）和御史大夫（副宰相），主管民政，设太尉主

史无前例的大战争
—— 战国纷争和秦的统一

管军事，称为三公；三公下面有奉常、郎中令、卫尉等九卿。三公九卿都各有自己的一套办事机构，处理日常工作，大事总汇于丞相，由丞相再禀告皇帝作最后裁决。

春秋时代和战国早期，对于地方行政，基本采取分封制，卿、大夫都各有其封地，自募军旅，自掌财政。战国后期情况有所改变，各国为了战争的需要，逐渐在边远地区或边境地区设置郡、县，郡、县的首长由国君直接任命，领取俸禄，不能世袭。秦国打从商鞅变法开始，就逐步推行郡、县两级行政区划。秦始皇统一六国以后，丞相王绾等人建议说："燕、齐、楚的土地都很遥远，不封几个王过去，恐怕很难管治，请陛下您仿效周朝，把自己的儿子们都分封出去吧。"

> 秦始皇还确立了中央官制，简单来说就是三公九卿：丞相、太尉、御史大夫为三公；奉常、郎中令、卫尉、太仆、廷尉、典客、宗正、治粟内史、少府为九卿。此后直至两晋都以此为中央朝廷架构，只是名称有所不同，职权略有更改而已。

王绾等人的意思，是部分恢复分封制，把郡县制和分封制相结合起来。但是廷尉李斯立刻跳出来反对他们的意见，说："如今天下一统，陛下的公子们，还有功臣们，赏赐金钱就足够了，不必要再搞啥分封制。想想看，周朝不就是因为大封诸侯，才造成天下纷争，天子变成傀儡的吗？我大秦又怎能再走周朝的老路呢？！"

秦始皇采纳了李斯的建议，把统治区域分为三十六个郡，后来又增设南海、桂林、象郡、九原，一共四十个郡。郡的行政长官称郡守，军事长官称郡尉，监察长官称郡监。郡下设县，大县长官为县令，小县长官为县长。郡、县官吏都由皇帝直接任免，领取俸禄，不得世袭。

秦以前的社会政治结构，是封建制，也就是分封子弟和功臣、建立诸侯国，秦以后则以郡县制为主流，偶有分封，在整个社会政治结构中所占的比重普遍很小。请注意，咱们现在说封建社会，只是借用了封建制的封

第十二章 秦朝·暴君天下

建一词而已,是指地主剥削农民的制度。封建社会的开端,按照主流说法,定在春秋末期,秦朝是第一个中央集权的封建王朝,但并不是说秦朝采用了封建制。

周朝分封诸侯,各诸侯国经过数百年来的并立和分裂局面,相互间的紧密联系被人为破坏,逐渐造成了文化、制度等各方面的差异。秦朝既然兼并六国,一统天下,当然必须把这些差异重新加以融合,以使政令畅通,经济快速复苏。为此,秦始皇决定在全国范围内统一度量衡标准——度,就是长度单位;量,就是容积单位;衡,就是重量单位。以秦的标准为基础,造定标准器,颁发全国。

此外,当时各国的文字也都不尽相同,秦有秦的写法,齐有齐的写法,三晋有三晋的写法,尤其是南方的楚国,文字更和中原地区大相径庭。那时候全天下的文字,就跟现在西欧的文字似的,字母都差不多,拼法也差不多,对照着瞧也差不多,可没学过的人分开来看,就完全搞不懂。后世称这些字为"大篆"。

秦始皇下令统一各国的文字,命令李斯以原秦国的文字为基础,参考六国文字,制定字型固定、笔画减省、书写比较方便的"小篆",作为通行全国的规范化文字。当然,小篆的简便只是相对意义上的,那些曲里拐弯的笔划,写起来又费力又费时间。不久后,秦朝狱吏程邈根据民间已经开始流行的新字体,创造了隶书,更为美观,也更便于书写。短短数十年的时间,隶书就已经成为通行字体了,并且一直沿用到今天。

战国时代,各国的货币也都各式各样。咱们知道,最早的货币是贝壳,所以现在财、货等字全都是贝字旁——当然,不是在海边随便捡俩贝壳都能当货币使的,通用的货币得是一般人得不着的、产于南海的某种漂亮贝壳。把贝壳用绳子串起来,挂在身上,就可以通行天下,而不必要以货易货,这么一串贝壳,论单位就称为一"朋"。

周朝以后,铜钱逐渐代替了贝壳,成为通用货币,但是战国七雄所铸造的铜钱,样子千奇百怪。楚国人还怀念老传统,拿青铜铸成贝壳的样子,

史无前例的大战争
—— 战国纷争和秦的统一

叫做贝币，也叫蚁鼻钱（大概上面的花纹好像蚂蚁的口器）；三晋铸造的铜钱，样子是模仿一种叫做"耜"的农具，有点像现在的铁锹，但末端是向内凹的，而不是朝外凸的，统称布币；齐、燕的铜钱叫刀币，样子像当时的刀，和现在的刀比，同样刃部内凹而非外凸。

说起来，秦国的铜钱个儿最小，样子也最简单——或许因为秦人都把青铜拿去造武器，剩下的不多了吧。秦钱是圆形的，中间挖一个圆孔，便于穿绳子——和古代的贝壳相同，各国货币大都可以用绳子串起来，一串钱也叫一吊钱、一贯钱。

统一以后，秦始皇改革币制，称黄金为上币，以镒为单位，重二十两；称铜钱为下币，以枚为单位，重半两——统称半两钱。半两钱是什么样子的呢？原来是在原本秦国圆形圆孔钱的基础上做了细微的改动，变成圆形方孔，据说象征了天圆地方。从此以后，圆形方孔钱就代代相传，在纸币风行以前，中国的主要货币铜钱，基本上都是这个样子的。

要使国家真正统一起来，当然，完善的交通体系必不可少。秦始皇首先统一了车轨的宽度，规定轨距六尺，然后从统一的次年即始皇二十七年（前220）开始，在全国范围内修筑"驰道"——类似于现在的高速公路，但上面跑的不是汽车，而是马车——东通燕、齐，南达吴、楚，规定道宽统一为五十步，路旁每隔三丈种植松树一棵。

此外，秦始皇还统一田亩，每亩定为二百四十方步；统一法律，完善《田律》、《仓律》、《置吏律》等法律文件三十多种。

这些统一措施对当时来说，是相当必要的，它弥合了地区间差异，使中国真正凝聚为一个整体，此后分分合合，统一始终是主要趋势。然而秦始皇以秦的规章制度作为统一的基本标准，却一定程度上造成了旧六国地区贵族和百姓的不满。为了避免旧六国地区的反叛，秦始皇把各地富豪十二万户都迁居到都城咸阳来，并且仿造六国宫殿式样营建宫室百余处于咸阳北阪，以容纳所得的各国美女。当然，后一项的主要目的是享乐。秦始皇所定立的各种制度，及其后所作所为，大都带有两面性，一方面是为了国家太平,另一方面则是为了满足个人的各种无聊或无耻的欲望。

焚书坑儒

除了政治上和经济上的统一以外,秦始皇也追求思想精神上的统一。始皇三十四年(前213),在咸阳宫举行宴会,博士淳于越突然跳出来,重提封建之议,说没有子弟功臣作为朝廷的屏藩,如果中央发生政变,将会难以自救。此外,这家伙还主张复行古法,说:"办事不遵从古法,而能长久生效的,臣还没有听说过呐。"

这个时候,李斯已经从九卿之一的廷尉,被晋升为左丞相了,仅比右丞相冯去疾低半级(秦朝以右为尊),算是大臣中的第二号人物,他站出来驳斥淳于越,说:"五帝的规矩全不相同,三代的法律也各有差异,随着时代的进步,法规自然需要改变!"

淳于越属于儒家学派,儒、法两家素来不大对付,李斯就咒骂淳于越是"愚儒",进而打击所有儒生,说他们"不肯细察当代的具体情况,整天嚷嚷着复古,拿古代的事例来非议当今,蛊惑老百姓,从而标榜自己的名声"。

于是他向秦始皇提出了焚书的建议,请求史书除《秦纪》(也即秦国的历史记载)以外,六国史籍一律烧毁;百家学说除博士官所收藏的以外,都集中到郡,由郡守、郡尉监督烧毁;从今往后,敢于引用《诗经》《书经》等周代文献内容的,处死,敢以古非今的,满门抄斩;官吏知道类似事件而不举报的,一律同罪。

李斯的思路和秦始皇非常接近,所以秦始皇毫不犹豫地就批准了他的建议。

焚书事件从表面上来看,是对文化的摧残,但实际上只是追求思想上

史无前例的大战争
——战国纷争和秦的统一

的统一，对文化加以钳制而已，虽然仍是恶行，程度却要浅得多。因为李斯并不建议禁止医药、占卜、种植等方面的技术书籍，同时鼓励对法律法规的学习，要"以官吏为师"。此外，秦朝虽然严禁私学，更不能以《诗》、《书》和百家学说作为教材，但同时大力创办官学，李斯曾作《仓颉篇》，赵高作《爰历篇》，胡母敬作《博学篇》，都是用小篆书写的儿童课本，四字为句，赶辙押韵，便于诵读，可以同时教小孩子识字和书法。由此可见，秦朝对教育是相当重视的，所实行的并非简单的愚民政策，而只是对老百姓进行单一思想的灌输。

后世咒骂秦始皇残暴、好杀、愚民，主要证据就是"焚书坑儒"。焚书上面说了，就实质上来说，那是历朝历代统治者全都干过的事情，用不着只把秦始皇往死里踩。那么，坑儒又是啥事儿呢？

原来，在始皇三十五年（前212年），突然有人前来禀报，说方士卢生和侯生跑了，秦始皇拍案大怒，下令彻查此事。

所谓方士，就是指的非秦国传统体系下的、关东各国的流浪巫师，这票人到处宣扬迷信思想，曾经一度得到过秦始皇的重用。秦始皇统一天下，建立秦朝，权力无限大，可他也明白，是人就都会死，权力再大的皇帝，也终究逃不脱尘归尘、土归土的命运。

卢生、侯生等方士就趁机忽悠秦始皇，说海外仙山上有神仙，神仙手里有长生不老的仙药，只要求到仙药，就可以永远不老不死，永远当皇帝统治万民了。一方面，那时候的人们对自然规律的认识还很肤浅，另一方面，秦始皇也实在怕死，于是这位雄材大略、无比精明的君主竟然就听信了这票方士的胡扯，

> 直到14世纪，日本才出现了徐福东渡所到的乃是日本的记录。据说徐福在日本纪州熊野的新宫（今和歌山县新宫市）登陆，当地现今还存有徐福墓和徐福神社。在日本的徐福传说中，徐福为日本带来了童男童女、百工、谷种、农具、药物及捕鲸技术和医术，被尊为掌管农耕和药物的神灵。

交给他们大批金钱财帛,作为活动经费,让他们去寻找仙山、神仙,央求不死之药。

有句成语叫"利令智昏",就是说对利益的贪婪追求,能够把聪明人的脑袋都给搞糊涂喽,秦始皇就是典型中的典型。

最受秦始皇宠信的方士,除了卢生、侯生外,还有一个叫徐巿(读作 fú),后世误传为徐福,声称他曾经在东海上见过仙山,竟然从秦始皇手上骗去了好几条大船和数百上千的童男、童女,以访求不死药为名,出海跑了。

徐巿带着这群童男、童女,当然是找不到仙山的,那他们跑到哪儿去了呢?有人说是船沉了全喂了海鱼;也有人说,他们跑去东南亚某座小岛上繁衍生息;甚至有人说,他们到了日本列岛,成为日本人的祖先。

——当然,就算徐巿带着童男、童女真去了日本,也只是和当地原住民杂居,成为现在日本民族的源头之一而已,还算不上是日本人的祖先。

徐巿是趁机跑了,卢生、侯生等人还留在秦始皇身边,他们总也找不来长生不死药,秦始皇见天催,两人越琢磨越害怕。于是聚在一起商量:"始皇帝这人疑心病很重,性子急躁,残忍好杀,咱们迟早会人头不保呀。"相约逃亡。

可是他们跑就跑了,还先要散布谣言,咒骂秦始皇如何残暴,就算找到了神仙,神仙也不可能把不死药赐给这种君主的——说白了,他们还要往自己脸上抹点油彩,说自己不是骗子,也不是没本事,全因为秦始皇本身的问题才得不着不死药。

消息传来,秦始皇哪有不发怒的道理呢?他逮不着卢生、侯生,就把帮着这两个家伙造谣传谣的其他方士、儒生全给逮了起来,严刑拷问。这些方士、儒生互相揭发,拉人垫背,最终有四百六十多人遭到逮捕,经过审判后被处死,挖个大坑给埋了。

这就是遗臭万年的坑儒事件——事实上,秦始皇杀掉的大多是方士,只有少部分是儒生,但事情越传越邪,仿佛秦始皇所杀的全是儒生,其目的是为了灭绝儒家学派一样。这种谣言的产生，一是因为儒家学派和李斯、秦始皇等人的治国理念彻底不同；二是因为他们大多是关东六国的遗民，本来就深深憎恶和痛恨着秦朝，所以才故意大造舆论，把自己涂抹成受迫害者，把秦始皇装扮成加害者和施暴者。

秦始皇焚书坑儒，虽然是暴政，是对思想文化的迫害，但比起以后许多朝代都出现过的"文字狱"，动辄牵连、杀害成千上万人，还是要温和得多了。咱们今天还原其本来面目，不是要给秦始皇洗白，只是要让大家知道，历史是不容扭曲的，秦朝的最终灭亡，其实和焚书坑儒之间并没有太大的必然联系。

孟姜女哭长城

秦朝灭亡的迹象，在秦始皇时代就露出了苗头。全国各地，到处都传播着谣言，有说"祖龙死而地分"（祖龙就是指秦始皇）的，也有说"楚虽三户，亡秦必楚"的，差点没把秦始皇给气死，没把调查谣言的秦国官吏们给忙死。

关东六国的遗民，本来就痛恨秦国，偏偏秦始皇性子太过急躁，又因为商鞅以来秦法的影响，完全不把老百姓当人看，统一以后搞了很多大工程，肆意浪费民力。本来大家好不容易摆脱诸侯纷争、年年打仗的厄运了，都想着安稳种地、踏实过日子，偏偏秦朝就是不让他们安生。

首先是打仗。天下一统以后，并非没仗可打了，秦始皇的野心和权力欲是无限大的，他还希望能够统治更大的疆域、奴役更多的人民。

统一后不久，他就派大将蒙恬率领三十万大军北伐匈奴。蒙恬是蒙骜的孙子、蒙武的儿子，三代都为秦将，深得秦始皇的宠信。当时匈奴在头曼单于（单于是匈奴君主的名号，读音为 chán yú，全称为撑犁孤涂单于，意思是"苍天所置的大王"）的统领下，势力非常强大，蒙恬虽然把匈奴军

第十二章 秦朝·暴君天下

杀得大败，一战就夺取了河南地（河套以南地区），却无法彻底灭掉匈奴，三十万大军被迫长久驻守在北方边境线上。

除北伐外，秦始皇还发动了南征，派数十万大军攻打岭南地区，为了方便运输，还耗费大量人力物力开凿了灵渠，以沟通湘江和漓江。

从来打仗就是烧钱的买卖，发动这么大规模的两场战役，钱从哪儿来呢？当然要靠盘剥老百姓啦。而且为了稳定北部边境，按照蒙恬的建议，把战国时代各国防备匈奴、东胡而修筑的长城全都连通起来，这就得派去大量劳动力；为了长久占领岭南地区，也得派人去守备、屯垦，又往南方派去了五十万劳动力。

加上士兵在内，两三百万的老百姓不能回家安生种地，得去修长城、守岭南，劳役繁重、见天死人，他们本身，

> 长江流域与珠江流域之间隔着重重山脉，陆路往来非常困难，但长江支流湘江的上源与珠江支流的上源，恰好同出于广西兴安境内，而且相距很近。秦始皇派史禄负责筑堤开渠，把湘水引入漓江，终于修成了灵渠，秦国就在渠成的当年（公元前214年）平定岭南。后来汉武帝在平定吕嘉的叛乱中，也曾利用过这条重要的交通线。

再加上亲戚、邻居，东拉西扯得上千万的人，全都恨秦恨得牙痒痒的，千夫所指，无疾而终，秦朝还怎么可能不灭亡呢？

民间传说，有个名叫范杞梁的农民或者小官吏，因为犯法而被押往北方，去修长城，一连三年都没被释放回家。他的妻子孟姜女千里寻夫，到地方才知道范杞梁早就累死了，连尸体都垫了长城砖。孟姜女找不到丈夫的尸体，不禁放声大哭，结果连老天也被她的悲惨遭遇给感动了，惊雷震响，当即劈倒了一段长城，露出范杞梁的尸体来。

这就是孟姜女哭长城的故事，虽然并非实事儿，却深刻地反映出秦代百姓的艰苦生活和沉重劳役，同时也折射出大家伙儿对秦始皇暴政的切齿痛恨。

史无前例的大战争
—— 战国纷争和秦的统一

如果仅仅是修长城、守岭南也就罢了，不管怎么说，这一定程度上也是为了中原地区的安定而不得不采取的下策，可是秦始皇还发动大批刑徒（罪犯）去修阿房宫和骊山陵，那就彻彻底底是为了个人私利，而对国家社稷毫无好处的恶行了。

阿房宫是秦始皇的离宫、娱乐场所，读音为 ē páng gōng，位置在咸阳附近，西周故都丰、镐之间，据说包括了三百多座宫殿，每一座都宏伟壮丽，费钱无数。秦始皇把搜刮来的珍宝，掳掠来的各国的美女，全都安置在阿房宫里。

骊山陵乃是秦始皇为自己修建的陵墓。历代君王都热心修陵，认为人死了并非两眼一黑，万事不知，而能够在另外一个世界上继续过享乐的生活，所以要修建宏伟的陵墓，把好东西全搬进去，以为自己在那另外一个世界上还能用得着。秦始皇也一样，从继位之初就开始在骊山脚下给自己修陵，后来经过求取长生不死药的风波，他大概懊恼地认识到自己八成还得有咽气的那一天，于是加快了修陵的速度，同时也提高了陵墓的布置和规划。

据说这骊山陵下开挖了一座巨大的地下宫殿，宫殿的穹顶上镶满了宝石，以象征日月星辰，地上掘了很多沟，灌上水银，以象征江河湖海，整个就是一微缩世界。当然，这只是传说而已，秦始皇的陵墓至今还没有发掘起来，里面究竟是什么样子，埋了多少珍宝，谁都说不清楚。

然而从 1974 年开始，考古工作者在始皇陵的附近陆续挖出了大量兵马俑，也就是大批真人大小的陶制士兵模型。这些兵马俑形态各异，没有两个完全相同，很可能是比照着真人"模特"一一制作的，他们各持兵器，也有的驾着马车，摆成一个又一个结构清晰、分工明确的军阵，仿佛无敌于天下的秦军又重现人间似的！

咱们现在前往西安，所能看到的兵马俑全都灰扑扑的，那是因为才出土不久，颜色就自然风化了，刚挖出来的兵马俑则色彩鲜明，主体为黑、红、绿三色，无论铠甲还是袍服，都跟真的似的。虽然还没能全部挖完，这兵马俑已经惊世骇俗，被称为"世界奇迹"了。

有人说那就是始皇陵外围的陪葬俑，也有人说是秦昭襄王生母宣太后的陪葬俑，还有人说根本不是陪葬，只是陵墓附近的造俑工场。但不管怎么说，兵马俑的式样已经如此精美了，声势已经如此浩大了，真正的始皇陵要挖出来，还不得更惊人百倍、千倍吗？

无论是修阿房宫，还是修骊山的始皇陵，都是震古烁今的大工程，就算今天咱们有汽车、有挖土机、有吊车，也不是一两年就可以完工的，何况以当时的技术水平，那得动用多少人力、物力呀。

史书上记载说，秦始皇征发了七十万刑徒去修这两项大工程。秦朝的法律是很严苛的，人们动辄得咎，没干什么都有可能被捕——比如说邻居犯罪，你因为没有发现而没有提前告发，就得"连坐"——所以罪犯很多。连老百姓都不被当成人，更别提罪犯了，他们如同随时可以抛弃的工具一般被押往工地，被迫服沉重的劳役，生活环境非常凄惨，一批又一批累倒、累死。秦始皇对此却毫不在意，反正罪犯还在源源不断地"产生"，不愁工地上没有人。

孟轲曾经说过："君王把臣子当作草芥，臣子就把君王当作仇敌。"秦始皇既然不把老百姓当人看，老百姓又怎会衷心拥戴他、服从他呢？其实别说拥戴和服从了，在百姓心目中，秦始皇是亘古未有的大暴君，只有杀掉秦始皇，推翻了秦朝的统治，大家伙儿才有活路呐！

黄石公和太公兵法

遭人恨就会挨人打，秦始皇也是如此，他得罪了天下的老百姓，不可能老百姓全是顺民，没人敢起来反抗。秦始皇先后遭遇过多次暗杀，史书上记录下了其中的三次。

第一次就是在统一前夜，燕使荆轲深入秦庭，奋起徐夫人匕首，想要

史无前例的大战争
—— 战国纷争和秦的统一

取他的性命。第三次是在公元前216年，也就是统一后的第六年，史书上记载说："始皇帝带着四名武士便装出游，在咸阳城里碰到强盗，差点被捉。经过武士们的奋战，终于杀死强盗，随即始皇帝在关中地区大肆搜捕强盗的余党，闹腾了二十来天。"

请注意，秦始皇是在咸阳城里撞见强盗的，咸阳是秦朝的首都，又在市区，以秦法的严苛、秦兵的悍勇，天子脚下就闹强盗，还偏偏让皇帝亲自撞上，这种几率不会很高。那很可能不是普通的强盗，而是从关东地区秘密潜入咸阳，主要目的就是刺杀秦始皇或秦国贵族、大臣的刺客。

说完了第三次，翻过头来，咱们仔细说说第二次遇刺，那是在公元前218年，也就是统一后的第四年，第三次遇刺的前两年。那一年，秦始皇率领大群随从和警卫人员，乘坐马车离开咸阳，浩浩荡荡地往东方而去。

秦始皇在从统一到去世的十一年间，先后利用驰道大规模出巡过五次，第一次是巡察西北边境地区，另外四次都是东游旧六国领土，东至东海之滨，南到江南，北至北部边境，每次都历时一年左右。他每到一处，都要刻立石碑，谴责六国旧统治者的残暴无道，并且为自己歌功颂德。这些巡游的主要目的都是为了巩固其统治，当然，其中也包含有寻仙求长生的意图。

公元前218年的这次巡游，本来没啥特别的，但当一行人走到博浪沙（在今天河南省原阳县附近）的时候，突然不知道从哪儿掷出柄大铁锤，带着风声呼啸而来，当即把一辆马车的车厢给砸得粉碎。

当然，车里坐着的人，也肯定头豁脑裂，活不成了。

不幸中的侥幸，秦始皇并没有坐在被砸烂的那辆马车上，大概刺客不大了解秦朝的礼仪制度，所以瞄错了马车，他砸死的不是秦始皇，而只是没有留下名字来的随驾大臣而已。

秦始皇勃然大怒，立刻下令，在全国范围内搜捕刺客。

在博浪沙掷铁锤想要刺杀秦始皇的刺客，究竟是什么人呢？秦朝政府始终没能逮住这个人,这个人得到秦末天下大乱的时候,才突然间冒出头来。

此人名叫张良,原本是韩国人,据说他祖父张开地和父亲张平都做过韩国的宰相,先后侍奉五代韩王,也算是韩国的贵族世家了。韩国灭亡以后,张良散尽家财,到处结交游侠之士,想招募个刺客去行刺秦始皇,为祖国报仇。

有钱就好办事,就这么寻访了几年,他终于找到个大力士,据说手使一柄一百二十斤的大铁锤,有万夫不挡之勇。于是就趁着秦始皇东巡的机会,他们埋伏在博浪沙,瞅准了马车,一锤掷去。

锤是飞出去了,马车也给砸烂了,但可惜砸错了车,这次刺杀活动彻底失败。秦始皇怒不可遏,下令搜捕刺客,张良被迫改名换姓,一直逃去了下邳。

传说就在下邳这地方,他碰到一位隐士,得到了兵法传授。

《史记》上说,有回张良路过一座小桥,碰到个穿得破破烂烂的老头,一个不慎把鞋子给掉桥底下去了。老头看张良走近,突然老实不客气地嚷嚷了一句:"小孩儿,下去帮我把鞋子捡上来。"

张良听到这话,不禁愣了一下——这老头太无礼了吧,我又不认识你,你就叫我帮忙,并且还不肯好言好语地求恳,说话那么冲。可是张良终究是贵族出身,在贵族礼仪中有尊老的条款,于是他强咽下怒火,还是下桥去捡鞋了。

等把鞋子捡回来,老头又说了:"给我穿上。"张良心说好人做到底,看你年岁那么大,我不跟你一般见识,就继续忍气吞声地照办。穿上鞋以后,老头仰天大笑,转身就走,可是走了一段路却又突然折回来,对张良说:"你这孩子不错,值得教导。好吧,五天后天一亮,你到桥上来等我吧。"

张良越琢磨这事儿越奇怪,也猜不透老头和他约定五日后再见,究竟有啥意图。终究年轻人好奇心重,也就一口答应下来。于是五天以后,天才亮,他就跑桥上去了,没想到老头早就到啦,怒气冲冲地斥责他:"年轻人与老人相约,却让老人等你,真没礼貌!"转身就走,说:"再过五天,你早点儿来!"

张良真的等了五天,天还没亮,雄鸡才刚报晓,就又跑桥上来了。然而老头还是比他先到,扔下一句:"再等五天,记得早点儿来。"头也不回地离开了。

于是又过了五天,张良大半夜地就先赶了过去,等了一会儿,老头翩然而至,微笑着说:"就该这样呀,年轻人就该这样懂礼呀。"于是从袖子里取出一部书来,送给张良,还说:"只要读通了这部书,你就可以做帝王的老师了。再过十年,你就能够发迹,十三年后可在济北再见到我——谷城山下那块黄色的巨石,就是老夫了。"

因为自称是块黄色的大石头所化,所以后人都称呼这位神龙见首不见尾的老人为"黄石公",说他是个神仙。黄石公送给张良的书,是本兵书,据说乃是兴周名臣姜太公所作的《太公兵法》。

神仙当然是不存在的,这个传说也不可尽信,张良这人很有方士的气味,喜爱修道,追求长生,所以得神仙传授兵法的事情,也说不定是他自己编造出来的。

秦朝灭亡以后,继之而兴的统一王朝就是汉朝,张良足智多谋,又能用兵,乃是汉朝的开国功臣,被封为留侯。于是这个神乎其神、难以置信的传说,就一直流传了下来。《太公兵法》之名,也因此响彻天下。

当然,这部《太公兵法》并非真出于姜太公之手,据专家考证,它很可能成书于战国晚期,很可能是韩国张家代代相传的宝贝。

赵高的阴谋

公元前210年,秦始皇开始他最后一次大规模巡游。大队人马浩浩荡荡南下,先前往楚国故地的云梦泽,并到九嶷山祭祀了大舜。接着,乘船

第十二章　秦朝·暴君天下

沿长江东进，在丹阳（今安徽省当涂县）上岸，前往钱塘（今浙江省杭州市西南），又向西渡江登会稽山，祭祀大禹。下山后，沿着海岸线北上——秦始皇总是忘不了海上的神仙，希望此行可以再得到某些求仙的线索。

结果当然是一无所获，失望的秦始皇被迫西归，走到平原津（今山东省平原县）附近的时候，突然一病不起。他知道自己时日无多了，急忙召来随行的左丞相李斯和中车府令赵高，商议后世。

秦始皇有一大群儿子，但没有一人被立为太子。其中年岁最大的儿子名叫扶苏，曾经反对秦始皇焚书坑儒，直言进谏，秦始皇当场责骂扶苏软弱，下令把他赶出咸阳，派到北方去做蒙恬的监军。

秦始皇倒不是不喜欢扶苏，只是觉得这小子没见过啥世面，没经过啥磨难，讲话文绉绉的，全是儒生那一套，以为治理国家就那么简单吗？不靠强力而靠教化就能成功吗？所以想让他到军队里去历练一番。等到这时候缠绵病榻，大限将至，他想来想去，儿子里还就算扶苏有点本事，于是叫李斯、赵高草拟诏书，要扶苏迅速从前线赶回咸阳去。

秦始皇的意思，我要是还能挨到咸阳，从此就把扶苏留在身边，亲自教育，这小子外出那么多年，想来不会再那么天真了吧。倘若一病不起，那就让扶苏主持我的葬礼——他没有明言让扶苏当太子，但是个人就明白，能够主持前任皇帝葬礼的，肯定就是后任皇帝了呀。

秦始皇最终还是没能活着回到咸阳，半路上就咽了气——位置是在巨鹿郡的沙丘宫，和当年的赵武灵王死在同一个地方。李斯恐怕皇帝猝死，又没有预先策立太子，国内会起变乱，于是秘不发丧，把秦始皇的尸体搬进一辆通风良好的马车里，匆匆往回赶。食物还照常送进车中，官员照常隔着车帘奏事，除了李斯、赵高和随行的公子胡亥等寥寥数人外，谁都不知道"祖龙"真的已经归了天。

然而当时天气炎热，车辆再通风良好，时间一长，尸体仍然开始腐败，臭气阵阵往外发散。李斯恐怕事情泄露，就命令装上一车咸鱼，跟着队伍行进，妄图用咸鱼的腥臭气来掩盖尸体的异味。这种欲盖弥彰的办法，

史无前例的大战争
—— 战国纷争和秦的统一

实在很难想象出自以精明著称的李斯之手，这只能说明他已经方寸大乱、手足无措了。于是，就趁着他手足无措之际，阴谋家赵高趁机冒了出来。

赵高原本是赵国的贵族，所以以国名为氏。在今人的普遍认识中，赵高是个阉人，也就是后世所谓的宦官、太监，但这种认识很可能是错误的。赵高出身"隐宫"，是指的监狱、劳改场，而不是说他天生就"宫"（宫是去除生殖器的一种酷刑）。

虽然出身很低，但赵高勤奋好学，很快就脱颖而出，深得秦始皇的宠信。秦始皇任命他当中车府令，掌管重要文书和印玺，还让他做了自己小儿子胡亥的老师。

等到秦始皇在出巡途中驾崩，赵高一心抢班夺权，赶紧跑去找胡亥，引诱这小子说："皇帝陛下去世，没有留下分封诸子的遗诏，只指定扶苏继位。扶苏回来就登基做皇帝，你分不到一寸土地，那可怎么办？"

胡亥是个聪明孩子，立刻领会了赵高的用意，故意摇头叹息："那又有什么办法？"赵高冷笑道："别郁闷，别丧气，现在天下的权柄归于谁，都由你、我和丞相李斯三个人说了算，你可得早做打算呀。你想想，做皇帝和做臣子，驾驭别人和被别人统治，滋味可完全不同啊。"

赵高劝胡亥篡改遗诏，自立为帝。胡亥继续摇头，然后开口讲了他这一生中唯一几句讲道理兼讲道德的话："废掉哥哥，让弟弟登基，这是不义；因为怕死而不遵从父亲的命令，这是不孝；本领不足而强要为之，这是不能。不义、不孝、不能，三条都是违反道德的大罪，倘若我做了皇帝，天下人谁肯服从？天下人不服，国家也就危险了。"

> 秦朝以前，无论官印还是私印都可以称"玺"，就像"朕"字一样；秦统一六国后，规定皇帝的印独称"玺"，臣民的只称"印"。据说到了唐朝，武则天觉得"玺"的谐音不吉利（与"死"、"息"音近），就改称为"宝"，于是此后由唐至清，皇帝的印章"玺""宝"二字并用。

第十二章　秦朝·暴君天下

赵高大放厥词，劝他说："商汤、周武王原本都是臣子，杀害其君，没人说他们不忠啊。你可别执著于一些空泛的道理和无用的道德，因小失大。人只要横下一条心来，敢作敢为，鬼神都奈何不了你！"

胡亥本来就不是个真懂得仁义道德的家伙，经过赵高反复撺掇，野心逐渐给煽起来了，于是终于动心，就请赵高先去游说李斯，把李斯也拉上贼船来。

那么，赵高又要怎么说动左丞相李斯呢？

这时候的李斯，年岁也大了，壮志也消磨了，早就从一位敢为天下先的政治家，转化成了贪恋禄位和权势、毫无节操的政客。于是赵高一见了他的面，开门见山指出："你认为自己的能力比蒙恬强吗？功劳比他大吗？智谋比他深吗？人望比他高吗？扶苏更信任你还是信任他？我在秦宫中二十多年了，从来就没见过秦国罢免丞相后还善待他和他的后人，不仅如此，基本上全都诛灭！始皇帝二十多个儿子，你都是了解的，以扶苏的性格，一旦继位，肯定会用蒙恬做丞相，到时候你的下场会很惨。我多年教胡亥读书，知道这位公子非常仁厚，他如果登基，却有望善待于你。"

李斯为了保全禄位和性命，就这么着也给说动了心，最终长叹一声："只要我能不死，随便你怎么干吧。"

于是赵高就伪造遗诏，立胡亥为太子，同时写封假信给扶苏，用秦始皇的语气斥责他："扶苏和蒙恬率数十万大军屯在北部边境，十多年都没能前进一步，空耗士卒，没有功劳还则罢了，竟敢屡次上书诽谤朕的所作所为。扶苏如此不孝，赐剑自裁；蒙恬不能匡正扶苏的过错，是为人臣不忠，也赐死，把兵权交给裨将王离。"盖上秦始皇的印玺，派使者快马送往北方前线。

扶苏也是个聪明面孔笨肚肠，接到这封假信，竟然信以为真，打算即刻自杀。蒙恬劝他说："陛下交付我们三十万大军，如此重任，派个使者来就要我们自杀，此事实难令人置信。不如上书去恳求免死，恳求后仍然要

史无前例的大战争
—— 战国纷争和秦的统一

我们自杀，再死也不迟呐。"扶苏还在犹豫，那使者却是胡亥的亲信，反复催促，扶苏扛不住了，只得自杀身亡。

蒙恬不肯自杀，使者就把他捉住，囚禁起来。按照秦朝的规定，调动50人以上的军队，都需要皇帝的虎符，所以蒙恬空有三十万大军，也只好束手就缚。消息传回赵高、胡亥处，两人大喜，匆匆赶回咸阳，这才宣布秦始皇的死讯，然后胡亥登基继位，是为秦二世。

秦二世随即下诏，把蒙恬和他最受秦始皇信任的兄弟蒙毅都给处死了。

第十三章　秦朝·二世而亡

揭竿而起

历史潮流，浩浩荡荡，顺之则生，逆之则亡，咱们今天看待历史人物，必须要把他放在所处的历史环境中，而不能孤立地给出评价。

就以秦始皇来说，这个历史人物要一分为二来看。一方面，统一六国，统一法规、文字、度量衡，等等，这一系列成就都是符合历史发展的必然的，秦始皇顺应潮流而行，并且取得了成果，应该算是一代明君、万世雄主。

可是另一方面，他中央集权、独裁统治，不恤民力地征岭南、修灵渠、修长城，甚至仅仅为了自己的私欲而修阿房宫、骊山陵，就彻彻底底是个暴君了。只是暴君的由来，从来都是有社会背景支撑着的，并非谁脑袋一昏、脾气一上来，就都能做暴君，或起码做个不被别人立刻推翻的"成功"的暴君。

中国最早的民本思想，产生于战国中期，孟轲就说过："民为重，社稷次之，君为轻。"意思是说：只有人民群众才是最重要的，比国家社稷都重要，君主且得往后排呐。孟轲为什么会这么说呢？为什么这句话能够流传万世呢？就因为当时的主流思想并非如此，没有几个人，尤其是没有几个

史无前例的大战争
—— 战国纷争和秦的统一

贵族，真的赞同孟轲的想法。

所以秦始皇不把老百姓当人看，而只当成自己统治和享乐的工具，其实春秋、战国时代的各国君主、贵族，又有谁不是这么想的呢？有几个真把老百姓当人看？当然，相比起来，秦国这种轻民、愚民的思潮更为严重，秦国历代君主中，秦始皇恐怕也是最暴虐、最轻民的一个，前无古人。

可是前无古人，未必后无来者。因为谁都料想不到，秦二世胡亥没有老爹的雄图壮志、驾驭之才，却把老爹的骄奢淫逸、不恤民力学了个十足十。从某种意义上来说，秦二世就是半个秦始皇，而且是最糟糕的那半个。

秦二世在赵高、李斯等人的扶保下回归咸阳，继位当了皇帝以后，就再没做过一件好事。他首先把秦始皇安葬在骊山陵内，下令凡后宫嫔妃没有儿子的，一律殉葬，为了保守墓中机关的秘密，还把制作机关的工匠也全部封闭杀死在墓中。

> 秦始皇所到的碣石位于今天河北省秦皇岛山海关附近，自从秦始皇来过这里以后，汉武帝刘彻、魏武帝曹操和唐太宗李世民都曾经来此凭吊，留下了许多故事。

秦二世继位是在公元前210年，第二年也即公元前209年，就被称为二世元年。这年的春季，他和赵高商量："朕年纪轻，才刚继位，恐怕人心不服。先帝到处巡游，炫耀武力，才能压服众人，朕如果不照办，是显示自己的懦弱，就无法统驭天下了。"于是带着李斯东巡碣石，南至会稽（今浙江省绍兴市）。四月份他回到咸阳，问赵高说："朕既已君临天下，想要随心所欲地玩乐，轻轻松松过一辈子，可以吗？"当皇帝还不足一年，就想要奢靡享福了。

赵高压低声音回答说："那是贤主才能做的事情，昏君却干不了。我大着胆子对您说这些，为什么呢？咱在沙丘干的那一套，风声迟早会泄露，现在您的兄弟们和大臣们就已经有所怀疑了。他们如果不心服，肯定会起变乱，您就是想要享福，能得到机会吗？"两人一合计，斩草必须除根，于是变更法规，加重刑罚，找个藉口把胡亥的兄弟、公子十二人，姐妹、公主十人，全都给处死了，因此大案而牵涉到的宗室、大臣们不计其数。

近年来在骊山始皇陵旁挖出很多陪葬墓，墓地的规格都很高，陪葬品很多，但奇怪的是，墓主人有的掉脑袋，有的骨头上满是窟窿，就没有一个好死的——其实那都是秦始皇的儿子、女儿们，都是秦二世所杀害的兄弟姐妹呐。

等到把兄弟姐妹们都杀光了，威胁也除得差不多了，秦二世终于可以放心开始享乐了。于是他征发徭役，继续修建秦始皇未能彻底完工的阿房宫，还征召步兵五万人守卫咸阳。京城附近人畜数量因此激增，粮食不够吃，就命令远方郡县往关内运粮，运粮的民伕都必须自带干粮，不得取用咸阳三百里内的粮食。如此暴政，比秦始皇时代更要可怕，终于引发了以陈胜、吴广为首的关东大起义。

其实，早在秦始皇还在世的时候，天下就烽烟四起，有好多人造反。比如沛县一个叫刘季的小官吏，因为押去修建骊山陵的农民跑了好几个，按照秦朝的法规，这一整队连带队长刘季本人，全都得正法，于是刘季干脆带队逃入深山，做强盗去了。

管辖境内闹强盗，地方官们脱不了干系，逃不过处罚，所以对于这种小打小闹的造反，往往隐瞒不报——秦始皇还以为天下太平，没人敢反他呐，就这么糊糊涂涂地咽了气。等秦始皇一死，秦二世登基，秦国的苛法、重税不但毫无减轻，反而有继续恶化的苗头，老百姓们终于再也忍不下去了。

公元前209年，就在秦二世屠杀自己的兄弟姐妹后不久，在今天河南省中部有一群农民受到征发，被两名小军官押着，要赶去渔阳（今北京市密云县）守卫边防。一行人走到蕲县的大泽乡（在今天安徽省宿县西南），突然天降大雨，山洪暴发，把道路给淹了，只好暂时停顿下来。

按照秦朝法律，服兵役、徭役，说哪天到就得哪天到，迟到的一律斩首。所以这群农民都觉得前途渺茫，九成九是要死的，人人唉声叹气；两名小军官也担心性命不保，愁得整天喝闷酒，喝醉了还拿鞭子抽打农民们。

这群农民里有两个人，一个叫陈胜，字涉，一个叫吴广，胆子比较大一些,就悄悄聚在一起商量:"肯定会迟到,继续前进是死,逃亡被逮着也是死,要是起而一搏,造秦朝的反,大不了也就是死呀。同样是死,不如死得壮烈一些!"于是想出了"鱼腹丹书"和"篝火狐鸣"的花招,先来制造谋反的舆论。

所谓"鱼腹丹书",就是把一条写着红字"陈胜王"的布塞到鱼肚子里,同行的人吃鱼吃到布条,先是怀疑,继而相信那真是天意。所谓"篝火狐鸣",就是晚上在祠堂边点起一堆篝火,吴广假装狐仙显灵,捏细嗓子,不住口地念叨:"大楚当兴,陈胜为王。"

所以喊"大楚当兴",是因为两人商量着,天下人都怀念扶苏,认为他死得冤枉;南方人都怀念楚将项燕,有传说他还没有死,只是逃亡在外。如果用扶苏和项燕做号召,一定能聚集更多志同道合的人。制造舆论成功以后,两人就伺机杀死了押送的两名小军官,煽动同伴们说:"大家都迟到了,迟到会被斩首,就算不被斩首,守卫边疆,十有六七也回不去家乡了。男子汉大丈夫,要死也要死得有价值,况且——那些王侯将相,难道都是天生贵种吗?难道别人就当不来吗?!"

同伴们听了煽动,无不欢呼响应。于是他们就砍下竹子来做成旗帜和枪,打算要拼了性命跟陈胜、吴广干——这就是"揭竿而起"这个成语的由来。

牵着黄狗去猎兔子

陈胜、吴广在大泽乡揭竿而起之后,祭祀上天,自己生造了一个国家,陈胜当将军,吴广当都尉。国家的名字很奇怪,叫做"张楚"——有专家认为,在方言中张和大是同一个意思,所以张楚也就等同于大楚。

起义军首先攻克了大泽乡,既而攻占蕲县及附近各县,势力快速膨胀。等到攻占陈县(今河南省淮阳县)的时候,已经发展壮大到拥有战车六七百辆，骑兵千余人，步兵数万人。

天下就此闹腾了起来，但当秦朝巡察关东的使者逃回咸阳报告的时候，秦二世却根本不相信，还把那倒霉家伙下狱治罪。后逃回来的使者有了前车之鉴，只好大撒弥天之谎："有些鼠窃狗偷之辈闹事，经过郡守、郡尉们的搜捕，已经都擒获了，陛下您不用担忧。"秦二世闻言大喜，立刻给予重赏。

——都说君王、官僚们"不识民间饥苦"，才会把国家搞糟，其实这话并不确切，因为他们完全有能力去了解老百姓的生活状况，他们不是"不识"，而是根本"不想识"，不是没有人向上汇报，而是汇报了也全当耳旁风，根本不在乎。

秦二世只管在咸阳浑浑噩噩地享乐，关东的乱子却越闹越大。陈胜一看势力稳步扩张，干脆自称起王来，还封吴广做假王（假是代理的意思）。他派武臣、周市（读作 fú）分取赵、魏旧地，派邓宗攻九江郡，还拜周文为将军，统率主力进攻关中。周文轻易地就通过了函谷关，一举进攻到戏（今陕西省临潼关），兵力竟然扩充到数十万。敌人打到家门口来了，秦二世这才着了慌，不敢再充耳不闻或者自欺欺人，急忙赦免正在完成郦山陵最后工程的苦工，发给武器，派少府章邯率领着，前去抵御周文的进攻。

章邯可以算是秦朝最后一位名将，非常善于用兵，周文不是他的对手，兵败如山倒，匆匆向东方撤退。消息传到刚取下邯郸的武臣耳中，武臣在部下张耳、陈余等人的挑唆下，干脆脱离陈胜的领导，自立为赵王，然后派韩广进攻燕地，李良进攻常山，张黡进攻上党，黄河中下游到处都是反秦的义军。

江淮流域的人民受到鼓舞，很快也都行动起来。当年九月，刘季下了山，夺取沛县，自称"沛公"；项梁、项籍（字羽，所以通称项羽）叔侄在吴中（今江苏省苏州市）起兵，自封为会稽郡守。

不过这些所谓义军，反秦是真，趁机争权夺势也是真的。继武臣自立为赵王以后，韩广攻克燕地，自称燕王，旧齐国的贵族田儋杀死狄（今山

史无前例的大战争
—— 战国纷争和秦的统一

东省高青县东南）县令，自立为齐王，发兵抵抗陈胜部将周市。周市一看东路不通，西归到魏地，找个魏公子咎来立为魏王，他自己则做丞相。

就这样，秦始皇灭亡六国仅仅十三年以后，关东战火重燃，俨然又是诸侯割据的混乱局面。

看到天下纷乱，秦二世不知道反躬自省，却只会怪罪大臣们。他多次责备丞相冯去疾、李斯和御史大夫冯劫："你们这些当三公的，都是吃干饭的呀，怎么搞得天下那么乱，盗贼那么猖獗？！"

早就想大权独揽的赵高一看这种情况，可算是逮着机会了，趁机诬陷李斯的儿子李由和关东义军私通款曲，李斯本人想要造反称王。李斯匆忙反戈一击，指责赵高狡诈阴险，不是个好东西。

他们狗咬狗，一嘴毛，但李斯根本就咬不过赵高。当初在沙丘篡改秦始皇的遗诏，拥戴秦二世登基，首功是赵高的，李斯只是被逼无奈才上了贼船，况且赵高又是秦二世的老师，他和秦二世的关系铁着呐，秦二世不信谁，也不会不信赵老师呀。

况且在指责赵高的同时，李斯又和冯去疾、冯劫等大臣上书劝谏秦二世，请他减轻赋税，停修阿房宫，把钱财都用到"剿匪"上，别只想着玩乐，白白给糟蹋了。这一来可踩到了老虎尾巴，秦二世拍案大怒，当即把李斯等人叫来严厉斥责。

后人往往评价说秦二世是彻底的花花公子、糊涂小子，被赵高玩弄于股掌之上，然而事实上这小子并不算傻，并且伶牙俐齿，是"智足以拒谏，言足以饰非"的典型。且听听他是怎么为自己的荒唐行为开脱的吧——

"韩非子曾经说过：'尧、舜住破屋，吃粗粮，就算普通狱卒都比他们过得好；大禹为了治水，巡游天下，连小腿上的毛都磨光了，就算奴隶都没他那么辛劳。'可是贵为天子，就应当肆意享乐，只有君主随心所欲，才显得贵重，老百姓才不敢造反呐。像尧、舜、禹那样，跟老百姓没区别，老百姓又怎么会服他们呢？"

讲完这一套歪理，他又责备李斯等人："盗贼纷起，你等无法消灭，反而想要反对先帝的决策（修阿房宫）。这分明是不肯报答先帝的恩德，又不肯为朕尽忠，还要你等何用？！"

于是在赵高的唆使下，秦二世把这些秦始皇留下来的重臣们全都逮捕下狱了。冯去疾和冯劫想要保持自己的尊严，不肯屈打成招，干脆就在大牢里自杀，只剩下一个越老越昏庸的李斯，还想着苟延残生呐，被迫全盘供认了想要谋反的罪状，上书央告："看在老臣以往的功劳上，饶我一条小命吧。"

赵高拿到了李斯的认罪书，这个欢心鼓舞呀，他怎能容许李斯继续活下去——说不定那老家伙能找个机会翻身，再反咬我一口呢。于是建议秦二世下诏，判李斯腰斩之刑。

腰斩是古代的一种酷刑，绞刑、大辟（就是斩首，砍脑袋）算是痛快的，一下子就要了你的命，没有太多痛苦，腰斩却不同，拦腰一刀，犯人且死不了呐，得忍受无穷无尽的痛苦，这才缓缓咽气。

李斯和他的小儿子（长子李由已在前线战死）被押赴刑场的时候，相对痛哭。李斯说："还记得你小时候吗？我多想和你再次牵着黄狗，出上蔡东门去追逐野兔，过虽然贫穷却无忧无虑的日子呀。但这种好日子一去不复返了！"

李斯的晚年虽然混蛋，总算从前为秦始皇统一天下立过汗马功劳，最终落得这么一个下场，临终前的话语又如此凄凉，是个人都该有点恻隐之心的。然而秦二世是个彻底的冷血之徒，他非但不伤心，还笑着奖励赵高："不是你，朕几乎被丞相给卖了。"当即加封赵高做"中丞相"，比右、左两位丞相都要高。

顺便一提，说秦始皇扫荡群雄，统

> 腰斩这一酷刑从周朝就有记载了，一直延续了将近三千年。野史传说，清朝有一名叫俞鸿图的官员犯了法被处以腰斩之刑，他一时还没有咽气，竟然蘸着自己的血在地上连写了七个"惨"字，雍正皇帝听闻后心生恻隐，这才下令废除这种刑罚。

一天下,其实这统一还要小小打上个折扣。从西周就传下来的卫国曾一度灭亡,后来被吕不韦复兴,成为秦的附庸,秦始皇也始终没去动他。直到秦二世登基以后,才把卫君角废为庶人,彻底灭掉了卫国。

指鹿为马

陈胜、吴广反秦起义,开了一个好头,但他们两人却都没能看到曙光乍现。公元前207年十一月,周文败出函谷关,退至渑池自杀。此时吴广正在进攻荥阳,因为三川郡守、李斯的儿子李由防守严密,久久不能攻克,他的部将田臧趁机篡权,假冒陈胜的命令杀死吴广,自称为上将军。不过这个野心家也没得着什么好下场,不久后即与章邯在敖仓(今河南省荥阳市西北)大战,兵败身亡。

十二月,秦二世加派长史司马欣、董翳等将协助章邯进攻张楚政权。陈胜兵败如山倒,退至下城父(今安徽省蒙城县西北),被他的车夫庄贾杀害。翌年(前208年)正月,赵将李良降秦,回师邯郸,杀死赵王武臣,张耳、陈余改立旧赵国的贵族赵歇为王。六月,章邯进攻魏国,大败魏、齐、楚(本年初,项梁立芈心为楚怀王)联军,杀死齐王儋和周市,魏王咎自杀,田假继任为齐王,魏豹继任为魏王。八月,项梁击败章邯,项羽、刘季擒斩李由,但随即章邯奇袭定陶(今山东省定陶县西北),一战就杀死了楚国的擎天玉柱项梁。

胜利的天平,似乎又重新向西倾斜——当然,那不是秦二世本人的功劳。

章邯在前线大扫荡的时候,秦的后方闹成了一锅粥,在赵高的谋划和嗾使下,秦二世杀掉了重臣李斯和冯去疾、冯劫等人,从此他落个耳根清静,更是整天躲在深宫中享乐,没人再敢上书直谏了。

他把国家大事全都托付给了赵高,可这位赵高不忙着调兵遣将,剿灭关东义军，反而继续玩窝里斗，想把那些不肯和他同心同德、不肯把国家搞糟的臣子们一网打尽。

可是，要怎么才能知道哪些人跟我一条心，哪些人心里还不服我呢？赵高想来想去，突然想到了一条妙计。

于是首先三番四请地把秦二世请出后宫，上朝议事，群臣毕集。就趁着这个机会，赵高突然叫人把一只梅花鹿牵上大殿，对秦二世说："微臣得到一匹千里马，特来献给陛下。"

秦二世抬眼一看，不禁哈哈大笑："丞相你糊涂了，这是鹿呀，哪里是马？"赵高回答说："是不是陛下生病了，眼神有问题？这明明是马，怎会是鹿？您不妨问问大臣们，让大家来判定吧。"

秦二世就问左右大臣，大臣们惧怕赵高的权势，有些默不作声，有些急忙表忠心："是马，确实是匹千里马。"秦二世虽然有点小聪明，终究没有大智慧，再加上向来对赵高言听计从，信任得不得了，所以根本看不穿其中的阴谋，反而以为自己真得了病了，眼睛都花了。

——别说秦二世了，换了今天的咱们，要是在大街上看到一辆三轮摩托，但身边人都一口咬定："那是奔驰！"也会以为自己精神有问题，产生幻觉了吧。

退了朝，秦二世赶紧找医生来给自己诊脉，找巫师来占卜吉凶。而赵高呢，立刻就记下那些不肯昧着良心喊"确实是马"的大臣的名字，横加罪状，全都给杀掉了。

秦二世找巫师来占卜的结果，当然全是一套瞎话。巫师们说："陛下您不肯经常性地祭祀鬼神，所以鬼神才会来扰乱您的心智，竟然连鹿和马都分不清。只有斋戒沐浴，诚心祈祷，才能避免祸患，消除疾病。"

于是秦二世就离开后宫，跑到皇家花园上林去休养、斋戒。所谓斋戒就是吃素，同时还得平心静气，不理杂务，以表示对鬼神的尊敬，可是像秦二世这种花花公子，他哪儿能受得了斋戒的苦呀，哪儿能受得了不玩不乐呢？斋戒了没几天，这家伙就故态复萌，整天骑马出去打猎，不但射兔

史无前例的大战争
—— 战国纷争和秦的统一

子、射野鹿，竟然还放箭射从附近路过的行人。

可是这个时候，前线形势突然又产生了一百八十度的大转弯。公元前206年，章邯在奇袭杀死项梁、大败楚军以后，转道北上，包围了赵都邯郸。赵王歇向诸侯们求救，但各国兵马陆续赶来，却全都畏惧章邯的武威和秦军的勇猛，谁都不敢真的进兵。

这就好像当年秦将王龁包围邯郸的时候一样，当年全靠了信陵君窃虎符、杀晋鄙，率领魏军拼死冲入重围，才一战杀败秦军，使赵国危而复安。那么，今天还没有信陵君一般的人物呢？

仿佛是历史的重演，楚将宋义率军救赵，也是远远地望着秦军就不敢挪窝了，他的副将项羽屡次请战不果，一怒之下，干脆杀掉宋义，夺取了兵权，然后亲率楚军去攻打秦阵。

秦、楚两军在巨鹿展开激战，项羽勇冠三军，先后杀死秦将苏角、擒获王离（王翦之孙、王贲之子）、逼死涉间，打得章邯是节节败退，被迫率领残兵后退到棘原。项羽在解除了邯郸之围后，把各诸侯国的军队全都收编了，自号"诸侯上将军"，趁胜猛追。章邯没有办法，只好派长史（参谋长）司马欣回咸阳去求取援兵。

可是这时候赵高正忙着在朝内搞大清洗呐，根本就没有心思去理会前线传回来的消息，司马欣连等了三天都见不着赵高的面，只得匆匆赶回前线，对章邯说："赵高专权用事，看起来，咱们打输了必死无疑，就算打赢了也会遭他的陷害。时势如此，不如给自己留条退路吧。"

于是走投无路的章邯等人，只得率领残兵败将归降了项羽。

就这么着，秦朝最后一支机动力量被彻底消灭了，消息传开，各地的秦朝官吏都意识到大厦将倾，不赶紧逃下这条破船，必定遭逢灭顶之灾。正好这个时候，那位沛公刘季奉楚王之命向西进军，结果所到之处，各郡各县纷纷开门迎降，刘季的兵马很快就膨胀起来，并且杀入关中，逐渐逼近了咸阳城。

听到这个消息，赵高才终于慌了神，他知道大势已去，秦朝就要完蛋了。秦朝的首脑就是秦二世，秦二世不死，关东义军是不肯善罢甘休的，所以他打算先杀掉秦二世，再和诸侯们议和，保证自己能够在秦地称王，继续风光下去。

于是他跑去劝秦二世："天子无故杀人，会遭报应的，连鬼神都不会保佑陛下。您还是赶紧离开咸阳去躲避一阵子为好。"秦二世听信了这番鬼话，真的赶紧逃离咸阳，住到北面的离宫——望夷宫里去了。

在把秦二世诓出了咸阳城以后，赵高开始加紧了他的政变步伐。

子婴的幻梦

公元前207年，也就是秦二世三年的八月份，赵高和女婿咸阳令阎乐、兄弟郎中令赵成密谋，率领一群士兵，全都身穿白衣，跑去把望夷宫给团团围住了。秦二世不知道发生了什么事情，派人出去查问，赵高欺骗来人说：

"关东的强盗们已经杀入咸阳啦！陛下与其被擒受辱，还不如自杀为好。"

扯完这番谎话，他就领兵往望夷宫里杀，守宫的卫士和伺候秦二世的仆人们不敢抵抗，纷纷跑散，最后只剩下一个宦官还待在秦二世身边。秦二世这才恍然大悟，原来是赵高造反，自己这些年全都被他给欺骗了呀！

于是他问那名宦官："你们知道赵高不是好东西，干嘛不早点提醒朕呢？"宦官苦笑道："臣不敢报告，才能活到今天，倘若早点提醒您，您会信吗？您肯定早就把臣给宰了！"

这才是真正的搬起石头来砸了自己的脚，秦二世万分的懊悔，可是事情已经发展到这一步了，再怎么懊悔也于事无补。眼看着阎乐率领兵马，气势汹汹地杀到了面前，秦二世只好低声下气地哀告："请让我再见丞相一面。"

史无前例的大战争
—— 战国纷争和秦的统一

他还想当面向赵高求情——那终究是自己曾经深信不疑的赵老师嘛。然而阎乐把嘴一撇："死心吧，丞相不会见你的。"

秦二世继续哀告："我不当天子了，给我一郡为王足矣。"见阎乐不答应，就一个劲儿往下还价："要不，当个万户侯也成呀……把我和妻儿都废黜，当老百姓吧，能留下一条活命就满足了……"

阎乐冷笑一声："臣奉了丞相之命，为了天下人前来杀你，你废话说得再多也毫无用处！"

秦二世走投无路，只好自杀了，结束了他罪恶而短暂的一生。

赵高逼死了秦二世，就派人去刘季军中通报，想要和刘季平分关中。他本打算自己称王的，可是刘季那边还没回信呢，先就遭到了群臣的反对。赵高没有办法，只好扛出一位名叫子婴的秦国公子来当傀儡。

这位子婴的身世来历，史载不详，有人说他是秦二世哥哥的儿子，可是秦二世已经把自己兄弟姐妹都杀光了，还能够留下某个侄子的性命吗？因此也有专家猜测说，他是秦始皇的侄子、秦二世的堂兄，甚至很可能是那个叛秦降赵的公子成蟜之子。

但不管怎么说，秦二世被杀的时候才24岁，公子子婴年岁比他大得多，连两个儿子都已经成年了。赵高把秦二世按普通百姓的规格草草埋葬了，然后就捧着玉玺，前往秦朝宗庙，去等子婴前来，好扶他登基。子婴和两个儿子商量："我听说赵高已与楚军有了密约，要杀尽秦的宗室，自己在关中称王。他假装请我去宗庙登基，一定是想趁机除掉我，我可不能自投罗网！"

于是子婴推托说得了重病，不能起身，赵高没有办法，只好亲自来请。子婴父子就趁着这个大好机会，把大奸臣赵高给宰掉了。

秦二世胡亥是昏庸荒淫的典型，他除了残暴好杀的性格继承乃父外，从秦始皇身上没能学到一项长处。这样的家伙做皇帝，就算太平盛世都会被他搞乱，更别提已经民怨沸腾的秦朝末年了。然而相比秦二世当皇帝来说，赵高掌握政权，对于秦朝更是灾难性的事件，他在秦始皇去世后所实

第十三章 秦朝·二世而亡

行的每一项计划，似乎都在刻意地把整个国家推到万丈悬崖边缘。因此后世有猜测说，赵高其实内心一直痛恨秦朝，他的目的就是要颠覆这个统一王朝，为六国旧贵族报仇。事实是否真的如此，赵高自己心里是怎么想的，恐怕会是永远的历史谜团。

杀死赵高以后，子婴登基，然而此时秦军的主力已经覆灭，三分之二个天下都已经落到了旧六国贵族和打着旧六国旗号的项羽、刘季等人手中。子婴知道凭借自己的力量，再怎么发奋图强也难以挽回败局，就被迫去掉皇帝的名号，退一步改称秦王。

按照子婴的想法，一切从头来过，关东六国不是复国了吗？那我就承认你们复国，咱们仍然七雄并峙好了。

可是他想得是很美，刘季本来就没打算答应赵高的求和，听到赵高的死讯，更是加快了前进的速度——他干嘛那么着急呢？原来出兵之前，楚王曾经和诸将约定："谁先杀入咸阳，寡人就让他统治秦人，在关中当王。"所以刘季垂涎关中地区的富庶，着急来抢胜利果实呢。

结果子婴才当了四十六天的秦王，刘季率领楚军就杀到咸阳城外了。子婴无力抵挡，只好把玉玺挂在脖子上，倒缚两手，身穿白色丧服，驾着白马拉的车，出城去跪地请降。

刘季这人挺仗义，当场把子婴搀扶起来，说："始皇父子和赵高是罪魁祸首，灭掉六国，又残害天下人，所以我等才吊民伐罪。大王你没啥过错，都是受他们连累了。"好吃好喝地把子婴给供养了起来。

然而刘季终究没能当上关中王。项羽听说刘季先进了咸阳，怒不可遏，率领诸侯联军汹涌杀来，要找刘季算账——我在前线浴血奋战，大败秦军主力，便宜倒都让你给占了去，是可忍，孰不可忍？！

项羽勇冠三军，涿鹿之战威震天下，刘季哪儿敢跟他叫板呀，赶紧跑到项羽驻军的灞上，好好做了一番自我检查，迎接项羽进入咸阳。项羽和刘季不同，刘季是土地主出身，对秦朝只有新仇，没啥旧恨；项羽却是楚将项燕的后代，国仇家恨综合起来，发誓要把秦国宗室全部杀光，一个不留！

史无前例的大战争
—— 战国纷争和秦的统一

于是可怜的子婴就变成了项羽刀下之鬼。

项羽杀了子婴，杀光秦国宗室，还把秦宫里的美女、宝贝全都搜罗走了，然后放一把火，包括阿房宫在内的各处秦宫，全都给烧了个干干净净——当年秦始皇焚天下书，还都留了一套藏在宫里，经过项羽这么一糟蹋，全都化为了灰烬。

> 项羽确实火烧了秦的宫室，但他是否真的烧了阿房宫还有异说。因为据考古勘察，阿房宫在秦朝灭亡之时还远没有建成，处于半成品状态，而且似乎也并没有被火烧的痕迹。

比起秦始皇来说，项羽更是个大屠夫、大刽子手，同时也是思想文化的大摧残者。

从秦孝公开始，用商鞅变法，争夺中原霸权，花了将近两百年的时间，终于在秦始皇时代扫平六国、统一天下，可是曾经无比辉煌的秦朝却只有短短十三年的寿命。真是得天下易，坐天下难呀！

短暂的秦朝就此终结了，历史迈入了楚汉相争的新时代。

第十三章 秦朝·二世而亡

中外历史大事对照表（三）

世界	中国
前264年，第一次布匿战争开始	
	前262年，韩上党守冯亭降赵，长平之战开始
	前260年，白起在长平大败赵军，坑杀四十万人
	前258年，秦军围邯郸，魏信陵君窃符救赵
约前250年，巴克特里亚（大夏）建立	
前247年，帕提亚（安息）建立	前247年，秦庄襄王死，秦王政继位
	前245年，赵李牧守代、雁门，大破匈奴
	前238年，秦王政亲政，杀嫪毐
	前230年，秦灭韩，开始统一六国的战争
	前221年，秦灭齐，统一六国，建立帝国
前218年，第二次布匿战争开始	
前216年，坎尼战争	
	前210年，秦始皇病死沙丘，二世胡亥篡位
	前206年，刘邦入咸阳，灭秦

图书在版编目（CIP）数据

史无前例的大战争：战国纷争和秦的统一／赤军著.—太原：山西人民出版社，2012.7

（青年国史读本·大中国五千年／赤军，陶短房，雍容主编）

ISBN 978-7-203-07753-4

Ⅰ.①史… Ⅱ.①赤… Ⅲ.①中国历史—战国时代—青年读物②中国历史—秦代—青年读物 Ⅳ.① K231.09 ② K233.09

中国版本图书馆 CIP 数据核字（2012）第 094349 号

史无前例的大战争：战国纷争和秦的统一

著　　者：	赤　军
责任编辑：	贾　娟
出 版 社：	山西出版传媒集团·山西人民出版社
出 版 社：	太原市建设南路 21 号
邮　　编：	030012
发行营销：	010 - 62164516
	0351 - 4922220　4955996　4956039
	0351 - 4922127（传真）　4956038（邮购）
E -mail：	sxskcb@163.com 发行部
	sxskcb@126.com 总编室
网　　址：	www.sxskcb.com
经 销 者：	山西出版传媒集团·山西人民出版社
承 印 者：	北京市通州兴龙印刷厂
开　　本：	787mm×1092mm　1/16
印　　张：	16.25
字　　数：	200 千字
印　　数：	1-10000 册
版　　次：	2012 年 7 月第 1 版
印　　次：	2012 年 7 月第 1 次印刷
书　　号：	ISBN 978-7-203-07753-4
定　　价：	28.00 元

如有印装质量问题请与本社联系调换